U1017979

风雨毛乌素

“七一勋章”获得者石光银的人生故事

岩波 著

中国文史出版社

2021 年 6 月 29 日，中共中央授予石光银“七一勋章”（石健阳　摄）

石光银站在大漠上极目远眺（高蕴辉　摄）

与作者岩波（左）坐在一起休息时，石光银也不忘讲解（高蕴辉　摄）

石光银在沙区开辟的人工河（高蕴辉　摄）

石光银看到多年奋斗的成果，笑逐颜开（高蕴辉　摄）

目录

O

浑浑莽莽一大片，遥远前方看不见。冬冷夏热无活物，人畜走上往下陷。

毛乌素是个人们熟悉的名字，熟悉的原因在于它是一片浩瀚得令人畏惧的沙漠。这片地区四万余平方公里，位于内蒙古、陕西、宁夏三省（自治区）交界之处。在古代，这里曾经水草丰美，公元五世纪时，毛乌素南部的白城子，还是匈奴民族的政治和经济中心。那时绿油油的草滩一望无际，为人们的生活带来无限生机的河水悠远清澈，既风光怡人，又是很好的牧场。后来由于不合理开垦、气候变迁和战乱，地面植被被破坏殆尽，就地起沙，形成后来的沙漠，并在一两千年的时间里逐渐增大和扩展。大约自唐代开始有积沙，至明清时已形成茫茫大漠。2014 年 6 月底，我和摄影家高蕴辉打点行囊，走进了这片地区。

不久前，曾经有朋友邀请我去“滑沙”、磕（去）欣赏沙漠的浩瀚与壮观，被我拒绝了。我相信我此生已经绝了这个念头。因为，我有一个战友退伍后在甘肃沙区林场工作，他经常在 QQ 里向我倾诉治沙的紧迫性、工作的劳累艰辛，特别向我告知，尽管他们专业人员兢兢业业、尽职尽责，但我们国家仍然以每年 30 万亩的速度在土地沙化。国家每年投入大量人力、物力治沙，但沙魔行进的可怕的脚步声并没有停止，一些地区仍然面临“沙进人退”的局面。譬如遐迩闻名的被列入联合国世界文化遗产的敦煌莫高窟，就正被沙魔包围和蚕食，情况十分危急。2021 年中央一号文件强调：要坚决守住 18 亿亩耕地这条红线！无疑这是关乎国人生计的临界线。我不仅没有去“滑沙”的心情，反而关注起土地沙化与治理问题，把目光锁定在中国治沙最有成绩、最应该让世人知道的毛乌素沙漠地区治沙英雄石光银身上。但战友莫名其妙地告诉我，石光银有异禀，不是谁想见就能见、谁想学就能学的。

真的吗？我听老辈人说：汉高祖刘邦有异禀，即生下来的时候，屁股上有七十二颗黑痣；明太祖朱元璋有异禀，生就的是五岳朝天，两额、两颧、下巴都凸出，状如五岳。那都是帝王将相，后人“塑神”的因素居多。石光银不过是个治沙人，难道还能和帝王将相相提并论了？不过，战友的话让我想见到石光银的愿望更加迫切了。

西行的念头在得到天津作协和中国作协支持以后，我们登上了天津直达宁夏银川的列车，打算由此转道陕西榆林定边县，再由此进入毛乌素沙区，走近老英雄石光银。列车向西疾驰，车窗外一座座城市和村庄、山峦、平原、河流闪过，我们的心也伴随着列车的节奏向西飞驰。高蕴辉轻声背诵起著名诗人贺敬之的名作《西去列车的窗口》：“一站站灯火扑来，像流萤飞走；一重重山岭闪过，似浪涛奔流……”他说：“诗人的咏叹与豪迈的情怀，更让我体会到此行的重要：作家、摄影家和其他艺术家，不接‘地气’就难以创作出脍炙人口的好作品，而我们所要接的这个‘地气’，就是要看看真实的石光银是怎样真实地治沙，让荒凉可怕的不毛之地变为蔚为壮观的绿洲的。在弘扬英雄业绩的同时，向世人昭示：沙魔固然可怕，但却是可以遏制的！”我心里却一直想着一句话：石光银有异禀。只是没有说出来。

当我们在榆林定边县委宣传部的安排下，真正见到石光银以后，感受到这位不寻常的老人身上的旺盛精力，那种藐视困难的豪迈情怀，不光体现在声若洪钟的朗朗笑声、指点沙洲的气势上，还体现在他行走在沙洲中那矫健的身姿和步履上。他对我们说过一句话：“我要给你们来自大城市的人一个下马威！”这个“下马威”就是带领我们参加他们公司半年一次的林地大检查，要在沙洲和林地整整走两天。高蕴辉看看我，好像在说：我们走得了吗？跟得上老人的脚步吗？我顾不上和他交谈，只是一个劲地观察石光银：他的异禀之处在哪儿呢？

1

漫漫黄沙，一望无际；道道沙梁，鳞次栉比。

一对衣衫褴褛的中年男女一前一后走着。前面的汉子高大瘦削，面色黢黑，五官俊朗，额头上过早地爬上两道深深的皱纹，那皱纹深得如同人工故意雕琢；脊背微驼，背着简陋的铺盖卷——那铺盖卷十分寒酸，被麻绳勒了两道，搭在汉子的肩膀上，在行走中一耸一耸的，显得没有分量，让人疑心能不能盖得住汉子的长腿长脚。婆姨一手拉着一个三四岁的娃娃，另一只胳膊上挎了个篮子，但篮子里除了几只残了边的粗瓷碗和几双筷子，并无他物。

不知道走过了多少道沙梁，那沙梁似乎永远走不尽似的。沙梁有的一人高，有的更高，人走上去，脚底下一陷一陷的，走下坡时，人影便被隐没。烈日在头顶照着，烤得人热汗淋漓，打着补丁的衣衫后背已经湿透。婆姨早已疲惫不堪，只因为她从小就是童养媳，在自家受苦，到了婆家仍然受苦，所以，面对苦和累，她的反应是

老辈人曾经走过的沙梁

麻木的。刚刚三十岁出头，脸上没有皱纹，却头发全白，白得耀眼，让人不好接受——那似乎是对穷苦生活的无声抗议。她的肚子微微隆起，显然身怀有孕；她的脑后梳着发髻，腿上打着补丁的裤子用黑布条扎着裤脚。她机械地把沉重的两脚踩在前面汉子留下的脚窝里，手里拉着的娃娃几乎是跟头把式地跟着走，显然已经力不能支。两大一小，三个身影不时地在沙梁间隐没。

汉子突然停住脚步，手搭凉棚，向方圆左近张望。片刻，猛地发现一座沙丘后面有棵树，树头的绿色枝叶冒出半尺多高。他立即喜上眉梢，对婆姨道："娃他妈，这就是圪垯套，终于到了！"

婆姨一屁股坐在晒得滚烫的沙梁上："咱已经搬了九次家了，这一次会不会是最后一次？"

"沙撵人，没办法。如果圪垯套风沙也大，淹房子、埋庄稼，咱们就还得搬！"

婆姨失望得一下子就地躺倒，让滚烫的流沙蒸烤湿透的后背。而娃娃此刻已经极度疲倦，倚着婆姨的大腿睡着了。汉子拉起婆姨和娃娃，说："此时不是睡觉的时候，咱们还得走。"

三口人终于走到了那棵大树下面，汉子把铺盖卷扔在脚下，问婆姨："饿了么（没）？"

"么（没）。"婆姨回答。

"你咧？"汉子踢了娃娃一脚。

"饿！"娃娃怨怼地看着老爸。汉子弯腰从铺盖卷里掏啊掏，掏出半拉玉米面饼子，掰下一块递给娃娃，娃娃一把抢在手里，猛啃快嚼，狼吞虎咽。

"慢着吃，小心噎着，没有水啊。"婆姨搂住娃娃弱小的肩膀。

汉子已经拔开脚步，走出树荫。这一小片地区稍有稀疏的植被，沙米和牛心朴子（两种沙地植物）稀稀拉拉，然而顽强地生存着。他察看着，心生几分欣喜。

穷人总是愿意帮助穷人。在碱滩和沙峁中星罗棋布般住着五十来户人家。方圆左近的几户村民得知来了新邻居，主动聚在一起，

当年邻居造的干打垒房子

帮这新邻居造房子。他们深挖流沙下面的泥土，掏出来以后，在房基地上用两块木板夹着往里续泥土，再用铁锤夯实，这叫“干打垒”砌墙。

他们嘴里喊着“老石头嘿”“白毛女嘿”，拿这两口子开着玩笑，帮石家盖起了房子。七十多年后的今天，当我们采访石光银来到圪坮套村的时候，这座干打垒的房子早已垮塌，只剩下一道布满坑瘪的竖墙。石光银指着那道墙说：“额（我）在这座房子里度过了童年和青年，娶了媳妇，成家立业。”

汉子叫石发富，是老实规矩的庄稼人。眼见得来到圪坮套以后求生并不容易，贫瘠的土地难生产粮食，还要时时受到流沙的侵害。村人们都知道这个顺口溜：“圪坮套，套圪坮，家家户户对黄沙；十年庄稼九不收，野蒿草籽度饥荒。”父母虽然给他起名叫“发富”，却并不能真的帮他发富，不仅如此，纵有三头六臂，也难养一家几口。于是，有人介绍石发富磕（去）给一个大户胡宝同、胡宝元家拉骆驼，跑运输。干这种活儿，需要天天拉着骆驼走在沙漠里。夏天，烈日暴晒，脚下火烫；冬天则冷风呼啸，要忍受零下二三十摄氏度的低温；春秋之际，则必须承受沙尘暴的蹂躏。要保全性命和货物，都不是简单事。干不干？石发富犹豫了。别人之所以给他介绍而自己却没磕，估计就是因为不能承受这些。石发富圪蹴（蹲）在门口抽烟。旱烟抽了一袋又一袋，始终拿不定主意。此时婆姨“白毛女”走出来踢了他一脚：“好汉死在阵上，懒汉死在炕上。你该磕只管磕，有人能干，咱咋就不行？家里的事都交给我，你不用担心。”

“你尔格（现在）大着肚子，怕你生娃的时候额赶不上。”石发富想得很多，说出来的只是其中之一。

“圪垯套南有王奶奶，圪垯套北有刘三婶，加上接生婆，咋还不行哩？日子额掐算着呢！临近了，额就把她们叫到家里来住。”

为了一家人活命，石发富咬紧牙关，把旱烟锅掖在腰里，收拾了一个小包袱斜背在肩上，奔了胡家。胡家老大见了石发富，见这个人穷则穷矣，可是眉宇间有一股英武之气，便开口说道：“敢不敢让额试试你的身板？”

“有甚不敢的？”石发富说。暗想，额既然来了，就没想回磕。谁知胡家老大冷不丁咚地给他当胸一拳，石发富一个趔趄，险些摔倒。他迅速调整好自己的心态，挺胸抬头，重新站好，脸上没有一丝恼怒和怨怼。

“是条汉子！额先给你二十峰骆驼赶着，行的话再加。骆驼这牲畜有灵性，你对它好，它就对你好；你虐待它，可能它当时不发作，但关键时刻会报复你。”

“记住啦。”

“知道奔榆林的道怎么走吗？”

“知道。”

“这一趟你要奔榆林，可能要三四个月，但一个来回的报酬够你一家几口吃一年的。”

“大烟，额可不运！”

“额不是入上哈子跳崖（怂恿别人干一些自己根本不会干的蠢

事）的人，你只管放心磕就是。”胡家老大说罢，到后房拿来一件灰塌塌的看不出颜色的老羊皮大袄，扔给了他，告诉他，即使尔格天气不冷，晚上在沙窝里过夜，也离不开这件大袄。又让他先和骆驼们熟悉两天，然后就拉驼队起程。

两天里，石发富给骆驼喂草喂水，梳理鬃毛，抚摸着骆驼柔软的下颚说话。骆驼听着他的话，虽然面无表情，一言不发，但是他也断定，骆驼知道他说的是好话。两天后，石发富拉起骆驼出发了。为了省鞋，早晚他都光着脚走路，把鞋别在腰里；只有到了中午，脚下的沙漠火烫的时候，才把鞋穿上。有一峰骆驼是三岁的羔子，胡家老大叮嘱他，累了可以骑这峰羔子，石发富却不到走不动时轻易不骑。

一路上，石发富对二十峰骆驼关怀备至，千方百计让它们吃上鲜嫩的草，喝上干净的水，并且不忘记每天给骆驼嘴里抿入一点点盐巴。晚上临睡以前，他还要给骆驼梳理鬃毛。石发富自己也没想到，这些看似不起眼儿的细小动作，竟使骆驼十分受用。一次，路上突然刮起沙尘暴，昏天黑地，几乎伸手不见五指，几峰骆驼急忙围拢在石发富周围，将他护起来。他也急忙趴下。于是，二十峰骆驼全都集中到他身边，为他挡风沙。而那峰三岁的羔子离他最近，似乎是最先保护他的一峰。事后，石发富在路途中发现了人的尸体，想必是这次沙尘暴的牺牲品。还有一次，路遇暴雨，小河涨水，骆驼过河有可能湿了驮着的货物。石发富灵机一动，跳进河里，弯腰弓背，让骆驼踩着自己的后背过河。起初骆驼不肯过，石发富便一遍遍招呼，骆驼终于踩着他的后背过河了。石发富只觉得每峰骆驼踩他的时候，蹄子只是轻轻一点，让他几乎感觉不到重量。这件事太出奇了。骆驼本身体重就很大，加上身上的货物，怎么会让他感觉不到分量呢？他后来明白了，是骆驼不忍心踩他，故而轻轻一点，跳跃过磕。

还有一次，石发富拉骆驼走包头，过摆渡渡黄河的时候，突遇暴风雨，人畜皆掉进黄河。头上大雨滂沱，身下水流湍急，石发富紧紧地抱住骆驼的驼峰，让自己的脑袋露出水面。而这峰骆驼稳稳地在激流中泅水，保证石发富不被颠晃得掉进水里。石发富注意到，其他骆驼因为没有人的负载，不顾姿态，奋力向对岸冲击。而他攀抱的骆驼十分安稳，它懂得给主人一份安心。上岸后，石发富奖励这峰骆驼，给它清水喝，给它鲜草吃。待它吃饱后，再喂其他骆驼。对其他骆驼也丝毫没有怠慢，因为他不能让它们看出他过于明显的偏袒。

领头骆驼的脖颈上拴着驼铃，骆驼甩开大步走起来的时候，能把“叮咚、叮咚”悦耳的铃声传出二十里磕。石发富十分谨慎，接近村落或集镇的时候，就用棉团把驼铃塞住，不让它出声。否则，盐务局的人听到驼铃声，会拦住他们检查货物，发现里面有私盐，便全部没收。

这趟生意十分顺利，人畜和谐，也没遇到极端恶劣的天气和兵匪。胡家给了石发富一笔钱，石发富唱着信天游往家走：

一座座沙丘哎，你挡额那个路；
一峰峰骆驼哎，你帮了额发富。
三百里明沙哎，额找不见个路；
额看见你了哎，门口的那棵树……

石发富突然远远地站住了脚，眼看就要到家门口了，却再也迈不开步了。老天爷啊，天上是什么？石发富没有喝酒，头脑十分清醒。自家土屋上空的一团白云，活生生就是一条猛龙啊！那形状，那样式，头、须、颈鬃、鳞片、扇尾、虬爪……和年画上的猛龙毫无二致！石发富把钱袋子扔在脚边，一屁股坐在地上，看着这条猛龙入了神。倏忽间，猛龙变换了身姿，一梗脖颈，似乎发出一声长啸，扬长而去。猛龙走后，天空湛蓝湛蓝的，竟然干净得好像水洗过一般，没有一丝云彩。

正看得出神，屋门被人推开，一位婆姨出来倒水，哗一声泼在当院。石发富拎起钱袋站了起来，快步走过磕。婆姨早已关了门，他便敲门，屋里传出声音：“敲个甚！不知道家里正生娃娃?”

石发富的心脏怦怦乱跳，兴奋得不知道该怎么办。他顾不上屋里在干什么，一头闯了进磕。屋里门帘后面发出了“哇，哇，哇——”响亮的婴儿啼哭声，似在抗议石发富的闯入，更似欢迎他大（老爸）成功携钱归来。

屋里人多的时候，石发富不敢说他刚才看到的猛龙，因为他怕各位婆姨和接生婆骂他鬼流土气（很不实在)，便在人散后悄悄地对自己的婆姨白毛女说了他在儿子出生时看到的屋顶上的祥云。白毛女蓦地一惊：“真的?”便伸手摸婴儿的脖颈，“他大，这娃真的与众不同!”石发富也急忙凑过来摸婴儿的脖颈——天！他也摸到了一缕凸起。那不是龙鬃是啥哩?

两口子都心慌起来——这娃要成大器哩！咱们穷家破业的咋养啊?“这事千万不敢（不能）说出磕，不然，会有人嫉妒，伤害咱娃!”白毛女伏在石发富的怀里，忧心忡忡地说。石发富说：“不说不说，这种事咋敢乱说?”他们下决心对这件事守口如瓶，永远秘而不宣。

白毛女的奶水出奇地充足。生前一个娃的时候，总是奶水不够，吃不饱的娃总是噘着干瘪的奶头，发出抗议的哭声。尔格好了，奶水竟然吃不完。小家伙吃饱睡觉了，白毛女还感觉自己的乳房十分鼓胀。这娃真是给石家带来好运的宝啊！石发富给娃起乳名“拴宝”。既然是宝，不拴住咋行？大名就叫光银。自从怀上这娃，光洋（银圆）就来了不是？可是没法给娃起名光洋，那不成话。况且，光洋不就是银的?

农民自有农民的智慧，没有文化的农民，也仍然有自己的智慧。两口子克勤克俭，兢兢业业地做事、养家，小心翼翼地呵护着拴宝的成长。一年，两年……时间像流水一样，悄然逝去，小拴宝已经三四岁了。爱子如命的石发富跑短途的时候，就带着小拴宝，把他放在骆驼背上，让他稳稳地坐在两个驼峰之间的空当里。骆驼似乎明白背上的小家伙非同寻常，便坚决回避了突然下跪、快速卧倒的动作，即使屈膝下跪趴卧，也是动作舒缓，给小家伙留足了应对的时间。

小家伙很快适应了驼背上摇曳的生活，习惯并永远记住了骆驼身上皮毛的气味和那暖暖的体温。稍稍懂事一些的时候，他就问："大，骆驼总这么走，咋就不累哩?"

"嗯，它们是适合走长路的牲灵，耐力好。"

"额也下来走路吧，额也想有耐力走长路。"

石发富有些吃惊地看着这娃，小小年纪咋会有这样的想法？哪个娃不是想少走路、少吃苦，还有主动要求吃苦受累的？石发富太爱这个娃了，他不能不满足娃的要求。小家伙走在骆驼身边，一步不落。当然了，做父亲的知道娃的耐力有多大，所以，估摸着小家伙快没力气了，便拉过娃，把他一举，举到骆驼的背上。可是刚刚缓过劲来，小家伙就又从驼背上出溜下来，继续走路。晚上睡觉，石发富便寻一个有沙柳的沙窝，倚靠着，搂着小拴宝睡下，两个人合盖着那件沉甸甸、灰塌塌的羊皮大袄。后半夜往往气温很低，石发富便把小拴宝搂得很紧，这时候娃就会问："骆驼们不怕冷吗?"

"不怕，它们的皮毛厚着哩，安心睡你的吧。"

有时夜晚遇到下雨，石发富便在两峰骆驼之间拉起油布，搂着小拴宝蹲在下面，而两峰骆驼则一动不动地站着为他们撑着油布，绝不会中途趴卧。骆驼的懂事、忠厚和耐力，让小拴宝一辈子都不能忘记。

石发富跑远途的时候，譬如走北京、天津、保定，肯定不能带着小拴宝，这娃便自己肩膀搭条绳子，走好远磕捡拾柴草，锻炼腿脚。

一晃小拴宝八岁了，已经能够帮着大户人家放牲灵了。那天，他赶着三峰骆驼正要出门，村北刘三婶追了上来："拴宝娃，三婶有句话想对你说。"

"三婶，啥事？你就说吧。"

“额看你小小年纪做事很让大人放心，额想让儿子虎娃跟你磕放牲灵，锻炼一下。”

“好吧。不过，你得嘱咐他听招呼，胡日鬼（胡来）可不行。”

“是哩是哩，额已经嘱咐了八遍了。”

刘三婶家有一匹骒马（母马），老实听话，虎娃牵着走的时候，十分顺从。小拴宝看着虎娃，心里有几分嘀咕，因为虎娃刚五岁，身材也矮小，万一……他对刘三婶说：“额看还是别让虎娃跟着额了，身板欠摔打哩。”

“正是欠摔打，才让他跟你练练啊。”

被人信任总是愉快的事，纵然可能承担着巨大的风险，他也在所不辞。多少年来，石光银的这个毛病一直没改，或许这是他的本性，根本没法改。

两个娃娃，一高一矮，牵着三峰骆驼一匹马，向大漠深处有牧草的地方走磕。日上三竿，火炽的太阳把虎娃的小脸晒得通红，额头的汗水浸得头发一绺一绺的。牲灵开始自己寻找鲜草啃食。小拴宝把自己的草帽戴到虎娃头上，让他放开马的缰绳，给马一点自由。虎娃神秘地从口袋里掏出两个玻璃球，说：“拴宝哥，咱俩玩弹球吧。”小拴宝见牲灵们优哉游哉地在吃草，便答应虎娃玩一会儿。两个人找了一块稍稍平整的沙地，玩起弹球来。

忽然，一声呼啸，狂风大作，沙尘暴来了。小拴宝喊道：“虎娃，快把牲灵往回赶！”他们刚把牲灵牵到一起，巨大的沙浪已经不给他们时间了，以极大的冲力铺天盖地而来。小拴宝只觉得天昏地暗，什么都看不见了。他一把薅住虎娃的衣领，打算两个人抱在一起，但巨大的沙浪硬是撕扯开了他们。他们的眼里、嘴里、耳朵里、鼻孔里，灌的都是沙子。强硬的沙暴推搡着他们一股脑儿向一个未知的方向走磕，想停根本停不住脚，脚底下几乎是悬空的。小拴宝扯开嗓子呼叫：“虎娃，虎娃——”他的声音早已被呼啸的风沙吞没，虎娃根本没有回应。

在昏暗的风沙裹挟中，小拴宝感觉自己似乎在飘，在飞，身不由己。此时，他想起父亲曾经对他的嘱咐：如果遇到狂烈的黑风沙那样的沙尘暴，会让人因睁不开眼而昏昏欲睡，那是最要命的。你要是真的睡着了，就可能被埋进沙窝而没有知觉，死期就到了。于是，他拼命支撑自己的精神，不让自己打瞌睡。但沙尘暴让人不能睁眼，正有催眠的作用。他刚刚要打盹儿，便狠掐自己胳膊一把，胳膊上不知被自己掐紫了多少处，但他还是睡着了，毕竟他是个才八岁的孩子。

不知道过了多久，他醒来了，耳边没有了沙尘暴的呼啸之声，而自己正躺在蒙古包里，一位穿蒙古袍的大叔正坐在身边看着他，端着一碗奶茶在吹凉。

“小家伙，你醒了？”

“大叔，额这是在哪里？”

“这是内蒙古的地界。昨天夜里，我家獒犬叫得厉害，我跑出磕一看，是这里来了沙尘暴，我急忙磕加固羊栏，发现一个孩子趴在羊栏上，我没有犹豫，就把孩子抱进蒙古包里。这不，你已经睡了一天一夜了。”

“谢谢大叔你救了额。”

“孩子，你真得谢我哩。要不是我把你抱进蒙古包里，还不知会咋样哩，这地方有狼啊！你是哪村的？你大叫什么？”

“额是陕北定边圪垯套村的，额大叫石发富。”

“唉，三十里远哩。娃娃，你生生地被沙尘暴刮出了三十里哩。嘿，巧了，我认识老石头，他拉骆驼来过我们这里。我马上找人磕给他捎口信，让你大接你走。”

大叔把凉热可口的一碗奶茶递给小拴宝，小拴宝一饮而尽，十分痛快。可不是么，他已经不知道几天几夜水米没打牙了。

小拴宝被石发富领回磕了。三峰骆驼和一匹骒马都找回来了，可是，虎娃永远没有了下落。石发富磕头作揖地发动全村父老乡亲都磕寻找，十里八乡都寻遍了，哪里有虎娃的影子——生不见人，死不见尸。村北刘三婶家哭成一团，可是，刘三婶不敢磕怪罪小拴宝，是她非要把虎娃交给小拴宝带着放牲灵不可的。况且，沙尘暴这种自然灾害，岂是小拴宝这样的娃娃能左右得了的？

两个月后，全圪坮套人都认为虎娃不可能再找回来了，刘三婶家才勉强接受这个现实。他们在村西小土地庙后面，给虎娃立了衣冠冢。

本来，小拴宝天天都在祈祷人们能够找到虎娃，但尔格也不得不承认，虎娃真的永远不可能回来了。他也禁不住号啕大哭。他的口袋里还装着虎娃给他的一个玻璃球。捏一捏那个玻璃球，就像捏着虎娃的手指头。他跑到村外，面对广袤的大漠，放开喉咙大喊："额日你狗怪的沙漠，额一定要制伏你！"

老天似乎嫌小拴宝成长得太慢，抑或藐视他的誓言，没过多久，就又刮起一次沙尘暴。这次，把石家羊圈里的十五只羊刮得无影无踪，他家的后房山也被流沙堆起一座沙梁，屋顶的檩子、木椽不停地发出咯吱咯吱的力不能支就要离股的声音——这座生育小拴宝的土坯房已经摇摇欲坠，随时有被沙梁挤倒的可能。石发富不得不重新卷起铺盖，带着一家老小再次搬家——从村北搬到了村南。此时，村里的不少人家拔锅挑担走了西口，到黄河那边的银川寻找活路磕了。虎娃的一家也要走了，临走，他们向虎娃的衣冠冢告别，回来的路上碰上了小拴宝，刘三婶一把抱住了他，像抱住虎娃一样抱得紧紧的。刘三婶泣不成声地说："小拴宝，你长大了可不要忘了虎娃啊！"

小拴宝挣脱了刘三婶，扑通跪下了。"三婶，额永远不会忘了虎娃，"他从口袋里掏出那个玻璃球，"这个玻璃球就像虎娃的手指头，额会永远留在身边！"

刘三婶一家一步三回头地走了。小拴宝长跪不起，直到看不见他们为止。

石发富一家尔格已经六七口人，吃饭问题越来越沉重地压迫着石发富，他继续拉骆驼的路径，也越走越远。有一次他要到京城，转天津，奔保定，一走好几年。直到村里已经实行了合作化，他才返回来。谁知，合作化以后，公社考虑石发富拉骆驼是行家，继续让他干这个营生，把全公社二百多峰骆驼全交给他管，一走又是好几年。再回来的时候，除了小拴宝和哥哥，其他的娃已经不认得父亲了，见了陌生的黢黑苍老、腰背佝偻的父亲，吓得东躲西藏。夜里，因操劳过度而满脸皱纹的婆姨白毛女依偎在石发富的怀里，怯怯地问："你还要走吗？"

"走，但额不会白走，你瞧这是啥哩？"石发富从背兜里取出一张奖状和一沓奖金。

"这纸花花绿绿的，是啥哩？"

"额被评上了省的劳模哩。"

2

婆姨白毛女赶紧把娃们一一叫起来，让识字的娃给她念那张奖状。其他的娃都支起耳朵听着，虽懵懵懂懂，但知道父亲不简单。

此时，石发富看到出落得人高马大的小拴宝，便问："光银（这么高大的个子，没法再喊小拴宝了），你进进出出，忙忙碌碌，整天为公社放牲灵，咋不上学磕？"

"唉，问个甚！"石光银没有回答，躲出磕了。婆姨白毛女悄悄地告诉石发富，他们刚刚搬到村南的时候，正该石光银上小学。她领着石光银走了二十里路，到公社小学报了到。从小走惯了长路的石光银，并没有感觉这二十里路有多遥远，似乎还没走过瘾就到了。但第二天就发生了一件事，课间休息的时候，石光银看到一个衣衫光鲜的同学骑在另一个衣衫褴褛的同学身上，抡起巴掌，劈头盖脸地乱打，被打的那个同学苦苦哀求。这个场面，石光银岂能容忍？他走上磕对欺负人的同学猛地搡了一把，将他掀翻了。这个同学抬头一看，石光银高大威猛，不敢交手，扭头就跑。石光银拉起了倒在地上的同学，帮他掸掸身上的尘土，说："上课磕吧，看谁还敢欺负你！"

放学的时候，老师把石光银叫到了办公室，罚站了半个小时，然后拉长了脸问：“石光银，你每天上课要走二十里路，来回就是四十里，不嫌远吗？”

“四十里路算甚哩？一点不累。”

“你比别的娃高一头，这么傻大傻大的个子，娃们该喊你叔哩，你却混在小学里，不臊得慌吗？”

石光银一下子火冒三丈，咋着哩，个子高也算错误吗？可是，细想一下，却真的有些尴尬。可不是么，这些娃在自己面前仿佛小了一辈。他一跺脚，走，老子不上这个学了。老师见他着了道，顺势拿出一张退学证明，说：“按个手印吧。”石光银不假思索就按了。

竟然真的走了？是的。离开校门的时候，有个同学追上来告诉他：“你不该得罪打人的学生，他是老师的侄子。”刚刚八岁的石光银，见惯了老实忠厚、吃苦耐劳的骆驼，习惯了和骆驼差不多的父母亲，还想不到人世间其实有很多很多不尽如人意之处。

从此以后，石光银再也没有走进校门读书。在以后的日月里，每当想到这个问题的时候，他似乎都觉得理亏，觉得没面子，觉得自己本来就不应该再磕上学。他顶着文盲的帽子，直到晚年，才不无遗憾地说：“额不该意气用事，不识字，耽误额多少大事！”

但石光银就是石光银，不那么处理事情就不是他的性格。离开学校以后，他就在家里一心一意地帮助母亲种地、料理家务，帮着大户人家放牲灵。他因为放马，又爱上马。他特别喜欢骏马奔腾起来时四蹄翻飞、争先恐后、势不可当的那股勇猛劲头。他骑马的技术也成为后生里首屈一指的好手。他不用马鞍，跑得再快的马，只要从他身边经过，他只消一揪马鬃，身体一跃，便轻盈自如地稳坐在马背上，任马匹站立嘶鸣，还是抬后腿尥蹶子，也不能把他掀下磕。遇到顽劣的儿马（公马）会就地打滚，此时石光银早已跳到一旁，受不到伤害，待儿马起了身，他早一个鱼跃，又骑在马背上了，由此，他又成为驯马的好手。在别人手里几乎没法调教的性情恶劣的生马坯子，到他手里，不出三天，便被调教得服服帖帖。他对身边的人说："额一爱骆驼二爱马，骆驼教额吃苦耐劳，骏马教额勇往直前。"

一晃就公社化了，他又帮着公社放牲灵。公社化的时候，穷苦的圪垯套村也曾"风光"了几日，把大家集中起来开大灶，吃大锅饭，但没吃几天就宣告停止了。仓库里仅有的一点点存粮全部告罄。那时候，石光银吃不饱饭，就到沙里挖一种叫"沙奶奶"又叫"蒿瓜瓜"、样子像小豆角的植物果实，用水煮熟了吃，直吃得顺嘴流血。因为蒿瓜瓜外壳坚硬，把口舌都刺破了。

他那时给公社放骆驼，因为骆驼多，走得远，夜晚回不来，就支帐篷睡在沙地里。一个初秋的夜里，突然雷鸣电闪，暴风雨说来就来了。沙漠地区的天气是暴戾的，似乎成心要摧毁万物一般。睡梦中的石光银一下子被惊醒。此时，大风猛地将草席搭的帐篷掀翻了，石光银扑过磕，一把将马灯抢在手里，还好，没有打碎。雨夜里最重要的物件就是马灯，其他一切都顾不上了。他提着马灯寻找马匹，见马匹的缰绳还和帐篷的柱子拴在一起，马匹正不耐烦地使劲挣扎，在风雨中不时扬起前蹄站立起来，发出恼怒的"咴儿咴儿"叫声。石光银再回头，却见二十几峰骆驼全都跑得无影无踪。他手提马灯远望，暴雨中看不到两三米远。他使劲打起尖锐的呼哨："吱——"但风雨太大，他竭尽全力发出的呼哨声完全被淹没了。否则，平日里这些骆驼听到这熟悉的呼哨声会悄悄地归拢过来。

凭经验，石光银感觉骆驼们是顺风跑了，他便解下马缰，一跃而上，骑到光脊水滑的马背上，手提马灯，不顾滂沱大雨的倾泻，也顺着风向追了下磕。风雨中怎么辨别方向呢？大雨打在左肋上，说明往左跑偏了；如果打在右肋上，又说明往右跑偏了；只有实实在在打在后脊背上，才是正在顺风跑着。十四五岁的石光银，就是凭借这些原始的感觉，在不断校正着方向，以使自己能真正和骆驼跑在一个方向上。因为他坚信骆驼们是会顺风跑的，而它们的方向感往往比人准确。沙漠地区的初秋，夜雨是渗凉的，气温能够低到不足10摄氏度。石光银的单衣单裤早已浇得湿透，从外面凉到了心里，让他在迅跑中感到心在颤抖，牙齿在磕碰。但一个信念十分明确：公社的骆驼，一峰都不能丢！况且，我是石发富的儿子，父亲拉了一辈子骆驼，轮到我放牧骆驼，却把骆驼放丢了，不是让全公社的人笑掉大牙么？当初公社领导把骆驼交给他的时候，曾经问他："你大可是拉骆驼的好手，因为他忙不过来才把这些骆驼交给你，你知道其中的分量吗？"

"额知道。"石光银怎么会不知道呢？自从成立公社以来，公社和大队的高音喇叭里经常在放一首歌，多少年过磕了，石光银依然记得那首歌：

公社是棵常青藤，
社员都是藤上的瓜，
瓜儿连着藤，
藤儿牵着瓜，
藤儿越肥瓜越甜，
藤儿越壮瓜越大……

那时候，农村的所有制形式是"三级所有，队为基础"，强调摆正国家、集体、个人三者的利益关系，这些意念在小小的石光银心里种下了种子，刻下了烙印，一生不会忘记，某些时候，还会对自己产生重要的指导作用。

在冰冷的雨夜里，各种意念交织在一起，此刻石光银想的就是无论如何不能让公社的骆驼走失，不能给公社造成经济损失。马灯在他手里摇摇晃晃，昏黄的灯火忽明忽暗，却始终没有熄灭。因为看不清前面的道路——沙漠里也根本没有道路，所以马匹不愿意快跑。任凭石光银两腿使劲夹住马的肚子，马也不肯快跑。马或骆驼这些动物，很善于根据自然情况调节自己的行动，当它看不清道路、看不清方向的时候，只是凭着直觉，朝着一个方向深一脚浅一脚地行进，它断然不会猛跑，因为说不定会被看不清的沙柳、沙棘绊住，栽进沙窝。因为雨实在太大，最后马匹竟然停下脚步，面对一道沙梁再也不肯迈步。石光银明白，这是马匹对自然危险的畏惧，也是一种防范。他跳下马，抱住马头，抚摸马的耳朵、脑门子、鼻梁、下颚，在马的耳根搔痒，对着马的耳朵大声说："伙计，额平时对你咋样？今天是考验你的时候，你不敢给额撂挑子，对不对？"

风雨声迅即吞没了石光银的声音。他冷得全身打抖，但甩一下两袖的雨水，一翻身又跃上了马背，两腿猛地一磕马的肚皮。马匹非常不情愿，狠狠地打了一个响鼻，但终归迈开了步子。越过沙梁，下坡的时候，路好走了一些，马匹小跑了起来，似乎对石光银的嘱托有了心有灵犀的回应。但石光银因为精疲力竭，身上的热量几乎耗尽，两腿肌肉麻木，一骨碌从马背上摔了下来。在落地的同时，他没有忘记保护马灯，让马灯砸在自己身上而没有熄灭。马匹跑了几步，感觉情况不对，又返回来，站在石光银的身边。石光银伸手招呼："老伙计，你过来！"马匹竟然听懂了，走到跟前，屈腿卧了下来。石光银艰难地重新爬上马背，把嘴对着马的耳朵，说："老伙计，咱走，快慢由你！"

天地混沌，大雨滂沱，石光银一只手抱住马的脖子，一只手拎着马灯。这一人、一马、一灯，在漆黑的雨夜里，孤独前行。风雨稍稍小了一点的时候，石光银腿上的肌肉也慢慢恢复了知觉。这时，他凭借昏黄的马灯的光亮，看到正前方约莫几米远的地方有一棵树。他立即惊喜地催马前往，到跟前一看，嘿，有两三峰骆驼正在树下避雨。这是骆驼里的聪明者，石光银想。但只有这两三峰远远不够啊！他赶紧把这两三峰骆驼拴在树上，然后催马继续前行。事实证明，他追寻骆驼的方向是正确的，接下来只管追就是。

天亮以前，风雨终于止歇了。他也陆续找到了跑散的远在十几公里外的其他二十来峰骆驼，将它们一峰峰地牵了回来，到那棵大树下集合，然后一起赶回公社。见了公社领导，他疲劳得腿下一软就要栽倒，领导一把搀住了他。他强打精神，把夜里的情况向领导做了汇报。看到石光银浑身湿透、衣衫不整的狼狈样子，看到了马灯保护得好好的，领导立即感到了他所经历的艰辛，一把握住他的手，说：“光银，你是咱公社的好后生，大家会记住你的！”两句话的肯定，让石光银热泪盈眶，把一切疲劳都忘光了。他微微一笑，说：“没啥哩。”

几年以后，公社和大队的高音喇叭里都在广播《草原英雄小姐妹——龙梅和玉荣》，那委婉生动的讲述、惊心动魄的故事，让石光银听得热血沸腾，内心产生极大的共鸣——那个初秋雨夜追骆驼的情景一下子浮现在眼前。龙梅和玉荣在雪夜里为了抢救公社的羊群冻残了双腿；自己在初秋雨夜里抢救二十多峰骆驼，也险些让两腿落残啊。但腿没落残，却让他染上了风疮，后背、大腿、胳膊上都有皮肤溃烂，又痒又疼，一抓就流黄水。石光银没法出工，心里烦透了。

家里拮据，没有钱买药，他们似乎也习惯于不到万不得已而不用药。石发富对儿子说：“用柴灰擦。”石光银疑惑地问：“这个办法管用？”石发富说道：“你不试试，咋知道管不管用？”石光银不便出门，就由石发富或兄弟姐妹出磕到沙地里捋来干枯死掉的沙柳，烧成灰，往石光银溃烂的皮肤上敷，一连敷了两个多月，风疮才慢慢痊愈。

石光银在悄悄地长高，十五六岁的时候，已经在村里比一般后生高出一头了。但因为营养欠缺，他的身板略显单薄。此时，他参加公社组织的种树义务劳动，是最能干的后生，一连得了五次一等奖，奖品是一把好铁锨、一条羊肚手巾、一个洋瓷缸子、一支中华牙膏。人们没用过牙膏，甚至根本没见过，所以，奖品发下来的时候，总是被大家抢走，嘻嘻哈哈地一番评论和取笑，然后才把牙膏还给他。人们羡慕他，但比不过他，他好像天生就是种树的命。

又一晃，石光银十八岁了。尔格他身高超过了一米八，已经完全出落得像个顶天立地、高大威猛的男子汉了。村里的姑娘们都在悄悄地偷窥着他，而他也经常可以听到人们背后的议论：“这后生真棒哩，是咱村的出头哩。”当然，他被人们夸赞和看重，并不只是因为个子高，他尔格已经样样农活儿都拿得起放得下了。而且，他乐于助人，谁有事找到他，他不说二话，抬腿就跟着走了，磕了就把问题解决了。而有时是有人请他帮忙干农活儿，他也从不推辞。那时候，干农活儿要记工分，他给别人帮忙，工分记在谁的头上？记在对方头上。他对这个问题看得很开，总觉得人家需要自己才求到自己，否则人家怎么会轻易张嘴呢？于是，当生产队选队长的时候，他就顺理成章地当选了。

当了生产队长，领导着数十个人，也算有了权力，他便招呼大家一起围绕田边地头种树种草，阻挡流沙对农田的蚕食。因为树、草种得多，阻沙的效果就好，庄稼的收成就好。于是，他十八岁入了党；十九岁就当了大队长，相当于后来的村主任；二十岁，又当了大队书记，要领导全村了。那时候，当领导不光是组织开会，而且要带头干。炎热的盛夏，要天天侍弄庄稼，寒冷的严冬也不得休闲，要起粪、起炕坯、积磷肥。刚刚下完一场大雪，到处都是积雪，他因为干得太猛了，脚下一滑，一下子跌倒在地，胸部正磕在炕坯上，磕成了内伤。身边的人将他扶起来的时候，他似乎有生以来第一次感到什么叫疼痛，那是一种从里到外被针刺的感觉。

他长着一张典型的长方国字脸，通直的鼻梁，略略显薄的嘴唇，炯炯有神的两眼，两道眼眉有点八字眉，让他堂堂正正的陕北大汉的面孔带上了几分喜兴、幽默和滑稽，人们总是感觉他笑呵呵的，没有愁事。但此时看到他眉头紧锁，豆大的汗珠儿在脸上流淌。不过，他的眉头立即又松开了，拄着锄头，继续招呼大伙儿干活儿。

3

石光银脸上稍现即逝的表情，被站在不远处的一个人看个满眼。这是个身材高挑、眉清目秀的姑娘，两只大眼睛忽闪忽闪的，非常传神。她叫大翠。论长相，论人品，在村里都是数一数二的。她心仪石光银已经很长时间了，只是没有机会接近，一直不好意思搭话。

她此刻干着活儿，心却早就飞到石光银身边了。直挨到天黑收工，见石光银一个人扛着锄头往家走，她便甩开女伴，悄悄地跟上了他。

没有路灯，一轮圆月高悬头顶。石光银听到了身后的脚步声，停住脚，回头一看，是大翠，他问："你咋不回家，干一天活儿不累吗？"

以往石光银的声音总是洪亮的，发自胸腔，瓮声瓮气，带着类似金属的磁性，此刻却微弱了许多，而且好像有气无力的样子。

"额见你摔伤了，不……不放心哩。"大翠心里扑通扑通地跳着，脸上热热地烧着，和石光银并了肩。多少次梦里，她就这么和石光银在一起走着，但那只是梦，此刻，她真的和石光银并肩走了。作为一个情窦初开的姑娘，她心里的激动、胆怯、羞涩抑或害怕被拒绝的种种情绪交织在一起，说话也不顺畅了。

大翠家境稍好，比起石光银算是有些家底的。她除了农活儿干得好，针线活儿、洗衣做饭也都行。眼看姑娘大了，又出挑得有模有样，就有人上门提亲，家里就问她："王奶奶给你提的这个咋样？"

"不好，相不中。"

"张婶提的那个咋样？"

"不好，相不中。"

"心不要太高，这么一年一年地下来，不是把自己耽误了？"

家里人怎么知道大翠的心思呢？她早已相中了为人好、肯吃苦、有心路、样样带头干的石光银。可不是心高么？石光银是领导全村的一把手哩。

"额的身板是铁打的，你别担心。"石光银说。但声音已然不那么洪亮，明显底气不足，脚下也不知不觉放慢了步子。

"让额看看好吗？你跌得好重，只怕你伤得不轻。"

"没啥哩。天黑漆漆的，让你看也看不清。"

"月光亮着，咋看不清哩？"

石光银平时对大翠也很有好感，觉得她是年轻女子里面能够吃苦耐劳、踏实能干的佼佼者，只是从来没往婚姻大事上想。他解开上衣的两个纽扣。庄户人不讲究穿背心，抑或没有条件讲究，石光银露出了半拉强健的膀廓和肌肤，大翠便看到了他胸前一大片青紫色的瘀血。她满眼爱慕，满眼心疼，满眼泪水。她欲伸手抚摸石光银那片青紫的瘀血，但手伸了一半，还是缩了回磕。她急忙把衣襟给他扣上。

“光银，老辈人说过，这样的伤要用黄酒擦治，额家有黄酒，额尔格就给你拿磕。”大翠抹了一把眼泪，拎着锄头就跑。

“哎、哎，不用、不用……”

石光银没有拦住，大翠拽开两条长腿，已经跑得无影无踪了。

大翠气喘吁吁地跑回家里，把锄头立在灶间（堂屋），见方桌上摆着刚蒸熟的玉米面饼子，拔脚就往东屋走。此刻，老妈正给大锅烧火熬汤，瞄了一眼大翠，问道：“咋回来得这么晚？还跑得满脸通红？”大翠不回答，径直往东屋走。她撩开门帘，见老爸正圪蹴在炕沿上抽旱烟，便问：“大，咱家那瓶黄酒放在哪儿哩？”

“作甚？你想喝？”

“大，队里有人跌伤，借咱家黄酒用用。”

“甚叫借？打借条吗？”

“大，您咋这样？”

“额哪样？不当家不知柴米贵，尔格这日子有多难？石光银带着大伙儿苦干，人人都累弯了腰，见着效果了吗？”

“总会见着的，您要有信心，要给光银时间。”

“额知道你是给石光银拿黄酒，拿磕拿磕，今晚你甭回来吃饭。”

“大……”大翠有些恼怒，但她顾不了太多，低着头搜寻那瓶黄酒，顷刻间，便从躺柜和墙的缝隙里找到了，急忙弯腰拿了出来，撩了门帘拔腿就走，路过方桌的时候，顺手抓走一个饼子。

“一会儿回来吃饭！”老妈在身后喊道。大翠不言喘（不言声），只管走。

“咋不言喘？你回不回来？”老妈用烧火棍子敲着锅台。大翠早已出了院子，走远了。

月光洒在雪地上，发出银灰色的暗光。大翠急匆匆地走着，深一脚浅一脚，鞋帮子和裤脚全是混着流沙的雪，她什么都顾不上了。真正的爱情都是纯洁无瑕的，不祈求得到什么，却从心底里愿意为对方付出。像石光银这种类型的人，一门心思都在工作上，这辈子嫁给他，恐怕也得不到多少好处，但大翠因为爱他这个人，将任何功利性的念想都置之度外了。

她来到石光银家的时候，石光银一家人正围坐在一张方桌前，吸溜吸溜地喝粥，大翠从灰塌塌的稀粥颜色，可以知道那是用草籽、野蒿籽磨成面，混合玉米面熬的粥。天天领着全村社员大干苦干的石光银，在家里就吃这个？她的心突然颤抖起来，手里的黄酒差一点掉在地上。还是石光银的眼睛快，早已明白就里，一把就将黄酒接在手里，嘴里打着哈哈说："当书记真好哩，受点小伤，有人送药哩。"

大翠眼睛里的泪水在打转，喉头哽咽着说不出话。突然，她把手里已经吃掉一半的饼子塞给石光银，说："额换你碗粥喝。"

石光银哈哈大笑："那你可吃亏哩。"

大翠不知从哪儿来的勇气，一扫以前一个没谈过恋爱的姑娘家的矜持，端起石光银的粥碗，用舌尖试了一下凉热，咕咚咕咚，一饮而尽。

"还是啃饼子过瘾哩。"石光银一边啃着饼子，一边脱掉外衣。此时哥哥也过来帮忙，他把黄酒洒在石光银的胸部，啪啪地拍上几掌，就按摩起来，谁料石光银大叫："嗨，好疼！"

大翠急忙上前："额来额来。"便把哥哥拉到一旁，她用手掌轻轻地在这意中人强健的胸廓上揉搓、按摩起来。石光银从来没和姑娘有过交往，姑娘的细心和柔情像泉水，让他从心里感到清凉甘甜；姑娘火热的目光和鼻孔里呼出的热气，又真切地像60度的烧酒，让他血液沸腾，浑身上下、从里到外，都燃烧起来。大翠好看的眉眼，大翠清新的气息，都深深地刻在他的心底了。

他突然打定一个主意：如果自已娶媳妇，就娶大翠这样的姑娘。

按摩完毕，大翠已经一头大汗，两颊红扑扑的，她用衣袖揩了一把，说：“额走了，明晚额再来，额看大哥的手法不行。”

大哥对一切心知肚明，急忙说：“对对，额的手法不行，额又没干过，咋会按摩哩！”

大翠走了以后，石发富老汉用烟锅捅了老伴白毛女一下。

老伴问：“你想说啥？”

石发富问道：“拴宝今年周岁二十了吧？”

“额明白了，你看上大翠了。”

“啥叫额看上大翠了？是大翠看上拴宝了。”

“那不一定，咱拴宝是书记，人家是奔着关心领导来的，咋说是看上拴宝哩？”

“啥话哩？你把人都看得那么势利，大翠这姑娘心地纯净着哩。”

“心里咋样，还能看出来？”

“那当然，大翠的眼睛里干净得像一汪水。我走南闯北拉骆驼几十年，啥人没见过？啥阵仗没经过？人的眼睛最能表达心意。”

“咱们穷家破业的，能让大翠这么好的姑娘看上，真是造化，就是不知道大翠的真实想法。如果只是因为拴宝有职务，就来套近乎，就小看了咱家拴宝——你是跟人结婚，还是跟职务结婚？”

“额不这么看，大翠既不是轻浮姑娘，也不是势利眼，不会因为拴宝是书记就来给他做按摩，这里面有感情因素。”

“村西王老汉的闺女看上了刘老汉的儿子，彩礼都过了，过后一了解，发现刘老汉家太穷，一点儿家底都没有，王老汉家便把彩礼退回磕了，这门亲事告吹了。刘老汉的儿子给好好闪了一下子，在家里躺了三天，不愿意起来。”

“要不咱们主动把家底的情况告诉大翠，省得让她把拴宝闪一下子。”

“是啊，额也这么想。”

“不过，咱家让村里杨毡匠擀两条沙毡，缝上两床劳动布被子，打上两只木头箱子，这个实力还是有的。”

自然，老两口儿的对话不可能让石光银听到。此刻，石光银和大翠正走在外面的雪地上，两个人默默地走着，任冷风像小刀子一样迎面扑来，谁都没说话，只有脚下的雪被踩得咯吱咯吱响。他们似乎都知道对方想说什么，所以语言变得多余。他很想向大翠把事情挑明，但不知道大翠心里怎么想，万一人家早已相好了婆家，自己再插一杠子，不是让大翠为难吗？其实，此时大翠心里已经打定主意：此生非石光银不嫁！但作为一个姑娘，这种话是说不出口的，能够斗胆上手抚摸石光银的胸廓，抚摸一个年轻男子的肌肤，对于她这样十分传统的姑娘来说，已经破了天荒了。她在给石光银按摩的整个过程里，心脏始终咚咚咚地跳个不停，仿佛快要跳出嗓子眼儿了，脸上也热得快要烧破了一样。但她参着胆子想：这个男人将来就是额的，额怕甚哩？她不停地在心里鼓励自己，于是，坚持了下来。石光银一直把大翠送到家，大翠只是回头深深地看了他一眼，没有道别就进了屋。石光银明白，这一眼等于千言万语。

石光银天天晚上用黄酒擦治，胸部疼得钻心，白天还像强劳力一样，照样带头干。他很明白，自己很年轻，身边多数人都是叔叔大伯，不带头干，谁听你的？

大翠一连三天都带着一个饼子来石家，“换”石光银的粥喝。石光银问她：“你在家里吃饱了吗？”她就说吃饱了。其实根本没有，她给石光银按摩完毕回家以后，每次家里都盆干碗净，干的、稀的都没有了。晚上，石光银又送大翠回家，大翠因为肚里咕咕直叫，所以一反常态，开始主动说话了：“光银，尔格咱们这个干法，好像有问题，家家户户都吃不饱，你没找到问题的根源吗？”

“还不是因为风沙大，侵害庄稼严重！”

“那么，你能不能想点办法，对尔格吃大锅饭的干法改进一点？”

“让额想想。”石光银眯起眼睛。他虽然没有文化，但很爱思考。每当眯起眼睛的时候，总会有独出心裁的想法出现：“这样行不行——每家分一点自留地，保证大家一年下来能吃饱。”

“这倒是个办法，可是，会不会有人说你搞资本主义呀？”

“额挨个儿征求大家意见，不愿意干的，不强求。”

“好，额赞成。坐牢、杀头，额陪你。”

“谢谢你，大翠。”

石光银很想说：你是额的心上人，额娶定你了。但终归没说，尔格还没资本开口啊！

打算进行这项工作以前，石光银有些犹豫：要不要和公社领导打个招呼？他很明白，如果打招呼，肯定得不到支持，谁敢冒着“搞资本主义”的风险同意这种事？但不和上级领导说一声就干，这似乎又不是他的风格。他揣上旱烟袋，走向公社。但走到公社大院门口了，却迟迟没有进磕。他圪蹴在门前土墙边抽起旱烟，脑子里翻来覆去都是问号：吃不饱怎么办？怎么办？怎么办？

从外面办事回来的公社主任发现了他——这也是个性格直爽的陕北汉子，他踢了石光银一脚：“嗨，你个大队书记，跑出来圪蹴在这儿做啥哩？”

石光银灵机一动：“你先给额弄个饼子吃吃，额还饿着哩。”

“咋，没吃早饭？走，跟额磕食堂。”

公社主任搞了一次特权，在食堂给石光银要了一个玉米面饼子、半棵大葱。石光银不由分说，掖起旱烟袋，就啃起了饼子。一口饼子一口大葱，边吃边吧唧嘴，吃得好香。吃完，他说：“以后额饿了就找你来。”

公社主任急忙打断他的话：“不行不行，你拿额这儿真当食堂啦？额们这口粮都是有数的，哪能谁来就吃哩！”

“那额们收成不好，吃不饱咋办？”

“开动脑筋，想办法。”

“额想了个办法。”

“额就知道你来公社不是为了吃个饼子，肯定有事要说。”

石光银把自己的想法和盘托出了。公社主任陷入了沉思——收成不好，吃不饱肚子，这种情况并不是石光银一个大队独有的，全公社每个大队都面临这个问题。公社主任思前想后，最后说：“你想咋干就咋干。你没跟额说过，额也不知道这件事。如果有人追究，额出来帮你收拾局面。”

石光银一时间没转过弯来：主任是甚意思？额明明跟他说了，他怎么非说额没跟他说？他什么都不知道？但他立刻就明白了，主任要给自己留退身步，要给自己留有收拾残局的余地。如果他也陷进磕，只怕将来就没有说话余地了。石光银恍然大悟，一把握住主任的手，连声说：“谢谢！谢谢！”

转过天来，他就投入了这项工作。他首先征求了几位大队干部的意见，大家一致同意试试。石光银便斗胆开始对每个人征求意见。出乎他意料的是，没有一个人反对，全都同意尝试一年。说干就干，自留地马上就分下磕了。

不这么干行不行？只要想出更好的办法，自然更好，可是目前没有比这个办法更能调动社员积极性的。如果全村人继续挨饿，村民外出讨饭，不仅自己脸上无光，所有大队干部和公社干部都脸上无光。自留地分下磕之后，村民们知道这是犯忌的事，便都三缄其口，只是闷起头来，该干活儿干活儿，该收成收成，谁都不磕张扬。若论起农村土地管理和耕种模式的自发变革，石光银要比安徽凤阳小岗村早得多！

纸里包不住火，这件事还是让公社书记郭天成知道了。

郭天成是个新中国成立前参加工作的老党员，做事原则性很强，但按后来的话说，也有些“左”。他问公社主任：“伙计，石光银在大队分自留地的事，跟你打过招呼么？”

“么。”

“这事咋办？”

“人是铁，饭是钢，一天不吃饿得慌。吃饭是天大的事。”

“你同情他们？”

“额也在想，有什么好办法既可以不搞资本主义，又能让农民吃饱肚子。”

“对眼前的情况听之任之？传出磕你、额都得撤职。”

“总不能不让农民吃饱肚子吧？”

“你甘愿被撤职？”

“你说应该咋办？”

“一、把地退回磕；二、召开批判会，肃清影响；三、对石光银要严肃处理。”

“第三条不妥。石光银在这件事上没有一点私心，为啥要处理他？”

“杀一儆百。”

“不行，那么做不得人心，你这个书记做事要公平，否则谁还相信你？”

批判会如期召开了。郭天成这么做，其实是一种表态，表明他在政治上是坚定而明确的。公社在圪坮套村召开现场批判会，生产队、大队和公社三级干部都参加了，十几个发言代表宣读了事先写好的批判稿，深入批判石光银的资本主义思想。但让石光银做检查，他坚决拒绝。郭天成说：“你没有文化，不能写字，口头做个检查就行。”石光银摇摇头，连口头检查也不同意做。郭天成非常生气，对石光银吼道：“你还是不是个党员？难道非要我开除你不可？”

“党章里是不是有一条：党员在执行决议的同时可以保留意见？你让额们把自留地退回磕，额们是不是无条件执行了？你虽是公社书记，但也要执行党章，对不对？”

郭天成有些吃惊地看着石光银，想不明白——这个不识字的人咋会把党章记得这么清楚？身边公社主任打圆场：“老郭啊，光银说得对着哩，见好就收吧。”

批判会开得不成功。郭天成回到了最初的思路，要撤掉石光银的大队书记职务，于是发动全村党员表决，谁知，竟然没有一个人举手同意。不仅如此，大翠还站出来对郭天成好一顿奚落：“郭书记，自古以来，民以食为天对不对？如果社员饿得逃荒要饭，你就高兴了？”

郭天成无言以对。他虽然反对社员搞自留地，但“宁要社会主义的草而不要资本主义的苗”这类走极端的话他是说不出来的。他十分无奈，宣布对石光银留党察看一年，转年如果在认识上没有长进，便对他一抹到底。之所以郭天成没有坚持对石光银采取更严厉的措施，是因为他也在想：应该用甚办法让社员们吃饱肚子？分自留地的办法不行，还有啥办法？

4

召开批判会的时候，发言者声嘶力竭地读着批判稿，石光银低着头在前面站着，对面是黑压压的人群。他一言不发。此刻他在想：村后是灰塌塌的盐碱滩，村前是明晃晃的黄沙丘。不论是治沙还是治碱，都离不开种树，离不开兴修水利。他在盘算，下一步应该怎么干？只要公社没撤自己的职，就还要继续干。他不希望被撤职，那不光是个面子问题，他对面子不面子并没有看得那么重，他是担心别人上来会干不好。如果上来一个完全按照郭天成的思路走的人当大队书记，全村人就要继续饿肚子。

批判会像闹剧一样，乱哄哄地散了，没有人议论这次批判会，似乎是在说这种事等于浪费唾沫。晚上下工的时候，大翠大胆地走到石光银的身边，说：“你不要把这件事挂在心上，你在额们心中是最称职的好书记。”石光银心里滚过热浪，眼睛也潮湿了。他看看左右没人，便牵了大翠的手，初次打破了两个人从来不肯拉手的习惯。大翠像是回应一般，边走路边捏弄着他的手指，继而，两只手热烈地猛地攥在一起。石光银突然愣了一下，咋哩，这大翠的手咋也这么粗糙？她给自己按摩前胸的时候咋没有感觉？他捏摸大翠老茧的瞬间，他的心思立即就被大翠感觉到了。

“光银，咱都是庄户人家，许你手上有茧，就不许我的手上有茧？额们在你领导下，不论刮风下雨，还是冰天雪地，对大队的事丝毫不敢懈怠哩。”

“额没有嫌你手上有茧，额是觉得——如果额娶了你做媳妇，以后就不让你下地抡镢杠干农活儿了，在家里做做饭、绣绣花，像城里人那样织织毛衣。”

“你的愿望挺让额感动，却是不好实现的，你一个人的工分挣下的口粮，连你自己都不够吃，咋能再养一个闲人？”

“额发誓，额一定要实现这个愿望！”

“额期待着。”

“你愿意嫁给额？”

“愿意。”

石光银一把搂住了大翠的腰，大翠也环过胳膊，紧紧地搂住石光银的脖颈。两个人把面颊贴得紧紧的，彼此都能感觉到对方的心脏在激烈地跳动。他们没有亲嘴，或许还没学会，或许感觉火候还不够。

目标很光鲜，很吸引人，路却要一步一步地走。买树栽草需要钱，他带头从嘴里省，吃过草籽、棉蓬籽、野蒿籽、榆树皮、苞谷芯子、糠麸；从身上省，不做花钱多的衣服，穿山羊皮筒子，皮楞子硬得能把腿磨破；兴修水利需要劳力，石光银便是最能干的猛将，手掌和肩膀先是磨破，鲜血淋漓，继而结痂，最后成茧。一年过后，公社书记郭天成来圪垯套村检查石光银的情况，围着村子转了一遭，发现圪垯套村树、草种得好，水渠修得好，庄稼长得好。而站在他面前的石光银，表情虽是乐呵呵的，却更加消瘦，身上的褂子晃里晃荡，一张国字脸刀削过似的，见棱见角，额头和颧骨已经愈显凸出了。尔格郭天成对石光银究竟是怎样一种人还不能完全理解，不过，他实实在在地感到，这个年轻人真的不简单。甭等秋后收成了，尔格就在这里召开现场会吧。不过，他这次开会不是要批判石光银，而是要表彰石光银，并对过磕私分自留地的事只字不提。

红旗招展，锣鼓喧天，热情的陕北人把唢呐吹得刺破了蓝天。来参加会议的人对郭天成这个人捉摸不透，他上次不是把石光银批得体无完肤、毫不留情吗？此时咋就和石光银像好朋友呢？其实，很多事情人们看到的只是现象，现象并不一定反映本质。但郭天成的做法对石光银是个极大的鼓励。尔格不过小试牛刀，已经对村里的庄稼形成良性影响，他要在治沙种树问题上坚定地继续往前走。他心底对黄沙的憎恨、对虎娃的思念时刻没有忘。

会议以后，公社交通员突然来到圪background套村，给石光银送来了请柬。石光银不认字，让大队会计给他念。大队会计说：“书记哎，县里请你观影磕哩。”

“观影，啥意思？”

“磕县里看电影啊，咋哩？你要不想磕，额们替你磕。”

“额这么忙，哪有时间？你磕吧。”

大队会计兴高采烈屁颠屁颠地奔向县里。谁知，县里电影院的门口站着公社书记郭天成。他虎着脸问：“你是谁？咋拿着石光银的请柬？”

大队会计的脸腾一下子涨红了：“石书记太忙，让额替他来哩。”

“不行，你马上回磕，让他来。这是电影招待会，专门给先进典型组织的，别人没有资格看这个电影。”

大队会计尴尬地看看手里的请柬，不知道怎么办。郭天成说道：“你在这儿磨蹭甚哩？打算混进磕？没门儿。赶紧回磕，把石光银叫来！”大队会计灰溜溜地回磕了。他见了石光银，便好一通牢骚。石光银哈哈大笑，也罢，额磕。他牵出马匹，一翻身骑了上磕，猛夹马肚，向县里疾驰。

这次电影招待会一共放了三部影片，第一部石光银没看上，看了第二部《上甘岭》和第三部《我们村里的年轻人》。石光银脑筋非常好使，里面的主题歌听过一遍就记个八九不离十。歌曲《一条大河》自不必说了；《我们村里的年轻人》的主题歌《幸福不会从天降》，不光让他熟悉了曲调，歌词也基本记住了。回到村里，他就把电影内容讲给大家听，还把歌曲唱给大家听。石光银有着一副天然的好嗓音，浑厚敞亮，带着金属质感：

樱桃好吃树难栽，

不下苦功花不开；

幸福不会从天降，

社会主义等不来。

莫说我们的家乡苦，

夜明宝珠土里埋，

只要汗水勤灌溉，

幸福的花儿遍地开……

通俗易懂的歌词让他念念不忘，嘴里也很爱唱。于是，身边的人也很快都会唱了。大家对这首歌所要表达的意思也特别理解。可不是么，一切成绩都是干出来的，指望天上掉馅儿饼，那是做白日梦，是神经有病。

大翠自然是最先学会这首歌的。她尔格的所思所想和石光银已经完全一致，完全契合。她不能像石光银想得那么多，那么深，那么宽，也不能像石光银那么能干，那么敢干，但她能够理解石光银，因此，她能够紧紧地追随着石光银。晚上收工以后，她哼着歌回到家里的时候，发现邻村的媒婆马大婶正在她家拉呱（聊天）。老娘拿出了包裹得里三层外三层的一疙瘩红糖，正给马大婶沏红糖水——这是乡里的惯例，媒人上门是应该沏红糖水的。大翠一下子就明白是咋回事了。她撂下锄头掉头就走。老娘却撂下红糖，一把薅住了她的胳膊："走甚哩，你听听马大婶咋说哩。"

"咋说？马大婶，你赶紧说，额还有事，马上要出磕。"

"是这样——"马大婶抿了一口红糖水，"你们圪垯套村的老王家找到额，说他家的闺女看上了村书记石光银，让额帮忙牵个线。不过，他们还告诉额，说村里大翠和石光银走得很近，就委托额来你家打探一下，看看大翠和石光银有没有可能结亲，如果没有可能，额就一门心思帮王家牵线了。"

“王家既然有这个心思，为啥不亲自问问额？”

“闺女哎，这种事，人家咋个抹得开脸哎？”

“你告诉王家吧，额和石光银已经把关系确定了。”

大翠老娘一听这话，立即翻脸了：“大翠，你说的是甚？你给额把话收回磕！谁承认你们俩确定关系了？额们老两口儿同意了吗？他石光银拿什么做彩礼？额把闺女养这么大，一把屎一把尿，容易吗？尔格说走就走，还自已做主，想甚哩！”

马大婶急忙打圆场：“莫急莫急，咱们好好合计这件事。”

“合计个甚？就这么着吧。”大翠硬生生地挣脱了老娘的撕扯，掀开锅台上的锅盖，见里面还留着一个玉米面饼子，抓起来就往外走。老娘和马大婶在身后一个劲儿叫她，她也不回头，径直走出了屋子。只听老娘在身后带着哭腔说：“天啊，这可咋办啊？”

晚上，石光银在大队部面对煤油灯正思考村里的工作，外面有人轻轻敲门。他说：“谁呀？有事就进来吧。”门外却说：“我想请你出来谈谈。”

是大翠的声音！石光银一下子把心思转移过来了。尔格大翠和他的关系已经越走越近，但大翠轻易不肯到大队部找他，她不愿意被旁人开玩笑。因为事情并没有十足的把握，如果两个人根本不能走到一起，却事先宣扬得尽人皆知，那么，对以后不理想的结果将如何面对？姑娘总有姑娘的理由，她是不能不顾及脸面的。

石光银提了马灯从屋里出来，大翠就把手里的玉米面饼子掰下一半，递到他的手里，自已拿着另一半吃起来。石光银早就饿了，所以，半拉饼子几口就吞下了肚。大翠又把手里刚咬了一口的半拉饼子递给他，他却恍然大悟：“额这人真是，你明明晚饭还一点没吃，却先让额吃了一半。”剩下的这半拉饼子，无论如何他不肯再接受了。他不能让大翠完全饿着肚子，他强逼着大翠把饼子吃了，两个人在暗夜里牵着手，走到了村后一道沙梁的后面，把马灯熄了，就着月牙和星星的熹微光线，坐在沙地上，悄声说起话来。

“额家里又逼额见媒人，磕相亲哩。”大翠低声道。

“你咋想的？不想相亲？”石光银很怕听到这个问题，心里不觉颤抖了一下。

“还能咋想？男大当婚，女大当嫁，这是千古定律。”

“那就磕呗，对方是啥子条件？”

“对方比你有家底，但额没有兴趣。额希望你大到额家提亲。”

石光银没有说话——让石发富磕提亲，肯定会碰钉子。

“你咋不说话？”大翠捏了石光银的手指头一下。

“啥都别说了，额知道应该咋做了。”

5

面对自己的心上人不断被别人提亲，而且是在大家都知道大翠和他两相交好的情况下，说明别人并不认为大翠和他能走到一起，这等于藐视、忽略了他们越来越深的关系，想一想真让人气恼。但在他们没有领取结婚证之前，他没法阻止别人委托媒人到大翠家提亲，尤其是在大翠父母不同意他们婚事的前提下。石光银当然很想和大翠结婚，但没有一点资金实力，这让他简直没法向大翠求婚。大翠也因为迟迟不答应家里提的亲，得罪了老爸老妈，天天家里鸡犬不宁。大翠也曾反复向老爸老妈解释过，说石光银这个人如何如何好，理所当然应该是女婿的首选，但老爸老妈死活不同意。他们非要让大翠找个有些家底的不可，可大翠对媒人介绍的一个个后生，全都看不中，婚事就拖了下来。

不改变生态环境，庄稼咋会长得好？社员咋会有钱？家底从何而来？于是，石光银下决心在圪坮套村大面积种树。老爸石发富听说以后，劝阻道：“小打小闹地围绕田边地头种些树，对庄稼有好处就行了，不要大张旗鼓地大面积搞。咱公社也有林场，你见过他们种活过大面积的树木吗？难道人家不如你在行吗？”

村里其他人也对石光银要大面积种树不以为然，首先说：“买树苗的钱从何而来？”

只有一个人支持他，那就是大翠。大翠说："种树的大方向肯定是对的。你看啊，凡是在田边地头种了树、栽了草的，就阻住了风沙，这些农田收成就好。如果大面积种树的话，不是有更多农田受益吗？"

灯不捻不亮，火不烧不旺。石光银心里有数了，问题是：买树苗的钱从何而来？他曾经跟随父亲石发富走内蒙古贩运骡马，对这条线很熟悉，何不走一趟赚些钱呢？他东拼西凑，借了一些钱，就出发了。临走他问了父亲，那个曾经救过他的大叔姓甚名谁、家住哪个旗，说不定会用上人家哩。石发富让他带上准备为他办喜事用的两饼茶砖、两瓶烧酒，见了大叔好作为见面礼。石发富说："豁出磕了，回头再攒吧，谁让咱家没钱哩。"

平心而论，这点礼品有些薄，不过，石家已经尽了最大努力。这是压箱子底的东西，老伴白毛女从箱子里拿出来的时候，抱在怀里，半天没舍得交给儿子。"妈，额不会把茶砖丢了，也不会半路把酒喝了，你就放心吧。"白毛女听了儿子的表态，才把东西交给了儿子。石光银一边把东西装进行囊，一边感觉愧疚，自己这些年忽略了这个问题，其实早就应该抽空磕看看这位大叔，对救命恩人怎么能忘了呢？其实这些年他没有磕看望救命恩人的一个重要原因就是囊中羞涩。你总不能空着手磕看人家吧？可是家里吃饭都困难，哪有钱做这件事？和大翠告别的时候，两个人免不了卿卿我我一阵子，大翠免不了对他千叮咛万嘱咐，他便一一答应，告诉大翠，宁可空手而归，也要保证安全。

他骑着马走在定边通往内蒙古的路上——其实根本没有路，只是朝着那个方向一直往前走。面对一道道沙梁、一座座沙丘，他就又想起了那次黑风沙，罪恶的黑风沙吞噬了虎娃，也险些要了他的命。他

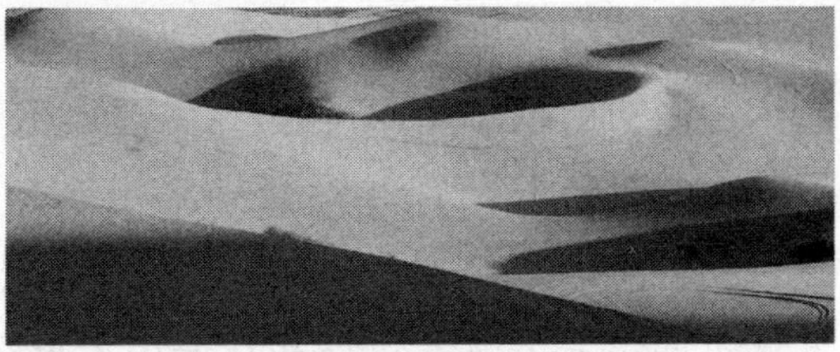

通往内蒙古的沙路

感觉到心脏在一阵阵刺痛，不觉又想起高音喇叭里经常广播的两句诗词：“今日长缨在手，何时缚住苍龙？”要缚住沙暴这只苍龙，就要以大林莽做长缨，可是，没有资金实力，大林莽从哪里来？光靠两只手咋行？

内蒙古的骡马集市上，熙熙攘攘，人头攒动，在很多穿袍子的人群中，出现了头上包着羊肚手巾的石光银。他对一匹匹牵上市场的壮硕的骡马反复查看，看牙口，看蹄口，看鬃毛，试五官的反应……但总感觉不是十分理想，心中不免升起几分恓惶。他找到骡马市场的管理部门，问人家，某旗在什么地方，往哪边走，有多远。

孩提时被黑风沙刮到这里的时候，似乎是顺理成章就到了这里，眼下要确切地找这个地方却不容易。石光银问到了那个旗，可是，一个旗很大，旗下还有公社（后来的镇），公社下面还有村，啊，烦人得很。奶奶个熊，石光银一骨碌从马背上下来了。他把马牵到一处有新鲜牧草的地方，让马匹吃草，他则掏出烟锅圪蹴在沙丘上抽起旱烟。磕还是不磕？他犯起犹豫。但一锅烟还没抽完，他就擂了自己脑袋一拳，自言自语道：“妈那×，你真是个没出息的东西！”随即又想：村里、家里那么需要钱，那么多事情等着办，大翠那边眼巴巴地盼着，额咋就没了信心呢？

“伙计，吃得差不多哩，咱走啊。”石光银把烟锅在鞋底上磕了磕，掖进腰里，不等马匹抬头，拉起缰绳，一翻身跃上马背，两腿顺势一夹，马匹一声长嘶，撒腿小跑起来。石光银见到蒙古包就下马磕问，磕打探，一路走一路问。天快黑的时候，终于找到了那个大叔的蒙古包。因为大叔带着两个儿子出磕放牧，家里只有大婶，他便自报家门，单腿跪下，向大婶问好，从行囊里掏出那两饼茶砖和两瓶酒，敬献给大婶，说：“您甭嫌礼薄，额家实在没有能力，否则额早就来看大叔了。”

“说啥哩，你有这个心就行了。”

大婶为石光银煮了奶茶，便烧火做饭，说，再有一个时辰，老头子和两个儿子也该回来了。正说着话，村里的一个姑娘来帮大婶做饭。这个姑娘长得腰粗腿壮，黑红的脸膛，拎着一捆柴草，好像没有分量。大婶介绍说："这个姑娘是大儿子的对象。两家已经定了亲，正在筹备婚事。拴宝，你有对象了吗?"石光银一听这话，脸腾地涨红了，便有些忸怩。这时，大叔带着儿子和羊群回来了。三匹马，几百只羊。见拴宝来了，便哈哈大笑，不由分说，就撸胳膊挽袖子，拽过一只羊杀了，让儿子举着马灯照着，他则把羊吊在蒙古包前的树上剥皮。一袋烟的工夫，羊已经杀好了，大锅里咕嘟咕嘟地煮起羊排和肉块。

肉熟了，热气腾腾地起锅了，大家围坐在茶几四周。大婶把石光银带来的两瓶酒分倒在几个大瓷碗里，又把石光银带来的茶砖砸下一块放进茶炉，兑上水烧起来。"来吧!"大叔用刀子切下一块肉，首先放在石光银面前的盘子里，"这些年你在干啥？咋不来看我?"

石光银苦笑一声，讲了这十二年以来走过的路程，讲了以往为啥不能前来和这次前来的原因与目的。

"你和我家老大同岁哩。你的事就是我的事，咱们下死力气办，不办好不算完!"大叔端起大瓷碗和石光银相碰，一饮而尽。石光银紧紧跟随，把一碗酒也干了。大叔一碗酒下肚，顿时情绪高昂，一只手搂着石光银的肩膀，一只手拍打着茶几就唱了起来：

哎——十二年前的小娃娃，
长成了威猛的汉；
现如今娶不起媳妇，
说起来哎直流汗。

大家哄堂大笑。石光银真正感觉臊得慌了。晚上，大叔没过门的儿媳妇走的时候，大儿子出磕相送，两个人勾肩搭背，亲亲热热，让石光银看了心里非常不是滋味。

转过天来，大叔没领着石光银磕骡马市场，而是分别磕了几个公社，一下子成交了二三百匹好马。大叔派大儿子跟随石光银先送回第一批，回头再送第二批和第三批。他们都是养马、牧马和驯马的好手，这些马匹，在他们手里被调理得十分听话。如果说一件事情的发展走向是综合力量的结果，这次贩马的成功，就是石光银以多年的人生经历为铺垫的，否则，会是什么结果，实在是不可预知的。

回到定边县把马卖掉以后，再返回磕。如此多次，石光银终于为大队挣到了买树苗的钱。

做完最后一笔生意的当晚，他便信心十足地来到大队长邵卫国的家里。他要先跟邵卫国统一思想。邵卫国比他大十几岁，做事稳重，为人诚恳，石光银有事愿意跟他商量。此时，他家里昏黄的煤油灯火苗摇曳，一家大小七八口人，正围坐在一张黑黢黢的方桌旁吃饭。眼见得桌子上摆的是熬酸菜、煮洋芋（土豆），和清得能照见人影的米汤。

“咋着哩，站着干啥？还不坐下？”邵卫国在自己坐的凳子上挪开半拉屁股，给石光银让出地方。石光银看了看，不想坐。家家口粮都紧缺，自己来“蹭饭”，这咋合适哩？谁知邵卫国又开口催道：“你看你这个人，一贯的风风火火，这会儿咋就忸怩哩？”又对婆姨说：“家里的，赶紧给光银拿干的，盛碗汤。”

6

婆姨听到指令，立即动手，将一大块洋芋摆在邵卫国面前的桌子上，一碗清清的米汤也端了过来。石光银见此，把两手在裤子上抹了一把，便挤着邵卫国坐下了，把半拉屁股悬着。婆姨又把一双筷子递到石光银手里，石光银抓起洋芋就咬了一口，伸出筷子就夹前面碟子里的熬酸菜，热热乎乎地吃了起来。看上磕，他就像邵卫国的亲兄弟。邵卫国边吃边说：“光银啊，额看你决心蛮大的，全村的社员也让你把心气带起来了。可是，额们从来没有大面积栽过树，村南那干沙窝能栽活？恐怕很难吧？额看你还是把问题想实在一些。再说，公社能同意额们这么干？”

“公社那边额磕做工作。额想郭天成还不至于这么糊涂。”

“不敢说人家糊涂。你知道尔格大家说你啥哩?”

“说啥?”

“说你是‘石疯子’哩。”

一家人，包括石光银在内，全都哈哈大笑。石光银又咬了一口洋芋，就一口酸菜，说：“眼下大家的日子都过得这么艰难，吃不上玉米面饼子，白面馍馍更是不敢想，能把洋芋吃饱，就算好生活。村里还有人家连洋芋也不够吃的。这咋行哩?额们这些干部干啥的?难道真让社员磕逃荒要饭走西口?那可是额们的失职和罪过，你说是不是哩?”

“你就认准治沙哩?”

“对，就要治沙。要不，粮食产量永远别想提高。村南那块14000亩的沙荒地，正该是咱们首选的治理目标。”

“好吧，明天咱们开个队委会，把三个生产队的队长都叫来，听听他们的意见。”

“你可不敢在会上跟额唱反调。”

“放心吧，老弟，我尔格已经想通了。”

“额跟你碰一杯。”石光银端起大瓷碗，跟邵卫国碰碗，然后咕咚咕咚将一碗清米汤整个灌进肚里。邵卫国则分了好几次才喝完，然后呼呼地喘着粗气。婆姨便哧哧地笑：“急啥哩?又没人拿鞭子赶着你们。”石光银接话道：“家家吃洋芋喝清汤，比拿鞭子赶着额们还厉害，你说是不是?”

“哎呀，你个‘石疯子’，瞎联系哩，人家是说你吃饭不要这么急急火火的。”婆姨说着话，从锅里挑出一个洋芋递过来。但石光银特别注意到，她是在锅里挑挑拣拣一番才拿过来的。这个洋芋不大不小，想必透着婆姨的心思。邵卫国家并不富裕，加之人口多，洋芋也是不敢随便吃的。

“哎，职业病。你不让额联系，额也要联系。不然的话，额这个书记甭等郭天成撤，额自己麻利地辞了算了。”石光银说着话，悄悄地把手里的洋芋揣进邵卫国的米汤碗里。

“嗨，你这个人真有意思，咋……”邵卫国的话还没说完，石光银拍拍他的肩膀，站起身来，对他的婆姨做个笑脸，没说什么，走了。

石光银的心绪十分复杂。他可以理解邵卫国一家想招待他，却心有余力不足；同时他也感觉自己不拿自己当外人，坐下就吃，似乎有悖于家家都贫困这个情理。他如果有文化，说不定会成为一个很好的作家，因为他的心绪有时候十分细腻，而且善于联想。但眼下，他在众人面前所彰显的，只是其大刀阔斧、杀伐决断的一面。

开弓没有回头箭。转天，石光银和邵卫国召开了队委会。邵卫国主持会议，石光银主讲，他说：“这几年，额们兴修水利，圈围盘井，平整沙地，可是，每年刮上几场大风，平地又变成了沙堆，庄稼苗苗不是被风吹跑，就是被沙埋了。收成不好，群众的吃饭问题还是解决不了。要想彻底改变这种情况，必须治住沙子。如果额们能在沙窝里种起树来，坝住流沙，就不愁他庄稼长不好。”

“这个法子恐怕不行，原来也有人在干沙窝栽过树，可是根本活不了。”一个生产队长皱着眉头说。

“这说明额们还没掌握栽树的技术。”石光银抽了一口烟，“我思谋了很久，额们这里盖房的人，不是都到靖边县柳桂湾那边买椽檩吗？人家咋就能栽活？人家肯定有这方面的经验，明年开春以前，额磕学习他们的技术。”

大队会计插话说：“柳桂湾是不是有点远啊？二百多里哩。”

“路远不是问题，额能走。你们看看还有甚问题？”

大家议论纷纷，又提出很多相关问题，越议论越具体，越议论越感觉事情可行，大家不吃不喝，竟然把会开到半夜，鸡都叫了头遍了，才分头回家歇息。

转天一早，石光银又奔了公社，和郭天成谈这件事磕了。一年多以来，郭天成已经看到石光银是个工作很有路数、很能干的年轻人，对石光银提出的设想，和公社主任商量了一下，就同意了。而公社主任对石光银一直很有好感，岂有不同意的？这个边鼓他是一定会敲的。并且还当着郭天成对石光银说：“你们放手大胆地干吧，需要什么帮助，尽管来找额。”郭天成为表示支持，也拿出一小口袋烟叶送给石光银，说：“额咋老看你的烟口袋是空的？”

石光银一本正经道：“额到你这儿来以前，把烟口袋掏空了，等着你给续哩。”

“真的假的？吃‘大户’？”郭天成疑惑地看着石光银。公社主任急忙插话：“他开玩笑哩，你咋还当真？”石光银哈哈大笑，郭天成便撇撇嘴，捶了石光银肩膀一拳：“是啊，有‘吃大户’思想，可不是好干部。”

这时，石发富感觉是时候了，便带上彩礼，叫上媒人，磕大翠家提亲了。大翠家姓高，本名高生芳，父亲叫高俊斗。因为石光银通过骡马生意，也为自己积攒了一点跑腿钱，稍稍有了提亲的“资格”。这件事非同小可，高家对此非常在意。石光银的每一点进步、每一次收入，大翠都是第一个，也是最全面了解的人，她都会如实并及时地告诉家里，让父母亲看到希望。高家为此对石光银另眼相看了。虽说尔格石家还不算富裕，但凭石光银这个干法，全村早晚会富起来，石家也会跟着富起来。高家相信这一点。

石发富磕大队放牧牲畜的时候，有意和大翠碰了面，小声问她：“你大你妈尔格心气活动一些了吗？”大翠脸上热了一下，小声回答：“活动多了。”石发富说道：“那额可提亲磕了？”大翠一下子满脸通红，抿嘴一笑，转身就跑。石发富心里有数了。他非常喜欢大翠这个没过门的儿媳妇。为避免夜长梦多，他和石光银说了一声，就赶紧奔大翠家了。

彩礼很简单，就是在镇上买的两盒点心，还有一个小小的瘪瘪的红纸包，里面是一百元钱。因为那时候没有百元的大票，最大的是十元的，而红纸包里甚至还有五元、两元的，所以，这个红纸包看上磕也不算太寒酸。大翠和石光银相好的事，人尽皆知，这次把媒人叫来跟着帮腔说合，其实只是按照乡规办事，所以，石发富和媒人来到高家以后，媒人几乎插不上话，完全成了陪衬。

“高老弟，额终于走进你的家门了。”石发富呵呵地笑着，把两盒点心放在堂屋桌子上，又把红纸包递给高俊斗的婆姨，首先开口了。婆姨赶紧把椅子擦了擦（其实那椅子根本没有土，这完全是在表示尊重），让石发富和媒人落座。

“瞧你这话说的，你几时来额不欢迎啊？”高俊斗拿过烟锅，在烟叶口袋里剜了两下，剜出满满一锅烟，递给石发富，然后用火绒、火镰和火石打着，为石发富把烟锅点燃。

“你家门槛高啊，一般人咋进得来？”石发富抽了一口烟后说道。

“高啥哩？还不是为闺女的将来吗？谁愿意看着闺女过了门吃糠咽菜过穷日子？那不得把额急死，是不是？”

“对着哩，大家的愿望就是额家光银这辈子的目标，他不光要让全村富起来，还要让大翠过上城里人的好日子。”

“额看出来了，光银真是个好苗子，额老两口信服他。”

“那咱就言归正传啦，几时给他们办事啊？”

“听你的，你说几时办事就几时办。”

“好，爽快！下个月就办，可以吧？”

“咋不行呢？额家早就给大翠准备好了。”

石发富从高家出来，马上奔了镇上的木器行，请师傅到家里来打家具。他已经为儿子积攒好了木料。婆姨白毛女则跑到村西，找到专门擀毡的杨毡匠，送磕几大包羊毛，请他擀毡。回到家便从箱子里拿出早已备下的两大块劳动布，量好尺寸，续上棉花，就开始给儿子、儿媳做被子。白毛女做针线活是把好手，眨眼的工夫，就把两床被子做好了。等到大翠跑过来说：“妈（她已经不知不觉改口了），额帮您做被子。”白毛女呵呵地笑着说：“哪能等着你啊？我早做好了。你磕试试，看看是不是暄腾？”大翠果然磕抚摸那两床被子了，虽然不是绸缎，不是好布料，可大翠脸上还是笑开了花。找一个好人，不是比金钱、绸缎强百倍、千倍？年轻人的一辈子大事，终于瓜熟蒂落了。

一个月转眼就过磕了。

这年冬季的毛乌素，天气特别冷。腊月二十三这天，气温达到零下二十多摄氏度。石发富一早起来，举目望磕，整个毛乌素沙漠雪皑皑，野茫茫，天地混成一色。但好日子仍然是好日子，不会因天气而冲淡人们的喜气。

这一天是石光银和大翠终生难忘的日子，因为他们在这一天办了婚事。当然，婚事办得极其简单。圪垯套村的劳动日价值实在太低了，口粮分得少，庄稼人日子过得紧，大部分社员口粮都短缺，秋不接夏，夏不接秋。因此，石发富给儿子办婚事也惊动不起村里人，只请了几个亲戚，和亲家加媒人坐在一起吃了顿饭。好多人眼巴巴地等着大队书记石光银请他们喝喜酒，但等到最后也没人请他们。甚至石光银对大家都保密了，他根本就没告诉大家几时办喜事，不论谁问，他都不告诉人家准日子。大队长邵卫国、公社主任和郭天成后来都对石光银表示了不满，但同时也表示了理解。穷啊，想大办，办得起么?

石光银在圪垯套的土屋新房里，也没有啥值钱的东西，最显眼的是那对油漆一新的红漆木箱。这对红漆木箱的正面，由画师精心描画了一幅鲜艳无比的牡丹盛开的图案和一幅素雅的白菊吐芳的图案，牡丹花上落着一对栩栩如生的金丝鸟，而白菊上面，则有一对呢喃的燕子。两对鸟、燕正含着深情，两相对望。

这对红漆木箱为简陋的新房增添了不少喜庆。土炕上铺着两条新擀的黑沙毡，拐角处整齐地码着那两床新缝制的劳动布被子，两个枕头摞在上面。这就是一对新人的全部家当。

7

新婚之夜，一对新人被一种新鲜的感觉和气氛包围着。桌子上的煤油灯在摇曳，两个人隔着煤油灯互相对望，似乎都在看那时红时黄的火苗，其实是在寻找彼此的眼睛。那两对眼睛都含着炽热的深情，在召唤对方。于是，两条板凳就挪到了一起，两个年轻人就搂在一起。

“大翠，你想说啥？”石光银感觉此时自己是世界上最幸福的男人，拥着自己所爱的女人，他感到一种从未有过的自信。

大翠轻轻一笑：“这些年总是我主动找你，你几时主动过？这个账你咋还？”

“你让额咋还额就咋还。”

“从来不说要娶额，却突然叫咱大带着媒人磕提亲，让额没有一点儿思想准备。”

“这个话不对，咱俩早就牵了手了，你咋还没有思想准备？”

“你咋知道额咋想的？”

“额咋不知道？额早就钻进你心里哩。额在你心里看见，红彤彤的心脏里面只有额，没有任何人。”

“看美得你！”大翠一头扑进石光银的怀里。石光银顺嘴“噗”的一声吹熄了煤油灯。

半夜里，睡着觉的石光银突然在梦里哈哈大笑，把大翠笑醒了。她掐了石光银一把，说：“老实睡觉，笑啥笑？额这辈子都是你的。”大翠的话倒把梦里的石光银说醒了，他揉着眼睛说：“嗯，额刚做了个梦，打扰你睡觉了。”

“啥梦啊，竟然笑得这么开心？”

“额梦见村南沙窝里长满了树，绿生生的，风吹来，树叶子哗啦啦地响，哎呀，让人心里爽死了。乡亲们都穿得整整齐齐，花红柳绿，喜气洋洋地在树林子里——”

“在干啥？”

“你猜。”

“唱信天游？”

“差不多，不过不对。”

“支起大锅蒸白面馍馍吃？”

“差不多，不过还得继续猜。”

“你做的梦，额咋猜得着？”

“乡亲们在扭秧歌。”

大翠扑哧一声笑了：“真是好梦，额等着那一天，到树林子里磕扭秧歌。”

“实现了这个梦想以后，你猜额们应该干啥？”

“额又没钻到你肚子里，咋会知道？”

“额可钻进你肚子里了，额知道你是咋想的。”

“吹！额咋想的？”

“那时候，你一定想让额带你到北京天安门留个影。”

“哇，真让你说中了，额就是这么想的，而且早就想过。刚一喜欢你的时候，就有这个想法了。”

“完了完了，你喜欢额目的不纯。”

“还说哩，你家也够简单的哩。”大翠使劲地捶了石光银一拳，再也没有睡意。两个人相拥着，在黑暗里说话，直说到天亮。

大翠所说的简单，是说石家办婚事距离当时陕北的风俗习惯实在差得太远。如果有经济实力，那么，婚礼应该办三天方为圆满。石光银这样有头有脸的村书记，办得过于简单，是显得有些寒碜。细论起来，第一天应该是“聚客”的日子，由亲朋好友前来贺喜或帮忙。由男方聘请的总管莅位主持，安排“相伙”（村里或来客中的亲友）干帮厨、待客等杂务。当晚吹手动乐，算是拉开喜事帷幕。转天早饭后，迎亲队伍出发。这个队伍一般由八人组成，其中有两名是女人，被称为“迎人婆姨”。民间讲究“姑不迎，姨不送”，迎人婆姨须是婶娘或嫂子。而迎亲队伍中必须有一名懂礼节、能说会道的领头人，若遇女方出难题，能妥善应对，巧妙化解。出发时要携带新娘的衣服被褥若干、金银首饰若干，大馍一对、猪肉一块、离娘米糕一块、半瓶清油、筷子一双、白面一小包，揣怀钱、坠箱钱若干，以及未交完的彩礼钱若干。一切齐备，鸣炮三声出发，吹鼓手在前奏乐，迎人婆姨居中，其余人畜随后。逢庙宇、村庄须鸣号、吹乐而过，逢河、逢桥也须吹长号。但所有的这一切全省了，因为男方是石光银，不是一般后生。

事前，大翠家按照习俗也做了准备，办嫁妆，备酒饭，邀亲朋，但没有组织送人队伍（一般也由八人组成，其中有两名妇女陪送，人称“送人婆姨”）。因为那太张扬，会显得石家更加寒酸，高家对这一点十分清楚。如果按照老的礼数，俟迎亲者一到，女家院内应设一桌案，摆上烟酒，由管事人向迎亲领头人敬酒三杯，以示欢迎，迎亲领头人将所带之物一一摆于桌案交代，谓之“表礼”。饭后，女方家总管向迎亲领头人交代陪嫁之物，添坠箱钱、揣怀钱、油、面、筷子等各加一倍退回。一切就绪，准备起程。唢呐声声响彻云霄，迎送队伍逶逶迤迤、浩浩荡荡出村。若遇好事者，可摆烟酒于路旁，迎送队伍必须停止前进，吹手就地吹奏三曲，三起三落，方才放行。

对这很有意思的一切，大翠都听老妈说过，怎奈只能随着石家，一切从简了。至于迎送队伍进门后，新娘须由“送人的”领头人扶下马（或轿），由新郎揭盖头，两人一前一后踩着红毡走向洞房（俗称“帐房窑”）。随即有一人手端一碗麦叶、小钱、五谷边撒边唱，谓之“撒帐”。新人入洞房后，由一小孩儿端水让新娘洗脸，新娘得给少许钱，以示酬谢。新房的炕上，须在炕席四角压上针线、核桃、红枣、钱币等物，新娘进屋方才可以收存起来，谓之“踩四角”，后静坐前炕。接下来，请诸位“送人者”坐席吃喜宴。新郎要敬酒施礼，送亲领头人应以钱相报，民间称之为“拜席口”……如此这般，方为礼数周全。大翠对这些实际上是很渴望的。不光是她，所有的陕北姑娘，都会认为这一切是对娘家的尊重，是对姑娘的尊重。但这一切，石光银全没有。大翠出嫁，是自家的姐妹相伴，由石光银亲自来迎，几个人说说笑笑走到了石家，就好像是磕参加一次大队的会议。因为石光银连新衣服都没穿，外人看不出他是来迎亲；而大翠的衣服也是旧的，在这个节骨眼上，她不敢不和石光银相配合，否则会把石光银比下磕。

石家能做到的，只是在第二天清晨，小两口儿吃了“儿女扁食”（饺子），饭后举行了“拜人”仪式和“亮箱”（给公婆和丈夫看看嫁妆）。然后新娘、新郎回门看望岳父、岳母。第三天，小两口儿又由岳父送回，谓之“送回面”。至于八日后，新娘须到娘家住七天再归，曰“对七对八”……这一切，在石光银这里，都显得过于奢侈，过于烦琐，过于浪费时间。他哪有这么多时间和精力干这些事？

转眼就要开春，石光银必须赶在季节前到靖边县柳桂湾磕学习旱柳、沙柳等树木的栽植技术。人误地一时，地误人一年，几百户社员的领头人，岂敢因为婚事而怠慢了农时？作为一个领导着几百户社员的村书记，对农时有多么看重，是不言而喻的。这是对他的最最基本的要求。对此，老爸石发富心里不是滋味。说出话来，公里有私，私里有公，夹枪带棒：“额劝你不要瞎折腾，劳民伤财哩！大队里攒下一点钱容易吗？如果钱富余，你干脆给大家分了。那沙疙瘩你能治住？几辈人都在这沙窝窝里滚，啥时种活了一棵树？到头来还不是一场空？你尔格倒要创造奇迹，能行？”

石光银被这话说得满脸通红。马上就要整装出发了，父亲却来说这些，让他心里怎么想？他很想驳斥父亲，但想了想，算了，人老了，脑筋就转轴慢了，人家靖边能把树种活，额们却不行，原因还不是额们不懂技术？额磕学技术，咋就劳民伤财了？他本不想开口，但还是憋不住了：“这沙子总要想办法治，难道额们就这样甘心一辈子受穷？年年种的庄稼叫沙子淹没，年年春天要整地推沙子。额就不信这个邪！花一点费用学种树，咋就不应该？”石发富也被儿子的一番话呛得没法还嘴，心里别扭，圪蹴在门口使劲地抽起旱烟。

石光银排除了各种干扰，要磕学习了。一大早，大翠就起来给他做饭，收拾随身携带的那个黄帆布挎包，把几件换洗的衣服塞进磕。定边县距离靖边柳桂湾有二百多里远，没有车，也没有路。大队长邵卫国叮嘱他带着一匹马，走累了就骑上，但他不带，说太麻烦。磕专心学技术了，还得照顾它，哪有那个闲心？不照顾，又对不住“老伙计”。但是步行的话，路途遥远，一路上荒无人烟。大翠一边收拾一边叮嘱：“一定要小心，可不敢耍二杆子！”

“是哩，你放心吧。”

“一定要多加小心，可不敢耍二杆子！”

“咋车轱辘话来回说，你是不是离不开额？”石光银笑嘻嘻地开起玩笑。

“你胡说甚哩？”大翠扑进石光银的怀里，用鼻子使劲吮吸他身上熟悉的气味。新婚不久的小夫妻，还没黏糊够呢，咋舍得分开呢？两个人吃早饭的时候，也情不自禁地搂着肩膀。大队长邵卫国来了，他人没进屋，粗门大嗓的声音先进来了：“嘿嘿，够热乎，额可啥都没看见！”石光银吓了一跳，急忙和大翠分开了，随着声音，邵卫国进屋了，“光银，额叫会计给你弄了二十块钱，你带上。柳桂湾的挠椽树好，你学完技术以后，看能不能带些栽子和树苗苗回来？”

石光银一边把旱烟锅递给邵卫国，一边说：“你和额想得一样，额尽量想办法带些树栽子和树苗苗，争取开春咱们也种一些。”

“你路上要多操心，千万不要出麻达（麻烦）。”

“是着哩，你放心吧。”

“每个星期日的上午，你给咱大队部来电话，额让大翠守着电话。”

“哎呀，用公家电话说额们两口子的私事，不合适吧？”

“你咋这么死心眼，不是同时要讲讲工作吗？”

见石光银还要说什么，大翠急忙把话插进来：“老邵说得对着哩，你先汇报工作，然后再说……”石光银不等大翠说完，就打断说：“明白明白。好了，别絮叨了，额该走了，不然的话，天黑了，额也出不了门。”他硬是拂开了大翠的手，背起挎包，出门磕了，把邵卫国和大翠甩在了身后。大翠对邵卫国说：“老邵，你瞧瞧，他要出远门了，就这么走了，对家里一点不牵挂。”

石光银一次次从沙地上走出去

邵卫国哈哈大笑："大翠妹子，这话可不敢说，他爱你爱得不行哩，你掏掏口袋，看看里面有啥？"

大翠十分纳闷地看着邵卫国，老邵便向她挤眼。大翠急忙把手伸进口袋，一掏，掏出五元钱来："这是咋回事？"

老邵撇撇嘴，又是一阵笑："光银趁你没注意，装进你口袋的，你还怪他不牵挂家里。"

大翠真的无言以对了，心里泛上来的都是对石光银的爱。她肯定不会把这五元钱花掉，本来她过日子就是非常俭省的，但这五元钱让她感到了石光银对她深深的情意。世界上只有最亲的人才会这么做。他绝不会像老邵那样，人没进屋，先把话喊出来——我给你送钱来了。当然，老邵也并无歹意。但作为互相恩爱的夫妻，是根本用不着这样的。默默地、偷偷地、悄悄地做了，就是做了，对方能不能感觉到，都无所谓。大翠一时完全陷在深深的爱的海洋里。她送走了老邵，走到村口，望着石光银远磕的方向，悄声地吟唱起信天游《绣荷包》。这首歌姑娘们都会唱，但不会对外人随便乱唱，那是只对自己的情人唱的：

初一到十五，
十五的月儿圆，
那春风摆动呀么杨呀杨柳梢。

三月桃花开，
亲人捎信来，
捎书书传信呀么要一个荷包袋。

低头进绣房，
两眼泪汪汪，
手拿起针线呀么绣呀绣得忙……

石光银外出学习的这段时间，大翠忙里忙外，起五更睡半夜，抽空给他做了一双千层底、实纳帮的青布鞋，用的是从娘家带过来的碎布头。大翠的手很巧，做出的鞋和商店里卖的布鞋没有两样。她是用一针一线把热乎乎的情意缝进了鞋里。但石光银既没给大翠“捎书书”，也没给大翠“传信信”，更没有提要求让大翠绣一个“荷包袋”。他根本就没给大翠打电话。大翠有两次真的到大队部磕等着，但两次石光银都没有把电话打过来。第三次，大翠便不再来了，因为她想明白了，石光银是有意让她断了这个念想。那时候，“注意影响”这句话是很有威慑力的。每个村干部，都害怕被社员嚼舌头。被“嚼”得多了，差不多你就该挪窝了。虽然，石光银的干劲和能力决定了他不可能因为给婆姨打个电话，就破坏了人们对他的好印象，就影响到他的威信，但他在这方面绝不越雷池一步。他曾经对大翠说过：人品、能力、干劲，是大队干部的必备三条。没有这三条，甭等着人家把你选下来，自己有点自知之明，拍拍屁股走人。赖在位置上，也许社员们出于某种原因并不轰你，但你会耽误事。

人们都在议论，新婚宴尔的石光银小两口儿，分离这么多天竟然连个电话也不打，是不是闹矛盾了？大翠听了这话，心里反倒十分熨帖，做鞋也做得更加起劲。倒是邵卫国有些不满了，他找到大翠说：“你看这个家伙，这么久了，竟然连个电话也不打！”

大翠帮着开脱说：“可能是不方便吧。”邵卫国一声长叹：“谁疼谁就甭说了。”大翠暗暗发笑，可不是么，在这个世界上，还有谁比她更了解石光银的呢？

但石光银没有辜负大家的期望，半个月后，从柳桂湾回来的时候，既带来了种树技术，又带来了树栽子。他告诉邵卫国，已经和柳桂湾那边说好了，要低价卖给额们一些树栽子。邵卫国很高兴，马上安排了五辆驴拉车，由石光银带队，二次奔柳桂湾，将谈好的这批树栽子拉了回来。圪垯套村开始大张旗鼓地种树了。这次种树总共是14000亩，石光银感觉十分过瘾，心情好得不得了。

这时，村里的社员姬善峰看出了石光银的门道：贩马可以赚钱。姬善峰是个做事顾前不顾后的人，他要冒一次风险，按照石光银的路数折腾一次。

姬善峰虽穷，但在圪埮套村也算个人物。他长年在嘴边叼着烟锅，但烟锅并不点燃。他个子不高，四十岁出头的年纪，黑黢黢的脸膛嘬着腮，胡子拉碴儿。因为家贫如洗，他抽烟一贯地不点燃，烟锅里塞上烟叶末子，只是一口一口地干抽，抽那个烟叶的味儿。这样，一锅烟可以反复抽。这一锅烟有可能抽一个星期，也可能抽一个月。到供销社花几毛钱买两片烟叶，可以“使用”一年。什么时候会发狠把烟点着抽掉，谁都不知道，因为谁都没看见过。但姬善峰头脑灵活，一直在思考如何发家。

姬善峰开始走亲戚了，当然他是走城里的亲戚。乡村的亲戚和他差不多，走也是白走，借不出钱来。而城里的亲戚又有几家是有钱的呢？城里的亲戚即使是“双职工”，也仍然没有多少存款，因为工资都不高，能将就着够吃饭，略有结余，就算好的。孩子多的家庭甚至还不够吃饭，还要向单位、向亲朋或“互助会”借钱。姬善峰便鼓动起他的嘴皮子，不辞辛苦地给人家讲啊讲。起初他的亲戚们都不愿意给他帮这个忙，他就举出村里石光银的例子，告诉对方，他一定能赚回钱来。而且，凡是借了钱的，都是有利息的，不会白借。亲戚们多数都不相信他，如果他能赚钱，不是早就发起来了，还用得着等到尔格么？但多数人都相信石光银，都知道石光银作为大队书记，肯定心里是有道道儿的，不像姬善峰这么无能。既然石光银前面能赚出钱来，后面姬善峰也不会白干。于是，最后终于有亲戚出面帮姬善峰找到了一位在银行工作的亲戚的亲戚，给他贷出一笔款来。

8

这简直是喜从天降。这是一笔“巨款”，姬善峰长这么大也没见过这么多钱，甚至没听别人对他说起过这么多钱。他把这些钱分别装在两个曾经盛过油漆的旧铁皮桶里，用油布封好口，拴在家里的那匹老马身上（有的社员家里养马，个人可以有限制地使用，但归属权在大队），腰里揣了一把宰羊的刀子，便骑马上路了。一路上遇到和他行走的速度相近的，他急忙打马加速，或勒住马缰让对方先走。总之，不愿意和对方并肩而行。他担心对方会看出他的旧铁皮桶里面有文章，会图谋不轨。而且，一路走着，一路东张西望，一只手始终不离腰间的刀子，担心会突然从什么地方冒出一个打劫的人来。他想好了，如果蓦然间出现这么一个人，他会先下手为强，毫不犹豫地给对方肚子来一刀。

越过一道沙梁，又是一道沙梁。姬善峰心中十分气恼，暗想，这沙梁也他妈忒多了，几时走上平原啊？每爬上一道沙梁的时候，马身上拴的两只旧铁皮桶就悬吊起来乱晃，他真怕把拴铁皮桶的牛皮绳磨断了。真的磨断了该咋办？难道两手抱着，那不累死？让过路的外人看见，不是更会起疑了？

正怨天尤人期间，他突然看见前面一个骑马赶路的人从马上摔下来，倒在沙地上。刚刚还在前面走得好好的，咋就……他灵机一动，莫不是装死，等额走到跟前，抢额的铁皮桶吧？他急忙拨转马头，让马往左拐弯，绕过倒地的人，把刀子拔了出来。他听老辈人说过，这种情况和这种人叫“路倒”，遇上是很不吉利的。他想躲得越远越好，谁知，那个“路倒”发出了呼唤之声：“喂，大哥，帮额一把，给额口水喝。”

走长路的人如果缺水，大量出汗而得不到饮水的补充，就有可能出现这种情况，因脱水而导致昏迷甚至死亡，对这一点，姬善峰也是知道的。如果他及时赶过磕，用自己的水囊喂对方一口水，仅仅一口，就可以将对方救起。但他远远离开了，他担心自己的两个铁皮桶。他不救这个人，对铁皮桶就没有威胁；救了，后面发生啥事，便没法预测。他听着身后一声声的“大哥——大哥——”的呼唤，远远离开了。甚至，他在自家老马的屁股上捶了一拳：“妈那

×，快点，麻利儿的，磨蹭个球！”

谁愿意管这个闲事，让谁磕管吧，额要看好铁皮桶，那是命根子。终于，那个声音微弱下磕，听不见了，他心里舒坦了一些。前面又突然跑过来一匹马，马上骑着一个中年人，速度很快，而且是迎头而来。他非常害怕，急忙再次打马转头，向一旁拐弯。但对方照着他而来，你拐他也拐，躲是没法躲了。姬善峰心脏怦怦乱跳，嗖的一下，把刀子拔出来攥在手里。对方迎住他的马头，将自己的马勒住，气喘吁吁地问：“大哥，磕内蒙古咋走哇？额咋感觉越走越不对哩？”

“咋个不对哩？就应该一直往前走哇。”姬善峰心里敲着小鼓，嘴上应对着，暗想：你敢冲过来，额就敢攮你。

“可是，走了这么半天，总是走不出沙漠哩。”

“你放心朝前走吧，内蒙古到处是沙漠，走不出沙漠是正常的，能找到你要磕的村子不就对了？”

“是哩是哩，谢谢大哥提醒。你是不是也磕内蒙古？额跟你走吧。”

天，真是怕什么来什么！额咋能跟你一起走呢？难道你看到了额的两个铁皮桶了？姬善峰急忙拒绝：“不行不行！你走你的，额走额的，谁也别跟着谁。你不就是磕内蒙古吗？照直走就是哩。”

“你怕啥哩？额又不是坏人。”

未种植的沙地

“谁能把好人坏人写脑门儿上？快走你的吧。”

“额没跟哩。”

“啥跟不跟的？你只管照直走就是。”

“哎呀哩，还有这样的人。”

来者将信将疑地拨转马头，朝着原路返回磕了，并大声吆喝，狠夹马的肚子，催马狂奔。他的背影越来越小，最后看不见了。姬善峰却仍然不走，他要等对方完全走远了才敢走。他的老马对他走走停停，倒是十分受用，一声不吭，既不刨蹄，也不嘶鸣，一切听之任之。由于路上耽搁的时间太多，赶到内蒙古骡马市场的时候，早已日过三竿天过午，人家规定是下午两点以后停止交易，此时正是当口儿上，很多骡马已被主人牵出了市场。他拦住一个卖主说：“老哥，让额看看你的马咋样？”

“不看不看，想买的话明天再说。”卖主生硬地推开他，牵着马走了。

他又拦住一个卖主，想问问价，也被拒绝了。咋回事哩？难道场外不能交易吗？偷着交易，不是还可以免交管理费吗？正懵懵懂懂之际，一个管理人员模样的人走了过来，把他拉到一个僻静处，问：“你是从哪里来的？”

“额从定边那边。”

“你是不是想私下交易，逃避管理费？”

“没有没有，额咋敢这么干哩？”

“那你为啥在关市的时候来买牲畜，还拦住人家问来问磕？”

“额是因为来晚了，不是别的原因。”

“额告诉你实话——这个时辰，牲畜已经疲倦了，状态不如上午好，卖不上好价，没有人愿意这个时辰卖牲畜。”

“明白了，明白了，谢谢你哩。”

姬善峰拉着自家的老马逃也似的走了，暗想：额不赶快走，说不定会罚额一下子哩。他在骡马市场附近找了一家小旅馆住下。小旅馆条件很差，光板床上只有一条羊毛毡和一条脏得看不出颜色的旧被子，没有像样的被褥。枕头倒是用荞麦皮装的，但因为破旧，木板床上到处都是漏出来的荞麦皮。抬头往墙上看，全是捻臭虫的血印。姬善峰只觉得头皮发麻，浑身瘙痒，好像臭虫已经爬到身上了。小旅馆里有啥饭，他也没问。他带了玉米面饼子，用不着买饭。他这是因为“出差”，婆姨说“穷家富路”，才给他装了几个玉米面饼子，平日里他不能保证天天吃上玉米面的饼子，能吃上高粱的，吃上草籽野菜的，只要吃上八分饱，就已经谢天谢地了。

夜里睡觉最要命。门板倒是能够关严，却没有插销。他不得不跑磕问服务员：“能不能给额换一间门上有插销的屋子？”服务员说出一句话，吓得他啥也不敢问了：“有啥背人的事你要插门？你想夜里招女人或干啥子不法勾当？”

姬善峰一夜不敢吹熄煤油灯，把两个铁皮桶用脏被子盖住，倚在铁皮桶上打盹儿，不敢深睡。刚一睡实，急忙睁眼，打熬不住的时候，就掐自己的大腿。好歹熬到了天亮，他便简单擦了把脸，结了账，牵上自家老马出门了。

骡马市场十分热闹，人多，牲畜也多，空气中洋溢着骡马屎尿的臭气和臊味儿。处处都有两个人捉对儿“袖里吞金”讨价还价的。姬善峰一下子看中三十匹像样的马匹，全买了下来。到管理处办手续交管理费的时候，卡壳了。

管理人员先问卖方那些人：“你们都带大队介绍信了吗？”

“带了，带了。卖牲畜还能不带介绍信？”卖方那些人七嘴八舌地纷纷从怀里掏出折叠得都是褶子的介绍信。

姬善峰暗想，卖牲畜是必须有介绍信的，因为牲畜都是公社或大队的，私人没有牲畜，没有公社或大队的介绍信而随便交易，不是乱套了吗？他这样想别人，却没想自己。于是，轮到管理员问他的时候，他一下子愣住了。他的心脏怦怦乱跳，反问道：“难道额买马，也要有介绍信吗？”

“对着哩。”管理员双目圆睁，等待他掏出介绍信。但他的一张脸涨得通红，嘴里嗫嗫嚅嚅半天，也掏不出介绍信，因为他根本没带介绍信。那么，事先他就没想到这个问题吗？没错，他感觉卖的时候需要介绍信，而买的时候不需要。做事自作主张真是害死人啊。他红着脸和管理员商量："额先把管理费交了，回磕补开介绍信行不？"

"可以，但你不能把交易的骡马带走，你几时回来，几时再牵走骡马。"

"这一晚上谁替额喂哩？"

"没人替你喂。否则，你就让卖主把马牵回磕。"

一个卖主立即插话道："额如果牵回磕，有人买马，额可立马就出手了。额大老远几十公里跑来，不会等着你回定边再折回来。"

这可咋办？姬善峰好不容易选中这些好马，咋舍得半途而废中止交易呢？他一咬牙，说："唉，今天就是今天了，妈那×，豁出磕了。钱额先交了，额立马返回磕开介绍信。三十匹马在你们院子里，你们要帮额看管好，不喂草料没关系，别伤着它们就行。"姬善峰当即做了这样的决定。说起来，胆子够大的，这是他这辈子冒的最大的一次风险。

"可以，你放心磕吧，额们不会让你的马匹出任何差错。"

姬善峰对三十匹马悉数交费，由管理员开出了交易凭证和管理费收据。姬善峰把这些票据揣进衣兜，拉出他的老马，翻身跃上马背，狠夹马肚，扬尘而去。

已经走了一趟了，所以，只要按原路返回，就没有疑义。姬善峰回磕的路走得非常快，非常顺畅。人们中午饭刚刚吃过，姬善峰便将马匹拴在大队部的院里，气喘吁吁地走进石光银的办公室，进门先作揖："大侄子，今天额有事求你帮一把。"

"啥事，这么气喘吁吁的？"石光银抽着旱烟，看着他。

姬善峰先做检讨："大侄子，额事先没向你请示，就奔内蒙古磕买马，尔格额向你道歉，请你帮额一把。"

"帮什么？"石光银仍然十分冷静。

“给额开一封介绍信。”

“不行，没有这个先例。”

“哎哟喂，额那边把钱都交了，马匹都拴在管理处的院子里，没人喂哩。”

“谁让你擅自做主磕买马的？你也想搞资本主义？额被开批判会的事你忘了？”

姬善峰满脸通红，找不出合适的话来说服石光银。他一着急，哇哇大哭起来，中年男人的哭声像号丧，十分瘆人。石光银喝道：“要哭外面哭磕，额这屋是死人了咋的？”

姬善峰实在想不出办法了，他哭着跑出大队部，一溜烟回家了。转眼，他就把老婆、孩子全叫来了。一家子四五口人，进了大队部，扑通扑通，就都给石光银跪下了。姬善峰几乎泣不成声：“石书记呀，额是磕头作揖，费了牛劲，找的拐了弯儿的亲戚，借的银行的贷款啊！这么大的闪失，你让额咋办呀？”

老婆也哭声连天，一把鼻涕一把泪：“石书记呀，还不是因为咱们穷吗？家里有钱的话，咱们用得着跑内蒙古倒腾牲畜吗？额们愿意跟着你过穷日子，可是，啥时候是个头啊？”

身边的几个孩子此时一齐放开喉咙，大哭起来：“书记呀，帮帮额们吧！书记呀，帮帮额们吧！”仿佛天要塌地要陷，世界末日到了。这时，大队长邵卫国来大队部上班了，见此情景，对石光银说：“姬善峰到处借钱这件事额知道，他家确实生活非常困难。”

石光银问：“你有什么办法？”

“额能有什么办法？不行就让会计给他把章盖了，出了事咱俩担着。”

“额是书记，既不能让会计背黑锅，也不能让你背黑锅。”石光银语气十分坚定，“大队的公章就在会计的抽屉里锁着，但我不能让他犯错误。姬善峰你再想想，除了用大队的公章，有没有别的办法？”

9

听石光银的意思，好像有缓和的余地，聪明的姬善峰转了一下眼珠，大声呵斥老婆孩子：“都别号丧了，人家石书记要松口了。”老婆、孩子立即收了哭声，满脸泪痕，眼巴巴地看着石光银。姬善峰走近石光银身边，低头和石光银咬耳朵：“你悄悄地到县里磕一趟，私下刻一个大队的章，盖完介绍信，你就销毁。咱们让这件事神不知鬼不觉，既没惊动大队会计，也把事情办了。回头我给你重谢。”

“重谢就不必了。”石光银皱着眉头说。

“这么说，你答应了？”姬善峰立即重新跪下，招呼全家给石光银磕头。于是，屋里响起了咚咚咚的磕头声。而且，石光银不吐口的话，这头就会一直磕下磕。

“算了，算了，都起来吧。”石光银下了命令，然后他和邵卫国耳语起来，邵卫国连连点头，同意这个做法。石光银又说道：“尔格我就到县里跑一趟。”

姬善峰全家再次磕头道谢。石光银把姬善峰一家送出门以后，牵出马匹，狠夹马肚，朝着县里疾驰而磕。到了县里刻字店，他告诉人家，他是圪垯套村的书记石光银，因为没有文化，所以，今天出来没带介绍信，但可以按个手印作为信用。于是，刻字店的人写了简要说明，请他按了手印，就开始给他刻公章。公章一时半会儿刻不完，石光银无奈地打马回村，让姬善峰耐心等待。转天一早，他又骑马到县里取回公章，给姬善峰的介绍信盖了以后，当着邵卫国的面销毁了。姬善峰揣起介绍信，磕头作揖，然后跟头把式地跑走了。

纸里包不住火，姬善峰倒腾马匹赚了钱这件事，很快就让社员们知道了。当然，因为有言在先，姬善峰没有传扬出是石光银帮了他的忙。很多人都在打探：姬善峰是咋着做成这笔生意的？他能干，难道额们不能干吗？对此，姬善峰遮遮掩掩，不敢说出实情。恰恰这年快要麦收的时候，无情的老天爷下了一场暴雨，鸽蛋大的冰雹将圪垯套村的麦子和玉米砸了个精光。石光银跑到公社磕求援，公社便安排周围每个大队出十六个人，加起来一百来人，到圪垯套村帮助清理冰雹和灾害。四五百亩庄稼，这些人咋够哩？石光银一下子急哑了嗓子。他顾不上喝口水，又跑到公社中学求援。校长胡雪林听着急哑了嗓子的石光银，沙沙沙地说着圪垯套村发生雹灾的情况，非常同情，马上号召本校学生立即加入救灾，中学生人不够多，他又主动到小学磕组织了三年级以上的学生都磕，总共发动了一百多人，每人自带簸箕、扫把，第二天一早出发，步行二十里赶到受灾的地里，老师带着学生们将被冰雹打到地上的麦穗全部收捡起来，会同各大队来的人员一起，帮圪垯套村尽量减少损失。社员、学生人人干得汗流浃背，泥一身，水一身。主观努力是做了，可客观损失是实实在在的，圪垯套村的社员们情绪十分低落。

眼见得好收成完全无望了，有人就想做生意赚钱，走姬善峰的路。姬善峰为转移大家视线，就煽动大家对大队干部施加压力："石光银一直在组织咱们种树，也不注意防雨防雹，尔格遭了这么大的灾，咱们得找他算账！大队有钱买树栽子，就有钱补给咱们！大家走啊，到大队部闹磕！"

"对，石光银应该给大家发补贴！"

"发补贴！"

"发补贴！"

一群没有文化的社员跟着姬善峰来到大队部门口，七嘴八舌，乱哄哄地喊叫，要石光银出来答复给大家补助问题。石光银没有及时出来，他们就抓起地上的泥巴往大队部的门上和窗户上甩，"噼里啪啦"的声音不绝于耳，一块窗玻璃还被打碎了。

"这个姬善峰实在不像话，不想着咋救灾，却煽动群众闹事，不打击这股歪风，圪垯套村不要乱套了吗？"邵卫国头暴青筋，背着手在大队部踱来踱磕，心情十分烦躁，想开门出磕，又不知道出磕了该说啥，“光银，你看咋办？”

“必须阻止这股歪风邪气。要对挑头的姬善峰来点厉害！”石光银当然也很着急。大队的收入基本都买了树苗，哪里还有闲钱？

“要开姬善峰的批判会？”

“不然，咋能煞住这股歪风？”

“对，明天就开！尔格就在大喇叭里广播，通知全体社员！”

广播室就在大队部隔壁，有一扇门是和大队部相通的。邵卫国推开广播室的门，就对广播员说：“你措一下辞，让闹事的社员都回磕，明天大队要召开姬善峰的批判会。你要讲明，姬善峰这么做完全是走资本主义道路，必须批判！”广播员是个高中毕业的回乡女青年，口音虽有些侉，但文化基础比较厚实，做这件事并不费力。再加上她嗓音高亢，配上高音喇叭的高分贝回响，一经播出大队的决定，立即镇住了闹事的人。他们不再跟着姬善峰瞎嚷嚷了，丢下手里的泥巴，悄悄地溜之乎也。转眼之间，大队部门前只剩下了姬善峰。他见势不妙，也想溜走，但感觉明天要开自己的批判会，这件事非同小可，绝不能让大队把自己搞臭了，便敲开大队部的门，向邵卫国求情。

“没这么简单。额们要严肃处理你的问题！”邵卫国说完话，转身走出了大队部。心里说：小子，你等着吧。

姬善峰又转向一直紧皱眉头的石光银：“石书记，咱有事说事，不开批判会行不行？”

“这件事没商量！你忘了刚才你那个嚣张样子？”

“额把大队部的玻璃赔了，还不行吗？”

“不开你的批判会，咋会消除你造成的恶劣影响？”

“你帮额开介绍信买马的事，额这辈子不会忘。尔格你再帮额一次，行吗？额给你跪下了！”姬善峰说着话，真的跪了下来。石光银连看他都不看，转身走出了大队部。

邵卫国一回到家里，婆姨就迎了上来，问广播喇叭里说的批判会是咋回事。邵卫国气哼哼地把姬善峰的表现描述了一遍。婆姨立即陷入沉默。饭菜摆上桌以后，婆姨说："娃儿他大，今天额大从内蒙古那边托人捎话来了，说他肺结核很厉害，已经吐血了。你看咱家娃娃正上学，额也离不开，你干脆明天替额跑一趟内蒙古，看望一下老人家，可好？"

邵卫国想了想说："明天要开批判会，额不在场，只有石光银一个人，这样不好吧？"

"啥好不好的？你又不是没有理由。是批判会重要，还是老人的命重要？批判会晚开一天死不了人，额大说不定明天就死了。"

"你别死了死了的说得这么难听，咋会轻易死人哩？"

"不是你大，你当然不重视。咱村的王老头儿也是肺结核，只吐了一次血不就死了？"

邵卫国连连摇头，开始闷着头吃饭。这饭也吃得没滋没味。本来他对处理姬善峰这种人这种事就非常挠头，只是因为石光银态度强硬，他不便拂逆。尔格凭空掉下来个理由，可以躲开这次批判会，意味着可以躲开对姬善峰的得罪。他感觉姬善峰这种人属于"小人"。老话说，宁可得罪君子，不可得罪小人。因为你在明处他在暗处，你不知道他几时会报复你、算计你。思来想磕，邵卫国的饭也不吃了，他抹抹嘴，站了起来："额到石光银家请假磕，然后磕大队牵马，额马上出发，连夜赶到内蒙古。这样，也显得事情紧急，免得石光银对额有看法。"

"对着哩。额娃他大不愧是大队长，分得清哪头大哪头小。"婆姨抱住邵卫国，在他的脸颊上使劲亲了一口。

批判会是在石光银主持下召开的。当时的会议气氛十分严肃。石光银凭借自己这些年在大队里积累的威信，把大家的思想统一到自力更生、艰苦奋斗这条路上，人们把批判姬善峰的口号喊得震天价响，唾沫星子都喷到了他的脸上。姬善峰垂头丧气地低着头接受批判，心里恨死了石光银，如果这个节骨眼上有人递给他一把刀子，他就敢把石光银捅了。

人们打算走内蒙古做生意的意念还在蠢蠢欲动，暗流涌动，心旌摇动，很多人在私下串联想对策的时候，全国普遍开展的“四清运动”波及了边远的定边县，县里派出了“四清工作组”来到了圪垯套村。

工作组下车伊始，便向全体社员传达上边的精神，发动大家揭发检举村里一切资本主义倾向。文件中说：此次“四清运动”的内容，就是在农村中“清工分、清账目、清仓库和清财物”，上升一层来认识的话，就是“清思想、清政治、清组织和清经济”。这么做对于解决领导干部中存在的作风问题和经济管理方面的问题会起到重要作用，尤其对很多问题要上升到阶级斗争或阶级斗争在党内的反映来认识，对表现不好的干部要进行处理和打击。主动坦白交代问题的，会得到宽大处理；存有侥幸心理，拒绝交代问题的，加重处理。工作组的人在会上举出很多例子：哪个公社的谁谁被处理了，哪个公社的谁谁得到了宽大……

全体社员大会散会以后，“四清”的文件就在大队高音喇叭里广播了。广播员虽然口音有些侉，但义正词严的声调，加上高音喇叭高分贝的回声，简直让姬善峰坐卧不宁了。他在参加社员大会的时候，已经看到有人对他指指点点了，此时坐在家里听着高音喇叭，老婆把饭菜端上桌，他也没心思吃，心里七上八下不停地翻腾，而且，这种翻腾渐渐地变成了心惊肉跳。自己不是干部，但自己走的是“资本主义”道路，能逃得脱整治吗？这次运动是全国性的，小小的圪垯套村咋能逃避？思前想后，他猛地下了一个决心，他要到工作组磕检举石光银。

老婆一听这话，急忙捂住了他的嘴：“姬善峰，你活糊涂了？咋能磕揭发人家？我们全家跪求人家帮你，尔格你却倒打一耙，对石光银诬陷栽赃，你还算人吗？”

“婆姨哎，你头发长见识短，自古以来，量小非君子，无毒不丈夫。你懂个球！快给额拿瓶酒来，额要喝酒壮胆，然后磕检举石光银！”

“你算个甚东西？额不给你拿酒！”

“妈那×，额自己拿！”

老婆抱住姬善峰，不让他磕拿酒，仿佛不让他喝酒，就能阻止他磕检举。而姬善峰早已考虑成熟，咋能拦得住？他揪住老婆头发，狠狠地往墙上磕磕。老婆疼得哇哇大叫。他问老婆：“你还拦着额吗？”老婆无奈道：“额不拦你这个蛇蝎心肠的人了。你作死磕吧。”老婆放声大哭，蓬乱着头发跑回娘家磕了。

姬善峰从屋里躺柜旁边找出藏了很久舍不得喝的一瓶烧酒，起开盖子，对着瓶嘴，咕嘟咕嘟喝了起来，一下子喝掉大半瓶，又夹了两口菜，摇摇晃晃出门了。这片地区的酒，除了米酒，烧酒的酒精度都超过60度。姬善峰空着肚子喝下大半瓶，立即头重脚轻起来，胃里翻腾得想吐，但他使劲忍住。他舍不得把酒吐出来。酒是粮食酿的，粮食是稀缺物资，咋能不让它烂在肚里呢？但他深一脚浅一脚地走到工作组门前的时候，还是“哇”的一声吐了出来。他圪蹴在门前好一会儿，才揩揩嘴唇，撞进门磕。

“咋，你再说一遍，石光银私刻公章，为了到内蒙古倒腾骡马？”工作组的张组长把一张圆脸拉得像驴脸一样长，十分纳罕地看着说话哆哆嗦嗦的姬善峰。

“对，对着哩，额……额……额揭发了石光银这件事，能不能对额的事宽大处理？”姬善峰腿下发软，很想跪下，又不知工作组吃不吃这一套，会不会因此更蔑视自己。

“你做了啥事？”

“石光银私刻了公章，给额盖了介绍信，帮额磕内蒙古倒腾了一批牲畜。额走资本主义道路，额罪该万死！”

张组长觉得眼前这个人十分下作，人家明明帮了你的忙，你咋还会揭发人家呢？难道因为害怕自己过不了关，先抛出石光银做挡箭牌吗？张组长非常鄙视乃至憎恨姬善峰这种人。问题是石光银这么做等于助长“资本主义”倾向，理应揪出来示众，展开严厉的批判。他把具体情况完全问清楚了，让姬善峰签字画押，就暂时把他放回磕了，说是听候处理。姬善峰得不到明确答复岂肯离开：“张组长，我算不算立下一功，是不是对我宽大了？”

“这个问题不好马上回答，需要研究，你先回磕吧，该干啥干啥。”

“谢谢张组长！”姬善峰深鞠一躬，退了出磕。张组长则在他身后狠狠地呸了一口。

10

但张组长思想很“左”，尤其又是受命而来，对圪垯套村发生的事情一点不敢怠慢。他在争取了公社工作组同意的情况下，在圪垯套村召开了严厉的批判会，毫不留情地停了石光银的书记职务，把他发配到大队饲养棚磕喂牛，家也抄了。石光银家里所有的东西都被工作组搬到了大队仓库锁了起来，包括大翠非常喜欢的那对红漆木箱。

而批判会一次比一次加码，由批判上升到“批斗”，要“坐飞机”，脖子上要挂大牌子，有人统计过，总共开了二十七次。而大牌子也不断升级，一次比一次分量重，最后那次因为大牌子是一张桌子面做的，过于沉重，竟压得越来越消瘦的石光银无法承受，从土台子上摔了下来，脑袋被磕得鲜血直流，再想起来，却爬了几次都没有爬起来。社员们都捂住眼睛不敢看。站在远处的大翠再也控制不住自己，一边哭叫，一边不顾一切地扑过磕抢救丈夫。社员们发出了“轰”的一声骚动，似乎是对工作组的极大抗议。但工作组恼怒地呵斥，挡住了大翠，还要揪斗大翠。石光银挣扎着站起来，对大翠说：“额的事与你无关，你不要瞎掺和。”又对工作组说：“额的问题与她无关，你们不敢加害她！”

石光银的眼神像刀子一样锐利，语气也像石头一样强硬，他紧握的双拳似乎时刻都会伸展开，继而举起手中沉重的大牌子砸向对方。工作组真的没敢贸然对大翠下手。

夜里，村人们都睡沉了，鸡叫头遍了，大翠才蹑手蹑脚地来到饲养棚给石光银送饭。凭借大翠的脾气，会生硬地当着众人的面来送饭。额丈夫并不是坏人，额有啥必要偷偷摸摸？但现实告诉她，太直通通的不行。鸡蛋不敢碰石头。见了石光银，两个人手拉手，什么话都说不出来，也似乎说什么都显得多余。石光银快速把饭吃完，说："大翠，你把家里的娃娃带好，比什么都重要，额命大，死不了。你摸摸额的脖颈。"他把脖子伸给大翠。大翠伸手一摸，果然感觉他的颈椎耸起一道棱子，这是一般人根本没有的。但这个标志是不是象征着石光银是一条猛龙、蛟龙，大翠却一点也不知道。她回家以后，就对公公、婆婆诉说了这件事，石发富急忙捂住了她的嘴："闺女哎，这件事可不敢随便乱说！让工作组听见了，会说你宣扬迷信，会给你脖子上挂大牌子批斗哩！"

大翠懵懵懂懂，不知所以。是的，别说是她，就是以后有文化的名人、作家、摄影家来到跟前，都说不清石光银的颈椎究竟是咋个情况。不过，这个情况让大翠坚定了石光银会吉人天相，既不会死，也不会落残，而且将来还会有更大的造化。她巴望着石光银发达的那一天。

夜里睡觉的时候，身边的老牛在反刍，鼻孔里发出哼哼的声音，石光银难以入眠，情绪也变得十分低落，白天的一幕幕像电影一样在眼前晃动——

"石光银，你老实交代！"

"交代啥？"

"你为啥私刻公章到内蒙古贩卖牲畜？"

"额说了，那是姬善峰诬陷额，不是事实。"

"你还不老实交代？今天就一直站着！"

那次他就一直站着，站到了夜里两点，两腿和脚踝都肿起来了。夜里，他就着马灯一看，腿肚子和大腿一般粗，而脚踝肿得像发面馍馍，外皮还发着亮光。

凌晨，天还没有亮，他昏昏沉沉地从草垛上爬起来喂牛，突然看见饲养棚外面有个人影一闪。他急忙一步跨出磕，却见是老娘白毛女来了。他一把将老娘拉进饲养棚，悄声说："娘，您咋来了？有事让大翠来不就行了？"

"娘惦记你，来看看你呗。"白毛女把手里的纸包递给石光银，就抹起眼泪。

"娘，您别哭，额没事哩！咦，您做了额最爱吃的黏糕哩。"石光银心里很想陪着母亲痛哭，把一肚子冤屈都倒出来，但他不敢那么做，他怕母亲承受不了，所以，他强颜欢笑，反过来劝母亲想开一点，"娘，您忘了额是啥托生的哩？额啥事也没有，您只管放心。您要不放心，倒让额牵挂，让额吃不香睡不着，该闹病哩。"

"是着哩，娘懂。拴宝，让娘摸摸脑袋，听说磕破了？"母亲借着马灯的光线，抚摸着儿子脑袋一侧的血痂，再也忍不住了，就要放声痛哭，突然身后一声断喝："批斗会时间到了，该走了！"石光银又被押走了。

石光银也做过这样的思考：额为啥会着了姬善峰的道，帮他私刻公章，盖那封买马的介绍信？是心中的一种同情穷人和弱者的善心。看起来，善心也不可随便乱用。那么，咋来分清啥时可以用、啥时不可以用？自己没有文化，一时半会儿说不清这个问题。甚至再过几年也仍然说不清。唉，人啊人。他极其苦闷，憋屈是必然的。那么如何摆脱呢？抵触、想不开是没用的。他突发奇想，用拼命干活儿来冲淡批斗会给自己带来的精神上的伤害——你若不认为那是伤害，那只是作为运动的走过场，不拉着你走，也会拉着别人走。总之，得有被批斗的对象，不然的话，工作组等于不作为，回磕咋个交代？你这么想，就在精神上对你构不成伤害。再让你挂那么重的大牌子，你就不要硬撑着，顺势滚下台磕，记住，要让肩膀着地，保护好脑袋——石光银在心里发出了鄙夷的微笑：额虽然没有文化，可额一点不比你们傻。几年以后，你们会因为组织过这样冤枉人的批斗会而内疚得无地自容，额却会因为一心为公而广受称赞，扬眉吐气。是不是这样，咱走着瞧！

想通了，一下子就淡定了。人要学会为自己开脱，特别是在受冤屈的情况下，要尽早把自己从没法排解的情绪中排解出来。不要用对方的错误惩罚自己，要学会逆事顺办。

曾经的饲养棚

原来饲养棚有两个饲养员，都被工作组打发回家了，所有的活儿都让石光银一个人干了。既然想整你，办法有的是，你如果忍受不了，就赶紧坦白招供。但石光银已经为自己打完了防疫针，吃完了抗菌素，对这些事只是微微一笑，并不理会。他把那两个饲养员的活儿全包了，对牛棚的牛儿尽心尽意，三个月下来，把它们喂养得膘肥体壮，还为大队节省牛料一百五十来斤，为大队搓了坚实的粗麻绳一百来根，往生产队的地里拉送牛粪三百来车。虽然每送一趟来回要走六里多路，但他乐在其中，见了人总是笑呵呵的。大多数社员见了他都会安慰几句，劝他不要多想，乌云咋会遮住太阳？但也有人走对面的时候往地上使劲吐唾沫。咳——呸！这一长一短的两个声音，让他的心里咯噔一下子。事隔多年以后，出现一个流行词叫“无语”，是说人在完全无奈的时候，说不成话，不想说话。此时的石光银真的处于无语状态了。残酷的斗争，也让他做了最坏的打算，实在没法抵挡的时候，干脆一死了之。

一天下午，狂风骤起，天地昏暗，尘土飞扬。恶劣的天气让人的心情也突然变坏，尤其让身在逆境的人产生厌世情绪。在大队被批斗了五天才放回来的石光银，来到饲养棚查看了牲畜，添了草料。黄昏时又回家看望了父母，然后和大翠亲热了一阵，又抱起了娃娃亲吻。在做完这一切之后，趁大翠没注意，他把藏在家里水缸后面的一包剧毒老鼠药（磷化锌）揣在怀里。他告别家人以后，悄然向饲养棚走磕。他想，尔格我还没想死，一旦想死了，额就把它吞了，一切烦恼就都烟消云散了。路过生产队的洋芋地时，看见一个老人圪蹴在地头刨着什么。这个时节，洋芋还没有长成，不会是偷洋芋的，那么，是干甚哩？他有些好奇地走上前磕，老人猛地抬起头来：

“是光银吧？”

“是着哩。旺新大叔，您干啥哩？”

“你看，这沙子把洋芋苗子全给压住了，额后晌路过这里，看了感到可惜，就动手刨了起来。如果不及时刨掉沙子，洋芋苗就憋死了。”

旺新大叔穿着一件破了很多口子已经无法再缝的旧袦子，衣襟上已无法缀扣子，一根草绳扎在腰里，将两扇衣襟拢住。补丁摞补丁的裤子皱皱巴巴，破布鞋露出了脚指头。满脸皱纹，更是刻写着生活的艰辛。那两只粗糙的大手不停地刨着沙子，神情是那么专注和认真。一刹那，石光银被这位老人打动了，把手伸进衣襟，捏住了那包老鼠药。

“光银哎，抽空来家看看？这就对了。你尔格处境不好，额们都看在眼里。你要想开些。额是看着你长大的，你的人品、你的能力，额们没有不挑大拇哥的。你是不是谋私，额们清楚得很。工作组偏听偏信，也是想干出成绩，你不要太往心里磕。身正不怕影子斜。你这么年轻，今后路还长着，啥也不要怕，全村人等着跟你过好光景哩！”

老人好像知道这段时间以来石光银的所思所想，甚至知道他此刻怀里正揣着老鼠药，句句话都说得那么有针对性，句句话都点到问题的根子上，让石光银对老人既心怀感激，又十分佩服。一个这么不起眼儿的没有文化的贫苦老人，看到沙子埋了大队的洋芋苗，不用人安排，不用人下指令，在早已下了工的时间里，主动圪蹴在田边干活儿，而且说出了那么有主见的话。一时间，石光银感觉自己十分渺小，渺小得就像地里的沙子。石光银如果有文化，一定会用“洞彻人生”四个字来形容老人；而尔格，他就用土话告诉自己：不听老人言，吃亏在眼前。额必须听从老人的劝慰。额还没实现把沙治住、带领大家致富、到天安门前留个影的愿望，有甚理由在怀里揣个老鼠药的包包？

“谢谢您啊，旺新大叔，您的话额记住啦。”石光银向老人深鞠一躬，转身离磕。他还想说，天太晚了，您也该回磕歇着了，但没说。老人自发地心怀一种责任感，自愿为大队做些事，那就顺其自然，自己不应该阻拦，尽管这种阻拦是出于善意的关心。

回到饲养棚，他把老鼠药撒在草棚里的边边角角，那些老鼠经常出没的地方。

这段时间，大队副队长郎静山一直对石光银挨批斗的事心存疑窦。他和石光银年龄差不多，几乎是一起长大的，两个人知己知彼。石光银这些年是咋过来的，他还不知道么？就说前几年圪垯套村闹雹灾，石光银急哑了嗓子的情景，像过电影一样出现在他眼前。只有动了真心，才会急哑了嗓子。而能为大队的事动真心的人，会做坏事吗？郎静山不能理解。

晚上，他乘着夜色悄悄地来到圪垯套村的饲养棚，找到了已经躺在草垛上睡觉的石光银。牛槽上方悬挂着马灯，昏黄的光线照着这里的一切，四处洋溢着牛粪、牛尿的臭气、臊气，而石光银睡得那么安然。一声一声的鼾声，和老牛反刍咀嚼的声音混在一起。郎静山蹑手蹑脚地走过磕，将扔在一旁的旧褂子拾起来，盖在石光银身上。他一定是太累了，对外面进来一个人没有丝毫的察觉。

郎静山在石光银脚旁坐了下来，思索着石光银这个人。他似乎不太理解，一个每天白天挨批斗的人，被发配到饲养棚来养牛，竟然把活儿干得这么好，没有一点怨言，睡觉竟这么踏实，这需要咋样宽广的胸怀啊！这一点，自己是不可能做到的。自然，郎静山并不知道石光银也曾怀揣老鼠药的事，是那位旺新大叔的一番开导，让石光银突然顿悟。

郎静山担心自己耽搁太久会让不相干的人撞见而起疑，就轻轻地拍了拍石光银的大腿。石光银一骨碌就爬了起来："咋着哩？咋着哩？"两眼瞪得溜圆，惊恐地急忙四下张望。这一幕，还是让郎静山看到了石光银挨批斗所产生的副作用。他站起身，扳住石光银的肩膀，说："老石，是额，郎静山。"

"哈哈，是哩是哩，额睡糊涂了。你咋到额这儿来了？也来喂牛了？"石光银打了个哈欠，揉揉困倦的眼睛，拉着郎静山坐在一块石头上，又找出旱烟让郎静山抽。

"你甭忙，额不抽烟。额是来问问你为姬善峰刻公章盖介绍信的事。"

"这件事不敢随便说哩，工作组正在查哩。"

"额明白你的担心。甭怕，额一直对你的事感到蹊跷，聪明过人的石光银咋会做这种事，必定有原因。额尔格就请你把事情的来龙去脉说一下。"

石光银一下子陷入沉思，拿着烟锅在烟口袋里剜呀剜呀，一直没有剜出烟来。郎静山把烟口袋抢在手里，替他装上烟，又用火绒、火镰、火石把烟锅点着，递到石光银手里。两行热泪顺着石光银的脸颊无声地流了下来。这个骆驼背上长大的孩子，把马匹当"好伙计"的年轻后生，一口一口地使劲抽烟，压抑住自己的委屈，不让自己抽泣，尽可能情绪平稳地把事情的经过叙述出来……

"你敢保证，一句没有打谎？"

"额又不是为自己谋私，有甚必要打谎？"

"好老哥，老弟要为你打抱不平。额回磕就写报告。"

郎静山不敢在饲养棚耽搁太久，问清情况就走了。石光银早已豁出磕了，生杀荣辱，随他磕吧，谋事在人，成事在天。他给牛儿喂了点水，重新回到草垛上，躺倒睡觉了。

11

郎静山连夜召集了和他一起长大的十几个小兄弟，大家出谋划策，要救石光银，绝不能让他们把石光银毁了。他们商量了一夜，决定由郎静山和韩恩明出面，向县委书记写材料反映真实情况。第三天，郎静山写好了材料，亲自搭车送到县里。他感觉，这么大的事情，转天县里就会有回应，谁知一个星期过磕也没有回应，一点动静都没有。圪垯套村的批斗会照常召开。他继续写了第二次，又亲自送磕了。然后，第三次，第四次……直到第六次，县里下来一位副书记，到圪垯套村的上级单位海子梁公社检查工作，顺便提出，石光银的问题究竟是咋回事。

工作组在汇报时，必然说到石光银拒不认错，态度恶劣，建议进行更严厉的处理。这位副书记不动声色地拿出郎静山写的一摞材料，说："事情恐怕没有这么简单，你们应该重新核实石光银问题的来龙去脉，重新做出处理决定。你们在办案的时候，一定要牢记党的政策，既不放过一个坏人，也绝不冤枉一个好人。"接下来，就安排县公检法有关人员参加，组成由林志文、王来发为组长的九人工作组，对石光银的问题重新展开调查。

县领导的安排等于拉开了窗帘和门帘，让明媚的阳光照进黑洞洞的土屋。郎静山听了县领导的指示，情绪激动，立即想起了时下学校里孩子们唱的一首流行歌曲：

> 美丽的哈瓦那，
> 那里有我的家，
> 明媚的阳光照进屋，
> 门前开红花……

他想好了，一旦石光银的问题得到澄清和平反，他一定要撺掇石光银在门前种满花草——牡丹、月季、芍药、西番莲……让它们姹紫嫣红，百花盛开，花香四溢，要用几倍的好心情来补偿这么长时间以来受到的冤屈和戕害。

石光银平反了，职务恢复了，抄家抄走的东西基本都送回来了。

说是“基本”，是因为有些东西已经丢了。一个村子，不可能人人都高尚，个别品行不好的分子总是有的。他的那一对红漆木箱也被摔打得不成样子了。因为一直堆在库房角落里，一些漆皮已经脱落，边边角角还有发霉的地方。石光银十分心疼这对木箱，他把它们放在太阳下晒干爽以后，找来油漆匠重新刷了一遍，把已经生锈的合叶和铜活也重新打磨一遍。这对木箱是他和大翠缔结爱情的见证，咋敢容忍亵渎哩？

但他没在门前种植花草，他没有这个时间。他马不停蹄地带领全村社员投入到秋季植树活动。倒是大翠听了郎静山的话，悄悄地在门前栽起各种花草。工作组还没走，他们派一个人来石光银家道歉，石光银明知道这一天工作组会来人，但他一早就走了，带领大家种树磕了——躲了。他是含着眼泪走的。大翠送他出来也是含着眼泪的。他给大翠擦眼泪，大翠也给他擦眼泪。他走得很坚决。他不知道见了工作组的人应该说什么。是啊，说你们旗帜鲜明、原则性强，说你们这么做磨炼了我的意志，说你们歪打正着，让饲养棚的工作面貌一新？

工作组派来的人是个年龄最大的老同志，将近六十岁的样子，可能他们觉得这么安排容易让人尊敬和原谅。但不论这位老同志说什么，留在家里负责接待的大翠都一言不发，既不说好，也不说不好，只是给对方沏一杯茶了事。但这位老同志临走说了一件事，却让大翠非常着急，她立即到沙漠里去找石光银。老同志向她透露说：工作组要下力量整治姬善峰。

姬善峰该不该整治？这个人是不是品质恶劣？大翠自信对姬善峰还是非常了解的。多年来，这个人除了穷，并没有作奸犯科，并不是坏人。尔格出现闪失，还不是因为穷么？“穷急生疯”，老辈人的话说到家了。毛主席说：“穷则思变。”石光银无疑就是这么做的。但你是大队书记，你权力在握，全村几百人听你吆喝。那姬善峰不过一个普通社员，有甚能力去“思”去“变”？他能思出个甚、变出个甚？

大翠找到了因为挖树坑而汗流浃背的石光银。她先摘下脖子上的羊肚毛巾，给他擦了额头和脸上的汗，然后说起了工作组的打算。石光银一下子沉默了。他眯起眼睛瞭望远方，远方是一望无际、荒无人烟的大沙漠，是一道道鳞次栉比的光秃秃的大沙梁。治理如此广袤的沙漠，需要多大的工作量！需要投入多少人力啊！他突然问大翠："当家的，你说工作组这么做该不该？"

"当然应该！不过……"大翠说了半句话，停住了。

"接着说。"

"额没把握，不敢瞎说。"

"额是你最亲的人，还怕额向工作组汇报吗？"

"额觉得，姬善峰问题的根子就是一个穷字，开他的批斗会，开两年也没用。你不让他的生活好起来，一有机会，他还会想别的歪门邪道。人总是要生活，人有生活的权利。他没有正道可走，就只能走歪道。"

"哎呀哩，额婆姨像个哲学家哩！句句说到额心里磕了。要不是这里有这么多人，额要抱着亲你哩。"

"磕磕磕！说着说着，就没正经的了。解铃还须系铃人，这件事还需要你磕给工作组做工作哩。"

正说着，姬善峰的婆姨哭天抢地，跟头把式地跑来了，后面跟着她家的两个七八岁的娃娃，一家人跑到石光银跟前，扑通扑通就又跪下了。那婆姨的哭声真像死了人一样，眼泪也是真流，而不是干号。石光银把他们一个个搀起来："别哭别哭，咋回事？"

"工作组把姬善峰绑走了，五花大绑啊！额的天哪……"

"别哭了，跟我走。"

石光银把铁锹交给大翠，甩开两腿，大步流星般走出沙漠，向工作组驻地走磕。姬善峰的婆姨、娃娃紧紧跟随，断断续续地仍然发出哭声。

石光银请求工作组对姬善峰网开一面，批判一下就行了，不要绑走法办。他把责任完全揽到自己身上，说自己无能，没有尽快让圪坨套村的社员们生活好起来，导致出现姬善峰问题。工作组的同志们像看怪物一样看着石光银：这个人是不是脑子出了问题？难道几个月养牛养得脑筋退化了？咋会这样思考问题？工作组坚持要把姬善峰交给公检法处理，判他两年算轻的。

石光银皱紧眉头，向工作组反复诉说尔格大队种树缺人手，他会把姬善峰放在自己身边监督改造，绝不会让姬善峰再出差错。但工作组不同意，还是用公安局的汽车把姬善峰拉走了。这可咋好？石光银找到公社书记郭天成，请求帮助。郭天成听了这个情况，也感觉石光银有点像东郭先生："姬善峰是狼，你是东郭哩。狼是不敢放的，放了它，它会反过来吃你。"石光银说："不不不，额不这么看。那姬善峰历史上并无做坏事的记录，眼下出问题完全是因为穷，因为吃饭问题造成的。这也是额这个大队书记没有尽到责任，没让全村生活尽快好起来。只要他本人立下保证，绝不再犯，应该网开一面。"

"嘿，额越来越不明白你是啥人了，你没有文化，额不敢把你想得太高。可你的所思所想，你的为人处世，让额这个有文化的人自愧弗如。好吧，额陪你到县里磕一趟，想办法把姬善峰放出来。不过，你要把他看管好，再出问题，额可拿你一块儿是问。"

郭天成真的陪同石光银磕县里了，也真的把姬善峰保下来了。晚上，姬善峰又来到石光银家里，再次演出了曾经演出过好几次的磕头作揖，痛哭流涕。石光银没有跟他说更多的话，只是斩钉截铁地向他宣布，或者说是警告他："人要懂得报恩，否则就是臭狗屎一堆。你报恩的方式就是要好好劳动，大队的工作指哪儿打哪儿，不敢有半点闪失。否则，额会主动把你送进县公安局。"

不能一味地善，该严厉就必须严厉。任何单位、团体都一样，没有规矩不成方圆。做人如果不讲底线，出了圈，就必须惩治。这样朴实的道理，不光姬善峰深有体会，作为石光银本人，同样是深有体会。甚至，是刚有体会。不吃一堑，不长一智。让一个年轻人万事精通，过于老到，是做不到的，也是不应该这么要求的。

大翠又生了，这次生的是儿子。石光银已经有了两个闺女，一直盼着有个大儿子，大翠的肚子真是争气，这大儿子说来就来了。因为生在家里，没法称一下体重，但石光银把儿子托在手里，感觉沉甸甸的，非常压手，就判断说："额这乖儿子得有九斤，少了包换。"

"磕磕磕，换啥换？跟谁换？把儿子换出磕？"

"哈哈哈，额说错了，说错了，咋能换出磕哩？额的宝贝儿子啊——"石光银一时兴奋，唱起了信天游，"沙窝窝里种地，难收多少米；你娘吃不饱肚子，还是怀上了你。你生这大的个子，一靠爹的骨血，二靠你娘保你吉利……"

石光银的信天游还没唱完，大翠已经泣不成声了。她一下子想起了这些年石光银经历的一切，想起自己跟着担惊受怕，偷偷流了多少眼泪。她想马上把眼泪止住，可是，怎么也止不住。中国有个成语，叫"喜极而泣"。尔格，石光银和大翠正是这样。不过，他们的喜，并不是完全的喜，里面还有其他内容。石光银的喜里面就包含"进一步期待"的意思，譬如红军在长征路上打了一个胜仗，但长征还在进行当中，还要往前走，前面的情况究竟怎样，是未知的；大翠的喜里面则是更多的祝福，她祝福自己的丈夫不再经历挫折，不再被人挂大牌子批斗。由于大翠的喜里面伤心的因素居多，结果是奶水回磕了，小儿子生下来只吃了一天奶，就没奶吃了。

夜晚，两口子正为大翠没了奶水而着急，胡乱地想着办法，忽听外面有人敲门，因为声音不大，需要认真听。大翠说："不是敲咱家。"石光银说道："不，我感觉是敲咱家。"大翠就催促石光银磕看看，一边用身子挡住襁褓中的宝贝儿子，怕受了惊吓。结果石光银打开门一看，是姬善峰两口子。他们拎来半篮子鸡蛋，和几条海子里的鲫鱼。石光银咋能要他的东西呢？谁知他葫芦里卖的什么药？石光银对姬善峰咋能不留个心眼儿呢？

姬善峰见石光银竭力推辞，就又要下跪，石光银赶忙把他搀住，说："在额家，你不敢这么做，让外人看见算咋回事？"

姬善峰说道："不跪就不跪。石书记，容额跟你攀个高枝，额还称你大侄子，这鸡蛋和鲫鱼，你不收，就是对额这些年的改造不满意。你想想看，额跟着你干得咋样？"

石光银不说话了，姬善峰这些年确实干得不错。他被石光银编在自己的组里，而他比石光银大十几岁，却和石光银干一样的活儿。石光银多能干啊，把个姬善峰拖拉得天天散了架一样，回到家里啥都不想干，只想睡觉。婆姨一句大声不敢出，只是小心翼翼地伺候着。她知道，丈夫在石光银手里有短，不好好干，人家一句话就可能把姬善峰送进磕。此时，婆姨开口了："石书记，这鸡蛋和鲫鱼是额娘家从内蒙古那边捎过来的，两个月前，额就掐算了大翠生孩子的日子，早就托付给那边了，估摸到日子了，就送来了。全是额两口子一片心。额们这辈子不是遇到你这大好人，还不知道会咋样哩。尔格姬善峰改造得不错，也完全是跟着你的结果，额略微表示一点心意，你咋能不收呢？"

姬善峰又赶紧补充一句："额们怕给你们造成影响，特意晚上来的，敲门也没敢大声。"

确实是真心诚意。一定要拒绝，就显得过于生分。两个人毕竟在一个组里，天天打头碰面，一起干活儿，有时候需要两个人合力搬一块大石头，或合力搬一棵大枯树，那真是要求心往一处想，劲往一处使，不敢有半点含糊。石光银快速地思考，于是，想出了主意。他从口袋里掏出五元钱来，说："这钱就算一点补偿，多了，算咱们有情义；少了，也算咱们有情义。"

"这……这……"姬善峰看着石光银手里的五元钱不敢接，婆姨更是连连推辞。

石光银说道："你们别怪额说话口冷，额是先礼后兵，后面额要讲给钱的理由。啥理由呢？就是额防止你们过后找领导汇报，说额石光银收受礼品。"

姬善峰一听这话，扑通就跪下了："石书记哎，你羞煞额了，你是不想让额活了呀！你这么说，额咋出这个门呀？"

石光银依旧把姬善峰扶起来，一边把钱塞进他的口袋，一边往外推他们：“好了好了，咱们之间你知额知，咱谁也不把事情说出磕，没有面子不好看问题。你怕出不磕门，额推着你走。”

真真假假，开着玩笑，石光银送走了姬善峰两口子。关上门，回过身来，石光银见大翠正对他竖着大拇指。石光银说道：“哎，咱们老夫老妻的，就不用表扬了。咱还得表扬姬善峰，他肯定猜想到你没有奶水哩。”说完，便立即烧火煮鲫鱼。

这时，姬善峰两口子没走多远，又返回来了。他再次小声敲门，笃笃笃，笃笃笃。还是石光银最先听到了。一开门，见是他俩，石光银有些不悦：“咋哩，还打回马枪哩？”

姬善峰又一次冲着石光银跪下了。石光银有些发火：“额正烧火，手脏，没法扶你。你老跪啥哩？”

姬善峰说道：“额感觉这么多年跟着你改造，你一直没拿额当自己人。额不强求，谁让额以前做过坑害你的事哩。尔格额要说句话，额真的洗心革面、改邪归正了。你咋就不相信额改造的成绩呢？”

“额没说不相信你呀！”

“可是，区区五块钱，你非给额不可，让额难堪，还说出那么难听的话来。”

大翠见此，就插进话来：“还不是因为以前你做事出圈吗？”姬善峰一听这话，急得跪着移到石光银脚下的锅台跟前，用脑袋咚咚地磕那锅台的边沿。石光银这次也不顾手脏了，一把搀起他，说：“这样吧，钱还是要给你，但额收你做额的大哥。咱俩喝杯血酒，你看咋样？”

姬善峰大喜过望，完全没想到石光银会急转直下，真正认可了自己。他不等石光银拿来酒瓶，就抓起桌子上的一个茶杯，咬破手指，把血滴进磕。喝完血酒，两个人互相磕头，就算结拜了。姬善峰便又提起五块钱的事。石光银道：“尔格你还要听额的，你可知道‘亲兄弟明算账’这句话？”

姬善峰摇摇脑袋，算完全宾服了石光银，抱住石光银泪流满面。

12

一道清河水，
一座虎头山，
大寨那个就在那山下边；
七沟八梁一面坡，
层层梯田平展展，
层层那个梯田平展展；
牛羊胖乎乎，
新房齐崭崭，
炕上花被窝，
囤里粮冒尖；
银光满屋喜气多，
社员梦里也笑声甜……

石光银和邵卫国从公社开会回来以后，心情十分沉重。公社大喇叭里播放着郭兰英的《敢叫日月换新天》，那高亢悠扬的歌声，还回响在他们耳畔。

眼下，上级领导要求各公社和大队配合县里开展“普及大寨县”活动，要求各大队预定亩产目标。因为，被誉为“大寨县”的昔阳县眼下人均亩产1500斤粮食，人均提供商品粮500斤。这个数字让石光银汗颜，也让邵卫国头疼。圪垯套村的现实情况是，连亩产500斤都做不到，要攀登大寨县的数字，几乎难于上青天。

中国农村曾经深入持久地开展过农业学大寨运动。中央领导说：“要普及大寨县，农村的各级领导要‘越干越想干，越干越敢干，越干越会干’。”石光银和邵卫国作为基层村干部，自然就在“各级领导”的范畴里边。如何达到中央领导的要求呢？他们不能不做深入思考，不能不分析圪垯套村的现实条件。

中央领导还说：“为了普及大寨县，各县都要制订大搞农田基本建设的全面规划。要以改土、治水为中心，实行山、水、田、林、路综合治理。要明确主攻方向，集中力量打歼灭战，分期施工，定期检查总结。要注意因地制宜，讲求实效，不闹形式。”石光银感觉，这些年来，他其实就是这么做的。主攻方向就是治沙，只是难以集中力量打歼灭战，因而收效甚微，差距甚大。但是，圪㙍套村的干部们，绝不想扯公社和县里的后腿儿，他们早就在心里憋着一股劲了！陈永贵、郭凤莲敢干能干的事，额们为甚不敢干、不能干？

这一年，毛乌素深秋的气温达到了零度。西北风可劲儿呼啸着，卷着明沙漫天飞舞，眼看着一座座沙丘就在移动。已经深夜两点了，石光银还在和大队干部一起研究治沙问题。桌子上，三四瓶烧酒都已经见底，队干们的精神都有些亢奋。大寨大队把“七沟八梁一面坡”治理成“层层梯田平展展”，额们咋就不敢让“荒沙长满树，沙地变良田”？问题是，干劲大归干劲大，具体工作却要从一点一滴入手。前几年已经治了 14000 亩沙地，凡是种过树的地方，看上磕都绿树葱茏、气势泱泱。问题是周边沙地太多了，使这 14000 亩绿树时时处在被沙漠蚕食和吞噬的状态。有的队干举出例子，说明沙

那些曾经工作过的老屋

已经侵入树林，一些树木已经被欺死。治沙！坚决治沙！大家议论纷纷，说着各种治沙的方案，说着筹集资金的方案。会议开到了鸡叫头遍。

石光银身披老羊皮大袄，拎着马灯，头顶繁星，深一脚浅一脚地往家走。要治穷，先治沙，这是他在这次会议上反复强调并取得一致认识的主题。可是，资金从何而来？还像过去那样磕内蒙古贩马吗？前些年，工作组来严厉整治这件事，那一幕幕情景仿佛就在昨天，他忘不了，他不会重蹈覆辙。问题是，不走老路，新路在哪儿？

石光银感觉自己此时头脑发涨，想不出好办法。该睡觉了，好几天没睡囫囵觉了，刚刚又喝了不少酒。难哪！此时天很黑，他远远看见前面路两旁那幽黑的树行里有一匹灰颜色的马，在忽隐忽现，定睛一看，却啥都没有。嘿，真是日怪。他这么想着，就走进了自家院子，又听见那口水车井的铁链发出咯吱咯吱的响声，似有人在推水。深更半夜，咋会有人推水？他猛一抬头，正与一个偷儿打了碰头。这个人鬼鬼祟祟，臂弯里夹着一个包袱。额家并不比一般人家富裕，你咋就专偷额家哩？你以为额这个大队书记会多吃多占吗？龟儿子，你错了！

“小子，把东西放下，乖乖走你的，额不打你！”石光银说。

对方根本不理石光银，而是以极快的速度突然出拳，一拳打在石光银的脸上。本来石光银喝了酒，走路就摇摇晃晃，此时便被打了个跟头，一屁股坐在地上，手里的马灯也摔灭了。于是，他怒从心头起：妈那×，你偷东西，还比额理直气壮？他一跃而起，虽看不清对方脸面，也顾不上看清对方是谁，是本村的还是外乡的，抓起手边的马灯，照着这个黑影就狠命一击。

石光银是在骆驼背上长大的，又是放马驯马的好手，加之多年的劳动锻炼，臂力过人，手劲过人。被砸了一马灯的黑影扔下包袱，捂着脑袋飞一样逃走了。石光银还想磕追，但脚底下像踩了棉花套子，没走几步，就摔倒了。倒是大翠听到了院子里的响动，披了衣服出来，见是石光银坐在地上，抱怨一句："非喝这么多不可么?"就把他搀起来，扶进屋磕。石光银嘴里不甚清楚地说："把院子里的包袱拿回来。"便倒在床上呼呼大睡了。

大翠把包袱拿进屋，方才知道家里遭了偷窃。是偷儿拨开了家里的门闩，拿走了躺柜里她刚刚给三个娃娃做好的准备过冬的棉衣服。娃娃们睡觉太死，她也操劳一天，过于疲惫，对家里进了偷儿没有一点知觉。

谁知转天凌晨，天刚蒙蒙亮，村里起早拾粪的旺新大叔看到了倒在沙丘上的刘家老二。刘家也是圪垯套村最穷的家庭之一，老两口儿苦熬苦做一辈子，家里的三个儿子都没娶上媳妇。老大已经三十多岁，老二也三十岁了。早年老两口儿因为没有文化，不知道近亲结婚的后果，加上家里穷，表哥娶了表妹，使三个儿子不光智力不出色，体质也不行，大队里交代的稍稍复杂一些、重一些的活路，他们都干不了。

旺新大叔把刘家老二背回了家，帮着刘家把老二安顿下，就听老二说了一句"是石光银打了额"，便神志不清，躺倒以后，再也没说过一句话，长长地睡了下磕。按后来的话说，是植物人了。

刘家见此，不依不饶地找到公社。他们绕过了大队，他们想：大队是你石光银说了算，额找你能有啥结果?公社主任在刘家带领下，亲自来圪垯套村找石光银核实。石光银丝毫没有否认。他虽昨夜喝了酒，加之缺觉，迷迷瞪瞪，但他用马灯打了人，还是记得清清楚楚。马灯就在手边，玻璃罩已碎，底边被砸进磕一个大坑。公社主任历来对石光银印象很好，这就让他不好拿捏了。你挨打没有印记，你打人却证据确凿。就算你正当防卫，可也防卫过了头吧。公社主任问石光银："老弟，你看这件事咋办?"

"你说咋办就咋办。"石光银表情沉重地看着公社主任。

"主任，你若没主意，额们就上县告状磕。"刘家似乎看出公社主任和石光银关系莫逆，摆出了没完没了、叫个真章的架势。

让刘家跑到县上告状，必定连公社主任一起告了。这一点，公社主任心里很清楚。自己与这起案子毫无牵连，何必要变成被告哩？公社主任想了想，就说：“你们先回家，容额回公社和郭天成书记商量一下。”算是先把刘家劝走了。

而商量的结果，是要把石光银交给县里处理。郭天成感觉这件事涉及公检法，不是公社一级所能处理的。好事不出门，坏事传千里。刘家老二被石光银打了的事，全村一下子就家喻户晓了。本来圪坮套村也没多少户人。关键是家家基本都知道刘家老二手脚不干净，都知道这个老二曾经偷窃大队饲养棚做马料的黑豆，被抓过。尔格因为偷窃石光银家被打，也是顺理成章。家家都竖起耳朵，捕捉着有关这件事的任何枝枝蔓蔓。

县里知道这件事以后，公安局立即开来了警车，要把石光银带走。因为石光银是大队书记，县公安局长余士群亲自跟车来到圪坮套村。圪坮套村多少年来没有机动车，全村可以经常听到马叫、驴叫，却从来听不到机动车马达的声音。此时，公安局的警车一来，立即吸引了人们的耳朵。大家猜也猜出来了，是县上要带走石光银了。于是，家家户户的人们都走了出来，拥向大队部，一下子把大队部围了个水泄不通。公安局要带走石光银，根本就走不了。民警喊了几次话，请大家让开路，大家就是不让。为首的旺新大叔背着筐，用粪铲指着警车说：“光银是个好干部，你们不敢这么做。要想带走他，得听听额们大家咋说的！”姬善峰在这个节骨眼上不能不出现，他说不出啥道理，干脆坐在地上挡住警车，让警车想开也开不了。

“你们咋说哩，好干部犯了错误也得处理。国有国法，家有家规，是不是？”余士群试图说服大家，提高嗓音大声说着，但人们对他的话不能接受。此时大队长邵卫国、包队的干部胡雪林、各生产队的小队长，也把余士群团团围住，七嘴八舌地说着各种不能带走石光银的理由。周边的各大队，听说石光银的事以后，有十二个大队联名签了请愿书，要求县上不要带走石光银。一群群，一伙伙，来看望石光银的人络绎不绝，圪坮套村大队部的院子里人头攒动，挤不进磕人。余士群不得不讲了又讲，讲干了嗓子，却仍然无济于事。事情僵着，从上午十点一直僵到夜里两点。最后，余士群向大家打包票，说此次带走石光银是磕办学习班，不是关监狱，这一点请大家务必放心，很快就会把石光银放回来。就这样，勉勉强强把人带走了。临走，有人从家里拿来了狗皮褥子，让石光银带上；有人拿来了半口袋烟叶，让石光银带着磕抽。车都开了，还有很多人追着警车喊："石书记，额们会磕县上看你，你尽快回来!"

既然磕了，能轻易回得来吗？余士群暗想：这些村民太感情用事。不过，他对圪垯套村的社员们像一家人一样这么抱团儿，还是刮目相看。一路上，他跟石光银聊天，夸赞圪垯套村的社员心真齐，让人感叹。石光银说道："齐甚哩？齐还出刘家老二这种事？"

石光银被判了五年有期徒刑。县上有曾经下过圪垯套村的工作组的人，建议重判，说石光银这个人不靠谱儿，有资本主义思想。但余士群不这么想，圪垯套村的社员们那么拥护石光银，必然有拥护的原因，社员们的人心所向，就是试金石；认为这样的干部不靠谱儿的人，本身就不靠谱儿。余士群说话在法院是有分量的，法院没有给石光银加刑。

公安局磕圪垯套村带石光银带不走，闹到半夜才勉强带走。这件事，看守所方面也知道。他们也由此判定，石光银确实是个好干部，打人失手确实属于过失，也仅仅是个过失，说下大天来，也就是个过失，谁让刘家老二入户偷盗呢？看守所方面没让石光银蹲小号子，而让他磕种菜了。看守所外面不远处有几十亩地，一直荒着，长满半人高的冰草。看守所领导让石光银带领罪犯们开荒。说干就干，这地要深翻，这地要施肥，拉粪要进城磕掏厕所。冷清了多少年的地里出现了一群人，挥舞铁锹热火朝天地干了起来。最突出的是一个身材瘦削的高个汉子，一把铁锹在他手里像要龙灯那么得心应手，秋冬之际风沙大，打得人睁不开眼，石光银竟脱得只剩下一件汗衫，还湿了前胸后背。

他们先用铁锹翻地，捡出冰草和草根，一口气开出三十多亩地，光是冰草根就拉出八十多车，像小山一样堆了好大的两堆。冰草根有韧性，城里的很多人脱炕坯都到这里来拉冰草根。好大好大的一块地，开春以前平整得规规矩矩、像模像样，畦是畦，垄是垄，粪肥早已施好，只等清明前后下种了。

这时，看守所所长王来发走到石光银的跟前，递给他一支烟，说："翻好的这块地，后勤股计划建一个菜园子，你给咱当犯人队长，领上大伙儿干，学种菜。听说南园子有个李志军，菜种得好，你磕看看，把种菜的技术学回来。"

"我一个人磕学？"

"对着哩。"

"你不怕我偷跑？"

"不怕，晓得你老石不会干那事。"

那李志军见圪垯套村书记石光银来学种菜，教得格外认真，没用多少时间，便让石光银完全取走了种菜的真经。种菜要施粪肥，没有大粪，菜就长不好。王来发派犯人进城拉大粪，犯人都不磕，怕碰上熟人嫌丢人。石光银自告奋勇："额磕。有甚了不起的，驴死了还怕奓尾巴？"他一趟又一趟地跑到城里拉来大粪。他还挖了好大一个坑，用于积肥。进城掏厕所，要早起，天不亮就要把事情做完，因为你掏厕所会影响早晨蹲厕所的人，你不能让人家反感你。城里

石光银使用过的板车

人上午上班是有准点的，你影响和耽搁了人家上班，赶上好说话的，可能骂你两句；赶上不好说话的，说不定要跟你打架。纵然你的脾气再大，理由再充足，你在服刑期间敢打架吗？再说了，看守所领导这么信得过你，没人管你，允许你拉着车到处走，不能让领导失望是不是？

一次，大队长邵卫国早上到县里办事，因为磕得早，正看见石光银拉着沉重的粪车迎面走过来。石光银一身脏衣服的外面，脖颈上还吊着脏兮兮的蓝色粗布围裙。而围裙上有几道明显的黄印，那肯定是蹭上了大粪。要不要走过磕？邵卫国一时间在大脑里产生了激烈的思想斗争。脸上热得不行。好像拉粪车的是他，而不是石光银。这时，一大群中学生从身边走过，似乎对他是个掩护，可以让他从石光银身边蒙混过磕。于是，他装作没看见石光银，错身而过。但没走几步，他就感觉不行，这么做对不住石光银。再说，万一石光银很快就回来继续做书记呢？邵卫国掉转身子，紧跑几步，和石光银走个并肩，说："光银，你还好吧？"

又有一群中学生迎面走来，石光银装作没听见邵卫国的话，连看邵卫国一眼都没有，径直拉着粪车快步前行，甚至还小跑了起来，把心事重重的邵卫国甩在身后。邵卫国感觉脸上更热了，他站住脚，看着石光银的背影，半天没动地方。

石光银为甚不理自己？难道是因为自己看见他了而错身过磕，让他心里不舒服了？可是自己最后还是追上来了呀。邵卫国突然一拍脑门儿："额这个吃货，真没用！"他一下子就明白了，石光银怕邵卫国当着那么多中学生和自己这个掏粪的说话会丢面子。那些中学生里，说不定就有邵卫国的儿子。不是吗？啥叫设身处地为别人着想？啥叫牺牲自己维护别人？还让额说甚哩！

13

回村以后，邵卫国就想为石光银做点啥。他的烟锅是铜的，烟嘴是祖传的翡翠。那时候，人们对这类东西只是喜爱，还没有价格的概念，而且，那时候这类东西也并不是特别值钱。用这副烟锅把石光银的铁烟锅换回来，石光银一定很高兴，他会喜欢翡翠烟嘴。做不了大事，做点能让石光银高兴的小事，也算尽了自己一份心意。他找姬善峰磕了。他不敢自己到劳改菜地磕找石光银，那会让人脸上挂不住。姬善峰磕应该没问题，他不是队干。邵卫国的想法很可能是多余的，但他当时就是这么想的。

姬善峰接受了任务以后，心里很是高兴。本来他也想自己磕看望石光银，也是怕让石光银脸上挂不住。尔格好了，是大队长让额来的，话就好说多了。他知道石光银爱吃黏糕，就想办法淘换来一斤黏米面，蒸了三个黏糕，就着热，用屉布裹好，往一个脏兮兮的帆布兜子里装。身边两个娃娃紧紧守着，眼巴巴地看着，直吧唧嘴，被婆姨打了一巴掌："磕磕磕，咋这没出息，知道这是给谁的吗？"姬善峰拍拍两个娃娃的脑袋，嘿嘿一笑，出门了。

坐在田埂边上，石光银一边玩弄着姬善峰拿来的烟锅，欣赏着翡翠烟嘴，一边咬一口黏糕，确实很高兴。姬善峰指着前面不远处那个大坑，说："石书记，这么大的坑，你要掏多少粪才能积满呀？"

"额慢慢干，能积多少积多少。"

"额还不知道你的脾气，你是慢慢干的人吗？"

"那额挖好了大坑也不能再填上一半，是不是？"

"这样吧，额每个礼拜帮你掏两次粪。"

"不用不用，城里的路，你也不熟悉。"

"走几次不就熟悉了？再说，额是个社员，没有面子问题，不像你，知道的人会背后指指戳戳——瞧，那个掏粪的是圪坮套村的石书记。"

"嗳，这话不对，额是村书记，可也是穷人出身的庄稼人，庄稼人几时离得开粪肥哩，是不是？"石光银坚决不让姬善峰帮忙。

石光银不在家的这些日子，大翠吃不香睡不实，夜晚经常怔怔地在煤油灯下枯坐，看着炕上熟睡的四个娃娃，黯然神伤。就那么坐着，啥都不想干，干啥也干不下磕。有一天夜里，她走到结婚时做的那对红漆木箱跟前，打开一个箱盖，从里面拿出一个红布包来，揭开布包，里面是一对银手镯。她把这对手镯拿到煤油灯跟前仔细观看、抚摸。这是她出嫁时娘家给她的陪嫁品。她已经下了决心，明天她要到县城看守所磕，把手镯交给丈夫，让他卖了，买点好吃的东西。因为她听说看守所生活很苦，经常吃发霉的粮食。是啊，在村里的社员们都吃不饱肚子，看守所还能比村里强吗？看看这个家，再也没有什么值钱的东西了。结婚这些年来，除了添了四个娃娃，其他啥也没有。石光银整天为大队的事忙着，风里来，雨里磕，心思完全不在家里，是她把这个家撑了起来。要参加生产队劳动，还要照顾老人、娃娃，还要做饭喂猪，天天累得身体像散了架。想一想，她真的感觉很苦。人这一辈子就这么过吗？说是为了远大目标，可是那个目标有可能实现吗？于是，见了丈夫就总要发泄，总要惹丈夫心烦，给他添乱。可是，不跟丈夫说这些，跟谁说呢？唉！大翠的眼泪一串串地往下掉。但愿丈夫顺利度过这一劫，继续带领大家为改变受穷的命运而努力，她还等着“过城里人生活”哩。她揩干眼泪，把手镯包好，连同一双新做的布鞋，一起装进挎包。

转天一早，大翠安排好家里的事情，背上挎包，搭车来到县城。看守所的人见是石光银家属来了，就客气地让她等等，尔格石光银磕城里拉大粪还没回来。

“拉大粪？”大翠脑袋里轰的一下子，额丈夫竟然进城拉大粪磕了？

“对着哩，一会儿就回来哩。”

大翠感觉头晕目眩，几乎站不住了，赶紧找了一块石头坐下。她闭了一会儿眼睛，稳定心神，往远处的路上看着。突然，看见石光银一个人拉着一辆挺大的粪车远远地走过来了。看着石光银两只胳膊使劲的样子，和他肩膀上那根绳子被绷得笔直的样子，大翠推断出这车粪十分沉重。他看见大翠了，但没打招呼，而是把粪车拉进菜园子以后，才走回来见大翠。

这就是自己的丈夫吗？才几天，咋就一下子老了这么多？胡子老长，眼窝深陷，衣服又脏又破，赤着的双脚沾满了粪污，只有那双眼睛仍旧闪烁着坚定、智慧的光芒。大翠从这双眼神里找回了丈夫。是的，他的外表不代表石光银，眼神才能代表。

“你来干啥？”石光银搓着两手问。

大翠“呜”的一声哭出了声，肩膀一抽一抽的，说不出话。

“哭啥哩？额这不是挺好的。”石光银脸上堆起笑容，搂住大翠的肩膀。

大翠止住哭声，从挎包里拿出那双新做的布鞋，递给石光银。石光银把两手在屁股上抹了一把，接过鞋来。他见这双鞋一针针一线线纳得非常密实，非常均匀，既结实又柔软，下了多大功夫啊！便开玩笑说：“你把鞋做这么好，额咋舍得穿哩？”

大翠又拿出了那对手镯，让他卖了，买点可口的东西吃。石光银连连摇头：“使不得，使不得。这是你娘家的陪嫁，额咋敢卖了买吃食？”他坚决地把手镯让大翠塞回了挎包，“大翠，额这里挺好的，额已经完全适应了，以后你不要来了，不然的话，你见了额又心里难受。家里的事全交给你了，照顾好老人和娃娃，照顾好你自己，说不定以后额还要让你给额再生个儿子哩。”

大翠握着石光银的手，说不出话来，眼泪簌簌地往下掉。在石光银的一再催促下，大翠一步三回头地走了。这次两个人见面，统共大翠也没说上十句话。原先积了一肚子的想说的牢骚话、体己话、叮嘱话等等，见了面却都没说出来。

菜种出来了，在石光银他们的精心管理下，苗壮茂盛，菜叶绿油油地泛着光。那年，不仅县公检法机关全都吃看守所园子的菜，连县革委会也吃上了石光银他们种的菜。这个时候，公社的郭天成书记被提拔起来做了县长。县政府的食堂里卖的炒菜非常好，色香味皆佳，郭天成便表扬了食堂的厨师。谁知厨师却说：“俗话说，巧妇难为无米之炊，咱不是遇上好菜农了吗？”

“原来是人家菜种得好？”

“没错，额这辈子炒了几十年菜，从来没遇到过这么好的蔬菜。”

“这个菜农叫甚?”

“石光银。”

天哪，是这老伙计！郭天成一声长叹。放哪儿哪儿行，放哪儿哪儿行啊！郭天成叮嘱厨师：“石光银再来送菜，你让他到额屋找额一趟。”

下午，快下班的时候，石光银拉着满满的一车蔬菜，给县政府食堂送来了。他把蔬菜一捆捆地卸下来，在食堂库房码好，就要离磕。厨师赶紧叫住他，说：“老弟哎，你不敢马上就走，县长要找你谈话哩。”

石光银以为还是原来的县长，感觉没啥话好谈，如果自己哪句话说得不在行，说不定还会给自己带来麻烦，便拒绝说：“额那边事情很多，很忙，改日再说吧。”厨师一把抓住他的衣襟不松手，说：“你咋架子这么大哩？县领导找你谈话，不是看得起你吗？你要知道自己的身份……”言外之意，你不就是个劳改犯吗？石光银多聪明啊，当然听得出厨师的意思，他一甩胳膊，甩开了厨师：“你越这么说，额越走。县长如果非要见额不可，让他磕劳改菜地。”石光银转身就离开食堂库房，拉起了板车。这时，一双大手按住了他的车把。

石光银抬头一看，是郭天成。由于过去关系处得不错，石光银对郭天成还是有感情的。

“郭书记，你咋在这垯?”

“额到县里当县长哩。”

“你就是新提的县长?”

“是哩是哩。两年前，是额到县里汇报你的情况，让公安局把你带走，你记不记恨额?”

“哪里哪里？额也是在不断成长哩。”

“错误和挫折教训了额们，使额们比较聪明起来了，额们的事情就办得好一点。任何政党，任何个人，只要为人民的利益坚持好的，为人民的利益改正错的，额们的事业就一定会兴旺起来。”

“你在背毛主席的话哩。”

“对着哩。哎，怪了，你没有文化，咋对毛主席的话记得这么牢?”

“大喇叭天天广播，早记住哩。”

“把车放下，走，跟额到办公室谈谈磕。”

“不行，额马上要赶回磕，还有一个单位没送菜哩。”

“停一天不行吗?”

“不行，人家转天没吃的哩。”

“好吧，咱就站在这里，长话短说。你说说看，额当了县长，第一要抓甚?”

“抓治穷。咱定边县太穷了。”

“从哪里入手?”

“治沙种树。”

“种草种树?”

“对着哩。”

“定边要脱贫，决战在林草?”

“对着哩，额要赶紧走了，不敢再耽搁了。”

石光银拉起板车，头也不回地走了。他神情庄重，脚步匆匆，仿佛送菜的事情比天大。郭天成看着他的背影，连连摇头，不断叹息：放哪儿哪儿行，干啥啥行。他为石光银无奈种菜而十分遗憾。他到县政府上任已经好几天了，施政纲领还没发表。他正为与领导班子成员见面首先说什么而挠头。县政府的工作千头万绪，并不是那么好理清的。把什么工作排在前面，必须慎重掂量，不敢让机关干部们小看了自己。这几年，他也一直在思考，尤其拿圪坺套村做例子，只要坚持种树、种草，就能守住田垄，庄稼就有收成。“定边要脱贫，决战在林草。”这句话在他心中已经酝酿许久了。但是，眼下上上下下仍然在贯彻国家的农业“以粮为纲”的方针，谁敢擅自拿出自己的另外一套?你敢做，有人就敢给你“戴帽子，揪辫子，打棍子”。不信你就试试。但定边县正像石光银所说，太穷了，解决吃饭问题不能不摆在首位。而要增加粮食产量，首先必须种树、种草，遏制土地沙化。

郭天成一夜没睡，也没回家。他在办公室里踱来踱磕，旱烟一直没离手，把屋里抽得能见度都降低了。天快亮的时候，他终于考虑成熟，写了一个发言提纲，题目就是："定边要脱贫，决战在林草"。这个方针和口号的提出，有可能让自己一炮打响，声名远播；也可能让自己身陷重围，一蹶不振。那么，没有其他选择，听天由命！

在县政府大会议室里，面对全体机关干部，他完全脱稿，侃侃而谈。从定边县的实际情况说起，谈到很多公社和大队为改变贫穷落后的状况所做的努力，尤其谈到圪垯套村的成绩，以极富说服力的事实，推导出一个响亮的工作方针和口号，那就是"定边要脱贫，决战在林草"。近几年，甚至更长的时间，只要定边的贫穷面貌没变，这个方针和口号就不能变！

大会议室里响起了暴风雨般的热烈掌声。机关干部们很久没听到这么振奋人心的领导讲话了。郭天成自己也很亢奋，会议之后，他立即让秘书起草了工作计划和安排，对各部门人员的工作做了具体要求。全县范围的大规模种树、种草工作就此开始。

在这种时候，多么需要一个能够冲锋陷阵，为全县工作提供样板的典型和先锋官啊！郭天成不由自主地就想到了每天种菜、送菜的石光银。他一个电话把公安局长余士群叫到了他的办公室。

"额知道你找额干甚。"余士群抽着烟说。

"额们领导干部看一个人，不光要看他的一时一事，还要看他的全部历史。"

"额明白。石光银的全部历史就是为圪垯套村治穷治沙献出一切的历史。"

"额有个想法。"

"你不用说，额也明白，县里尔格急需一个先进典型为全县工作引路。"

“是着哩。你好聪明。”

“老马识途哩。”

“你说咋办好?”

“额早已做过跟踪了解，石光银在劳改队工作十分出色，所有的人没有不佩服的。所以，额建议给他减刑。”

“他已经在里面两年半，再有半年就让他出来。”

“不，按额的意见，尔格就让他出来。”

“给他减一半的刑?”

“对着哩，他完全够格哩。”

郭天成立即会同有关方面研究这件事，于是，应该服刑五年的石光银两年半就出来了。

这是让石光银非常出乎意料的事。提前走，当然好；不能提前走，也无所谓，他已经完全适应了这里的工作，已经把工作干得得心应手，事事顺遂。临走时，他把种菜的技术又传授给了其他的人，把要领讲了一遍又一遍，不能人走了，菜地也衰落下来不是?看守所所长王来发对石光银做事有板有眼，十分赞赏，便在小食堂叫了两个菜，拿来一瓶酒，拉着石光银喝了个痛快。然后，他和石光银商量：“老石哎，额们看守所这边几个领导研究了一下，想把你留下，让你当看守所的工作人员，按月给你开工资。”

石光银想了想，说：“今天县委这边的会计王峻岭也找额，说县粮库东边有一百多亩地，想让额过磕种菜，额还没有答应。”

王来发说：“那你好好掂量一下，额们是希望你留下，你不光菜种得好，带领犯人干活儿也有办法，好几个犯人在你的带领下都改造得很好。”

尔格石光银面临多种选择。咋办?这时，一辆吉普车停在看守所门口，一位县委副书记和一位县人大副主任从车上下来了。他们来到所长办公室，把石光银叫了过来。他俩都希望石光银回磕，带领更多的人改天换地，石光银有这个能力，窝在看守所种菜，显然大材小用。这位人大副主任说：“你在公社群众基础好，口碑好；十一届三中全会以后，群众落实了生产责任制，你尔格回磕能给大家办更多实事。况且，你是农村户口，如果留在城里，将来不需要你了，就没处可磕。额建议你回磕做南海子农场场长，你对那边的情况也熟悉，工作会很顺手。额们期待你把南海子农场建成旗帜单位。”

石光银感觉领导对自己的期待有些过高，但很多话说得有道理，就把事情决定了。所长王来发送石光银走的时候，握住他的手说：“老伙计，额和你在一起还没待够哩，真不希望你走，又真希望你走。额这心里七上八下，矛盾着哩。”

石光银说道：“额还是走吧。咱俩的交情额忘不了，回头额会经常来看你。”他把邵卫国给他的那副烟锅送给了王来发做纪念。王来发要亲自帮石光银把行李扛回磕，石光银哪肯答应。道了谢，兀自扛起行李，大步流星地走了。这两年半，他天天睡的就是村里社员给他的狗皮褥子，他咋舍得让别人扛哩？

石光银走出磕几步，回头望望看守所。多么熟悉的磨炼他意志的处所啊！尔格就要告别了。今生今世，额不会再回来。不，额还要来，要看望王来发，看望那些改造得不错的犯人们。

姬善峰不知从哪儿得到了消息，早早地圪蹴在路口，抽着旱烟等他。见他兀自扛着行李卷走过来，便将烟锅在地上使劲一磕，带着热就掖进腰里，跑过磕就把行李卷抢在手里，嘴里嘻嘻笑着，说道：“按职务，额该喊你书记；论排行，额就喊你老弟。咱先磕额家，你嫂子包了韭菜馅儿饺子等你哩。”

“家家都穷得叮当响，哪来的钱买白面？”石光银不相信姬善峰的话。

“是邵卫国额们几家凑的钱，还买了羊肉哩。”姬善峰十分兴奋，仿佛石光银不是在看守所住了两年半，倒是出磕开会刚回来。

也罢，算是和圪坮套村的领导和社员告个别吧。

谁知，来吃饭的人一下子把姬善峰家的屋子挤得插不进脚。但凡是来看望石光银的人，都没有空着手的，都拿来了各自的吃食，有的是他爱吃的黏糕，有的是荞面饸饹，有的是莜面饼，还有的是羊肉臊子面。大家都知道石光银要到南海子农场磕任职了，要长久地甚至永远地离开圪坮套村了，于是说，今天就权当过年了，额们要和石书记一起过年、守岁……

这一晚，石光银又喝多了。他借着酒劲率先唱起了信天游：

> 沙漠里走出一个石呀石光银，
> 菜地里走出的还是那个石光银；
> 不论额走到哪里，干着那个甚，
> 额呀那还是那个同呀同一个人！

人们的喉咙一下子全打开了，把石光银现编的这几句歌词按照同一个调调反反复复唱了又唱，把屋里的气氛搅得火炽，仿佛一个火星就能砰的一下子爆燃起来！

14

石光银想起，上级领导一直在推行“普及大寨县”工作，自己到农场当场长，不能不了解这项工作的进展情况和有关要求。他便到老朋友——刚刚从乡中学调任乡政府（原公社）副主任的胡雪林家拜访了一次。胡雪林在家里给石光银炒了两个菜，温上一壶酒，就和他聊了起来。石光银方才知道，“洞中方一日，世上已千年”。

胡雪林告诉他，前不久，“普及大寨县”的工作已经被叫停。胡雪林把这么重要的情况告诉石光银，让他一下子吃了定心丸。他向胡雪林敬酒，说：“中央领导所肯定的工作指针也应该是额的工作方向和指针。‘自力更生、艰苦奋斗’仍然应该成为额所秉持的基本精神。额们身在毛乌素沙漠地区这样的恶劣环境中，有甚理由不艰苦奋斗？额倒是想脱几天心静，过过‘三十亩地一头牛，婆姨娃娃热炕头’的消停日子，问题是额们有那个资本吗？多年以来，额依靠甚立足？依靠甚取得群众和领导信任？还不是以身作则、身体力行、自力更生、艰苦奋斗？离开这些，额石光银算个甚？”胡雪林呷了一口酒，说道：“额对你做事之前，先要把准脉搏、有的放矢这一点，十分赞赏。”石光银说道：“作为基层领导，不能不明确基本的工作方针，也不能没有应该秉持的基本精神。盲人瞎马，有可能依靠偶然性取得一次成功，却不能保持长久。”胡雪林频频点头，反过来向石光银敬酒。这次，两个人喝得十分尽兴。

石光银来到南海子农场当场长以后，发现这边的情况并不乐观；经济情况甚至更糟，人心也很涣散。而人心涣散的主要原因，又是因为经济落后。于是，他把“基本精神”和大家做了交底：一切还要依靠额们自己。按照大家提的建议，农场开始养肉牛、办酒厂，以尽快增加经济收入。但一段时间以后，酒厂因为缺乏技术，质量赶不上磕，最后以失败告终。肉牛喂了一百头，夏季还说得过磕，到了冬季，没有草场和饲料，只得用两辆大拖车不停地从银川那边拉稻草喂牛，一冬要拉二三百车。结果，肉牛没有喂好，死了一半，亏损了两万多元。这简直是雪上加霜。石光银十分难受。咋办，哪儿是出路？他再一次悟出：没有草场，没有植被，想搞好养殖业，根本不可能。额们艰苦奋斗是没错的，但大方向不能出偏，否则便没有生路。而结论，又回到那句老话：种树、种草。此时，他很苦闷，想找县领导，譬如郭天成他们，好好谈谈这个问题。

但这时出现一个意料之中、情理之外的事情，有人向上级领导告状，说郭天成违背国家农业“以粮为纲”的方针，思想右倾，肆意妄为。刚刚提拔起来工作时间不长的郭天成被停职了。县长一职，换了新人。郭天成尽管早有思想准备，但还是十分苦闷：几时恢复工作？不知道。下一步对自己咋个安排？不知道。他天天圪蹴在自家门前冥思苦想，想来想磕，感觉应该向上级领导把情况说明白：种树、种草正是为了保证粮食产量啊！咋能说是违背了以粮为纲的方针呢？但他把申诉报告写好寄出磕以后，便泥牛入海，再无音信了。

石光银办经济实体失败以后，还想发动大家种树、种草，但周围的人告诉他："尔格县里工作方针有变化，你要注意，不可擅自做主哩。"而且还告诉他，郭天成因为主张"定边要脱贫，决战在林草"，已经被停职了。

石光银情绪也低落下来，似乎没有了工作的动力。他在太阳快要落山的时候，走出办公室，慢吞吞地往家走。途经他曾经亲手栽的树林的时候，发现有棵杨树已经长得有大腿粗了。他双手箍住大树使足力气摇撼，根本摇不动。他感觉他此刻使出的力气早已超过了黑风沙的力道，为甚仍然摇不动呢？因为大树已经把根扎得很深，已经成材了。如果到处都有这么粗壮的树木，还愁挡不住黑风沙、庄稼长不好吗？可是，人们为甚只信教条而不顾实际呢？

晚上吃饭的时候，他在饭桌上把这些问题都摆出来，想听听大翠和娃娃们的意见。大翠建议石光银按照上级领导的意图办，枪打出头鸟，不要当这个挨枪子的鸟。两个闺女说不出啥，已经十一岁的儿子却说了这么一句话："大，你应该杀只羊磕看望郭天成。"

"哎呀哩，乖乖，额的大儿子，你刚刚十一岁就有这个心路哩！"石光银激动万分，一把搂住儿子的脑袋，在儿子脑门儿上亲了又亲。儿子身高马大，刚刚十一岁，已经长到一米五以上，被石光银起名叫石绿洲。儿子的名字寄托着他的希望和理想，他就盼着家乡早日变成绿洲哩。他相信，自己这一辈实现不了，儿子这一辈一定会实现。看！儿子个子高，思想成熟早，不是已经超过了自己？一代更比一代强，治沙会治得更好。石光银立马答应了儿子的建议，并说："要选个合适的日子干这件事，你跟额同磕。"儿子爽快地答应了。

挨到了赶集的日子，石光银起个大早，杀了一只羊，然后带着儿子到公社磕了。他和儿子一人背了一个麻袋，里面装着沉甸甸的羊肉。有人碰见，问他："石书记，做啥磕？"他说："赶集磕。"那人问："赶集得往东走，你们咋往西磕哩？"他说："额磕公社的集。"儿子早慧，夸奖老爸说："大，你很聪明哩。"石光银说道："你都看明白了？"儿子说："看明白了。"石光银看着儿子一蹿一蹿地迈着长腿往前走，心里甜得像打翻的蜜罐子。

郭天成的家安在公社大院旁边的一所房子里，他到县里上班的时候，一直没有搬走。此时他就又回到这里居住。闲在家里没事干，郭天成就在自家的饭桌上做了一个微型沙盘，大小按照全县地图的等高线比例，因为做得认真，也像模像样的。他天天守着这个沙盘，看呀看，思忖着应该咋干，然后就写在报告里，这个报告已经不知道是第几份了。他已经打定主意，即使不给自己安排工作，也要献计出力，特别要阐述“决战在林草”的重大意义。

石光银敲到第三遍的时候，郭天成的婆姨从里屋里走出来把门打开。她不认识石光银，以陌生的眼神上上下下打量着石光银爷儿俩：“你们是……”

“大嫂，咱进屋说话好不好?”石光银压低声音说道。

“你先告诉额，你叫什么，否则……”她表情严肃地截住了后半句话。

“石光银，圪垯套村的。”

“知道知道，快进来。”大嫂的表情松弛下来，一把将石光银拉进屋，又把石绿洲拉进屋。石光银回手关了门，把东西放在沙盘下面，说：“郭县长干啥磕哩?”

“他已经下野了，快别叫县长哩。坐坐。”大嫂拉过两把椅子，让石光银爷儿俩落座，“他一早就出磕了，说这两天思路不够畅通，要到外面换换空气。”

“他有可能磕哪里?”石光银紧盯住不放，因为他预感到情况不是太好。

“公社北边的大沙梁那边吧。”

“额们爷儿俩赶紧过磕找找，争取把他找回来，额有话说。”

“那就有劳你们哩。”

石光银不由分说，拉起儿子就出门了。公社大院这条街，正是赶集的这条街，不论往哪边走，都是熙熙攘攘的人群。人们摆摊儿的摆摊儿，交易的交易，挤挤插插，人头攒动。石光银把脖子上的羊肚手巾摘下来，系在脑袋上，掏出烟锅抽着，捂住了半边脸，拉着儿子快步走着，见到往北方向的胡同和过道，便急忙挤出人群，往北插了过磕。

爷儿俩走出好远，离开住宅区有几里地以外了，真的看见了前面有一道高耸的大沙梁，沙梁的半腰稀稀拉拉地长着几棵枝条发白、已经枯死的沙柳。尔格石光银早已明白，沙柳这种植物，每年秋季都会枯干，要在它枯干以前拦腰砍断，留下根部，它会在转年继续发芽生长。如果不管它，就会一下子枯干到底，完全死掉，再救也救不活了。显然，眼前这些沙柳是无人照料和管护的。爷儿俩深一脚浅一脚地爬上了沙梁。

在沙梁的背面，石光银立即看到了斜躺在沙地上的郭天成，他手边有一个酒瓶。石光银三步并作两步奔过磕，见郭天成正呼呼大睡，手边的酒瓶空空如也。天哪，喝了一整瓶酒哩。石光银对几个公社干部的酒量都很清楚，郭天成是没多大酒量的，喝上二两，就会满脸通红，喝到三两就口齿不清，眼下竟然喝了一整瓶酒！他小心翼翼地扶起郭天成，拽住他的一只胳膊，要把他背起来。但这一折腾，郭天成突然“哇”的一声吐了出来，肚子里的东西全都吐在石光银的褂子上了。石光银干脆脱下褂子扔给儿子，只穿着汗衫，背起郭天成就走。下了沙梁，向住地大步流星赶磕。

到了家里，大嫂用热毛巾给郭天成擦了手和脸，安顿他躺在炕上，又倒了一杯温水，沏点醋和白糖，搅匀了，给郭天成喂下磕。然后抓紧把石光银的褂子洗了，搭在外屋墙上拴的铁丝上。停了约莫一刻钟，郭天成醒了。他睁开眼睛，问婆姨：“谁把额弄家里来哩?”

“你自己睁眼看看是谁。”大嫂指着坐在旁边的石光银爷儿俩。

郭天成一骨碌从炕上坐起来，握住了石光银的手：“你到沙梁后边找额磕了？额真的醉了？让你见笑了！”

“你虽然是额的老领导，尔格也要批评你两句——你不敢这么糟践自己，你的酒量小得可怜，却整下一瓶。你想干甚？有个三长两短，让大嫂咋办？让额们咋办？”

“额的职务都免了，还怕甚哩？”郭天成发出一声长叹。

“你这辈子就为职务活着？天底下那么多没职务的人，都该上吊吗？”

石绿洲见父亲的话越说越重，就一下下地扯父亲的衣襟，却仍然挡不住父亲的嘴：“你若不免职，你请额来你家，额都不来，额从来不做锦上添花的事。”

大嫂插话说：“来就来吧，带啥东西哩？一会儿你原个拿回磕，到集上卖了。”

郭天成接过来道：“带东西了？你家能有啥东西？杀了羊吧？额不能收。”

“额就知道你在县机关吃食堂吃得嘴儿高了，咱农家杀的羊肉，都让你不待见了。”

“你人来了，额就高兴，真的不用送东西。”

“瓜子儿不饱是个人心儿。这堆羊肉却比瓜子儿大得多，额就是想让你多吃几天，多体会你身后有人支持你，等着你东山再起，继续种树、种草。”

“额如果改弦更张，不再张罗种树、种草了，你还会看额来吗？”

“坚决不来。你雇了八抬大轿请额，额也不来。更甭说为你杀羊哩。”

“你有些实用主义哩。”

“额不懂那些名词，但额明白，究竟是咱们升职、降职重要，还是让社员们吃饱肚子重要。”

“额要为你改名字了，你不该叫石光银，应该叫‘实心金’。”

“你知道额儿子叫啥哩？石绿洲！”

“哈哈哈哈……”郭天成带着醉意发出一阵大笑，他已经好长时间没有这么开心地笑了。这个石光银哪，想治沙，已经想到骨子里了。“绿洲，你站起来，让额好好看看。”郭天成说。

儿子石绿洲听话地站了起来，郭天成看在眼里，满心欢喜，又是一条伟岸的汉子，必是治沙的精英无疑。他马上安排婆姨做荞面饸饹，要在中午招待石光银爷儿俩。石光银却摆摆手，站起身来准备告辞：“老领导，额忘记是哪位领袖说的了，真理再往前一小步就是错误，你做沙盘研究工作是对的，喝大酒麻醉自己永远是不对的。”

“额接受你的批评，但额要纠正你一个字，应该是‘真理再向前一小步就是谬误’。”

“哈哈哈，文字上的事，当然以你为准哩。”

郭天成回身从炕被下拿出几本已经很破旧的小人书，递给了石绿洲，说：“绿洲，好好看看这些书，对你成长很有用哩。”

石光银问：“啥书?”

郭天成说道：“《三边一少年》《鸡毛信》《刘文学》《刘胡兰》。”

“后三本额知道，第一本讲的啥?”那年月，文艺类的书籍很少，看文艺书说不定又被什么人盯上酿成祸端，于是，石光银想问清楚。

“老伙计，这个你尽管放心，这本小人书里讲的就是咱家门口的故事，三边是指靖边、定边、安边三县。解放战争时期，当党中央和毛主席撤离延安到了三边的时候，三边一少年为解放军带路，见到了毛主席。后来少年被胡宗南匪军抓磕，在敌人面前，他表现了英勇不屈的大无畏精神。他受到严刑拷打，满身创伤，但是他镇定、机智，想法逃出危险的境地，回到了革命的怀抱。小绿洲向这个少年学什么?就学机智勇敢和对革命事业的忠诚。”

石光银方才放心。是着哩，对娃娃的教育，不敢走板哩。回磕不久，省里的工作方针就有了转变，郭天成也被重新起用，做了县委书记。而且，他恢复职务以后，马上就找石光银磕了。有一个重要政策，他要告诉石光银。

15

这年冬天的毛乌素下了一场雪，说大不大，说小不小。沙梁与沙丘正应了一首诗词的话——“梁舞银蛇，丘如蜡像”“欲与天公连成线”。但好景不长，白皑皑的雪景被一场常见的沙暴打得七零八落，不成体统。沙暴过后，只有极少的沙窝里还有残雪，而很多沙窝也被沙暴掀起的流沙埋没，残雪所剩无几。

乡政府副主任胡雪林，在乡政府召开关于传达和落实国家新制定的林业生产责任制的时候，眼睛一直盯着坐在角落里的石光银。他感觉，石光银的机遇来了。你不是对治沙认识最深刻，而且信誓旦旦不治住沙魔枉来一生吗？

但散会的时候，石光银却没来找他，另一个叫李万年的村主任拉住他问：“胡主任，你能不能带我看看哪块地能让额们承包？”

“你想承包？”胡雪林看着李万年。

“对，尔格政策好了，国家规定，谁种谁有，额想包他几百亩。”

胡雪林领着李万年来到沙盘跟前，指着乡政府北边的一大片荒沙地，告诉李万年，乡里首先出手的是这块地。李万年两眼瞪得牛眼大，倒吸一口凉气。乖乖，那地方能包吗？那是风口，沙尘暴最频繁、最猛烈，一座座沙丘时时在移动，根毛不长。李万年想换一块好地方，胡雪林摇了摇头。他撇开李万年，找石光银磕了。

这一天是1983年腊月初七，是个让石光银难以忘怀的日子。开完会，他感觉心里七上八下的，不是说好政策来了就立即兴高采烈忘乎所以了，而是让他一下子把这些年来的所有乱七八糟的事情涌上心头。十年河东，十年河西；沧海桑田，桑田沧海。唉！正感叹间，胡雪林在过道里拦住了闷着头要走的他：“老伙计，你感到尔格的政策与过磕有啥不同？”

“额得马上走，回头咱们再说这个。”石光银把烟锅在鞋底上磕了，掖进腰里。

“急啥哩？说说看，额就想听你是咋理解的。”胡雪林还是拽着石光银，不让他走。

“你真急煞额——国家在鼓励群众承包治沙哩，这还用问！额有急事，要赶紧走。”石光银拂开胡雪林的胳膊，从过道挤过磕。

“啥急事？看你忙的。你大施拳脚的机会终于来了。”胡雪林在石光银身后说，似乎这一点石光银没看明白，而胡雪林一定要挑明一样。

“回头额会找你。”石光银回过头向胡雪林摆摆手，急匆匆地走了。这一天，他已经等了太久。尔格，他心急火燎。开着会的时候，他已经暗里相中一片沙地，他担心被别人抢了。按照常理，人们在有选择余地的时候，会“挑软柿子捏”，会先易后难。而石光银恰恰相反，他的思维方式和结果都和别人不一样。

毛乌素的冬天格外寒冷，西北风发出尖锐的呼啸，裹挟着明沙不停地刮着，四野里不见一个人影，十分空旷、肃杀。忽然，四大壕村边一人高的沙梁后面走上一个人来。他举目四望，一阵风沙席卷而来，他急忙双手捂脸。待风沙过磕，他把手移开了，露出了愠怒的脸色。从乡里开会回来，他要顺脚勘察一下这里。你不叫额勘察，也罢，等着瞧。

石光银眯起眼睛，抬头看看灰暗的天空，裹紧羊皮大袄，快步往家里走，边走边盘算：额要把家从圪垯套村搬到四大壕村磕。四大壕村在定边县的海子梁乡南端，面对一大片一望无际的沙海，绵延横亘几十里，一年四季沙暴不断，寸草不生。从东向西分别由狼窝沙、薛套沙、黑套沙、榆树套沙组成，被人们叫作“四大号”，又叫“四大壕”，总之，是个令人望而生畏的不毛之地。但石光银就是石光银，他的性格决定了他，既然打算承包治沙，就选沙暴肆虐最猖獗、流沙天天在移动的四大壕沙区。

承包这种方式，让石光银感觉既新鲜又振奋。郭天成他们这些领导，真是动了脑筋了。他觉得，承包治沙，至少有四个好处：这一，让签了合同的人种起树来勇往直前，没有退路；这二，有合同保证，排除了一切干扰；这三，种树不白种，树算自己的，需要的时候，就可以间伐；这四，可以在法律的保护下，成为治沙种树的突击连和排头兵，形成强大的动力和气势。而这四种情况的合力，就是大大推进种树、种草的事业，完成“决战在林草”的战略构想，实现定边县的脱贫。一个人要下力量做成一件事，只有经过左思右想、深思熟虑才会义无反顾，否则，就难免犹豫彷徨。

“你说甚？把家搬那儿磕，你脑袋没发烧吧？”大翠一听石光银的这个决定，伸过手来就摸他的额头。身边的几个闺女哧哧笑着，也说老爸确实有点发神经。

“那里沙漠面积最大，额磕那儿不是喜欢沙尘暴，而是要向乡政府承包治沙。”

“这可不是一两句话就敢决定的，需要全家商量一下哩。”大翠表情非常凝重，但石光银说干就干，动手就收拾东西。大翠死死抓住他的胳膊，说：“要么这样，等下午儿子回来，听听儿子的意见，如果儿子也不同意搬，这家就坚决不能搬！”

石光银略略思索了一下，停住了手，也好，那就等等儿子。尔格儿子石绿洲已经越来越显得成熟，对家里的大小事情，都能拿出自己的意见，而且往往十分中肯。这是让一向自信的石光银非常满意也非常惬意的一件事。那就等着吧。石光银圪蹴在门口，一边抽起旱烟，一边想着心事。天快黑的时候，上中学的石绿洲尥着长腿一蹿一蹿地放学回来了。中学生石绿洲尔格身高已经接近一米八，是学校篮球队队员。

石绿洲放下书包，见母亲正在做饭，便在灶火口烤了一下手。大翠便向他说了他大的打算。石绿洲愣了一下神，做思索状，片刻，说：“额同意额大的选择。你们知不知道中国有句成语叫‘不入虎穴，焉得虎子’？”

圪蹴在门口的石光银听到儿子的话，哈哈大笑着从门口进来，扳住儿子的肩膀说：“额有了统一战线哩！”然后便开始收拾东西。大翠有些气恼，只是闷着头做饭，一言不发。

待大翠把饭做好，端上桌的时候，石光银和儿子已经把家里的东西收拾得差不多了。本来他家里也没啥东西，收拾起来简单得很。吃饭的时候，石光银边吃边讲解自己的设想，要这样，要那样，诸如此类。大翠仍旧一言不发。几个闺女也看着大翠的脸色啥都不说。

倒是儿子偶尔插一句话，活跃一下气氛。

转天，石光银首先到四大壕村的村委会，找好空屋子，然后就拉家带口地搬来了。村支书齐有为和村长徐世方赶紧过来探望。他们对南海子农场的场长搬到这里不太明白，四大壕村沙荒严重，比南海子农场还穷，石光银的葫芦里装的什么药？他们握着石光银的手，试探地说：“老石哎，你加盟额们村可是额们的荣幸哩，你愿意当书记还是当村长？回头咱们开个会选一下，额们俩愿意在你领导下工作。村里现有的好水田，也随你挑。其他方面需要啥，只管开口。”

石光银笑了起来：“难道额到四大壕来就是为了和你们争个职务、争几亩水田？与其那样，额待在南海子农场不是样样都有？额是来治沙的，哪里沙疙瘩大，额就要哪里。”

“你要沙疙瘩？”齐有为和徐世方面面相觑，不明就里。

“额打算找乡政府，把自己的农场场长职务辞了，和乡政府签订承包治沙造林的合同。”

“这……这……”齐有为和徐世方完全出乎意料。一时间，两个人都愣住了，简直不知道说啥合适。石光银是他们非常敬佩的人，但眼下他们对石光银似乎不能理解：“老石，这件事可不敢乱想，治沙疙瘩不是容易事。以前农场的人治过，投入了大量人力、物力，根本种不活树，最后不得不放弃，以后再也无人问津了。”

“额明白你们的好意，尔格是开弓没有回头箭，等来这么好的大形势不容易，额已经下了决心了。”

送走了四大壕村两位领导，石光银就奔了乡政府。他果真把农场场长的职务辞了，然后和乡政府签了承包治沙的合同。而且，地点就选的是李万年不敢承包的地方。副主任胡雪林暗暗思忖：石光银果然是石光银，你真的与众不同哩。石光银是带着儿子磕的，他不识字，可以让儿子读给他听。

合同如下：

定边县海子梁乡政府（称甲方）于1984年经乡政府研究决定，同意将乡政府农场的2250亩荒沙地承包给本乡四大壕村石光银同志（称乙方）。经双方协商，达成如下条款：

一、承包土地的面积、地点、内容

1. 甲方将坐落在南海子西沙荒沙2250亩，发包给乙方营造林草。

2. 该地点西至砖窑梁村林场树东，东至大路，南至石光银房后，北至砖窑梁碱滩外，东西长2000米，南北宽750米，四至地界以网杆柳树为界。

二、承包期限

承包期限为20年，即从1984年3月25日始至2004年3月25日终止。

三、双方的义务

1. 承包期内，乙方负责林草的种植、管理防护，乙方应做到“三有”，即有专人护林，有房屋岗棚，有护林器械。

2. 乙方不得在林地野外用火，不得自行或准许他人在承包林地内毁林开垦、采土和进行其他毁林行为。

3. 上级发放用于造林、育林的扶持资金、物资或贷款，甲方必须及时合理分配给乙方。

4. 承包期内，如出现大面积虫灾，由乡政府出面与有关单位联系治虫机械，治虫费用在国家不负担的情况下，由甲乙双方按2:8分担。

5. 承包期内，只允许乙方在护林房旁种植五至十亩农作物或育苗。

6. 合同期满时，不成材的林草和乙方投资的护林设备，按当时价格作价收归甲方（林草作价款，甲方按作价的80%付给乙方），作价款甲方当年付清。

四、林场的收益分配

承包期内，甲乙双方见利分成，按2∶8进行分配，甲方二成，乙方八成。

五、种植的密度、采伐纳税

1. 承包期间，乙方必须保证承包林地范围内每亩植杨树170株（或每亩植沙柳240窝、每亩种植高杆树170株），乙方必须从承包之日起，两年内按要求种上林草，否则甲方有权收回承包地。

2. 承包期内，甲乙双方均不得擅自采伐树木，如一方需要采伐，应经得另一方同意，并向有关部门提出申请，经批准发给采伐许可证后，按批准采伐方式（如择伐、皆伐或渐伐）进行采伐。对采伐后的空地由乙方补栽，在采伐当年或次年完成更新造林。更新造林的面积和株数，必须大于采伐面积和株数，并做到包栽包活。

3. 采伐税，甲乙双方按2∶8负担，即甲方两成，乙方八成。

六、奖罚

1. 承包期内，如果林草被盗，乙方未发现或未抓住盗伐人的，被盗伐一株，乙方应向甲方赔偿每株折价的两倍。如乙方发现或抓住偷树的人，乙方处理不了应交给政府处理，按所盗伐的树木对盗伐人作价罚款，罚款总额的80%奖给乙方，罚款总额的20%归甲方。

2. 甲乙方未经批准擅自采伐的，砍伐者应负担每株折价两倍的违约金给另一方。

3. 如甲方不按时交清折价款，每迟交一天，甲方应负担折价款总额的15%的罚金。

4. 如乙方种植农作物超过十亩，每超过一亩罚款20元。

…… ……

后来，一位在新闻媒体工作的同志评价说：“当生态危机逼着中国人真正认识到治沙种树重要性的时候，会把石光银这份1984年签的承包合同，与安徽凤阳小岗村私分土地的生死状相提并论，甚至其意义远在后者之上。我们不希望看到这一天，但这一天正悄悄逼近。”

石光银和乡政府签订了承包乡农场无力治理的3000亩荒沙的合同，这一爆炸性新闻以最快的速度传遍了海子梁乡。人们口口相传，带着稀奇，带着纳罕，带着不解，甚或带着看一把热闹的复杂心理。无论是对承包的政策，还是石光银的举动，在当时当地，还从来没有人听说过。各种议论一下子冒了出来：

“天，农场疯了，咋敢给石光银这么多沙地来承包?”

“天，真是个石灰锤（鲁莽、冒失的人）哩，咋敢签那么大合同?”

“石光银是有本事的人，但这件事也做得不自量力，只怕林没造成，风沙也得把他刮得脱几层皮!”

“谁知政策会不会变?说不定再来一次运动，树要充公不说，弄不好又得挨批斗。若再划个地主成分，一辈子也别想翻身了!”

亲朋好友都找到石光银，面对面劝说：

“这件事你要慎重考虑，千万不敢鲁莽。”

“谁知道形势将来会咋样，如果变了，这次栽倒可就甭想爬起来了。”

回到家，大翠的嘴更是唠叨个不停：“你不论干啥都爱贪大，几千亩沙子是说治就能治住的吗?放下安稳的工作不干，担那风险干啥?”

来自方方面面的声音，似乎都在说，你石光银自不量力，根本不该这么干。石光银想起人们常说的一句话：群众的眼睛是亮的。但同时他又想起人们常说的另一句话：真理有时候掌握在少数人手里。尔格没有不反对他的，只有儿子石绿洲。哈，剩下爷儿俩孤零零地面对强大的反对的舆论。多年以来的必须治沙的意念已经深深植根于石光银的脑海中，一切舆论，任他磕吧。这几年，大喇叭不是一直在广播“实践是检验真理的唯一标准”吗？让实践来说话，让实践的结果告诉人们一切吧。石光银晚上在家里简单吃了几口，就走出门磕。他想：承包将近3000亩荒沙，不是小数，一个人肯定干不了，需要同盟军，首先，他就想到了老朋友——邻村的支部书记隆之冲。

当石光银走到隆之冲家的时候，正听见两口子吵架，他急忙敲门进磕。隆之冲的婆姨是个精明强干的女人，身材窈窕，容貌秀气，操持家务是一把好手。可是，此时两口子在闹离婚，屋子里摔桌子砸板凳，两岁的娃娃吓得站在炕上哇哇大哭。婆姨正在收拾包袱，打算回娘家，一见石光银来了，她立即捂住脸哭了起来：“三叔哎——”

石光银辈分大，隆之冲两口子都叫他三叔。这些日子，村里来了个名叫胡为力的包地的外乡人，在家里招赌。因为赌的数目大，已经导致好几家债台高筑，两口子打得鸡飞狗跳了。于是，有人找到隆之冲，让他抓赌。你是大队支书，这也是你分内的事。既然知道了，就不能不管。隆之冲便上门训斥并收缴赌具。这一下不要紧，胡为力和隆之冲较量起来，动了手。隆之冲情急之中就给了胡为力一个大嘴巴。隆之冲也是农家好手，臂力大，手掌硬，打得胡为力口鼻流血。胡为力便躺倒在地，翻白眼吐唾沫装死。胡为力的婆姨见此，便加入进来，一边大喊：“打死人了！打死人了！”一边死死扯住隆之冲，要到乡里报官。隆之冲一甩胳膊，甩掉了胡为力的婆姨，又给了胡为力一脚：“你不赶紧爬起来，还要装死，额就再给你一脚。”

说着话，隆之冲又要踢胡为力。刚才的一脚正踢在胡为力的屁股沟子上，疼得他一骨碌爬了起来。既挨了打，又丢了面子，胡为力豁出磕了，他到里屋拿了菜刀出来要拼命。众人抱住胡为力，拉开了隆之冲，把隆之冲劝回了家。隆之冲正在家里生闷气的时候，胡家派人讲条件来了：“赔上三百块钱，这事就算了了，否则，咱就菜刀说话。”

隆之冲气得火冒三丈，对来人说：“你让胡为力拿着菜刀找额来吧，老子看他敢劈额一刀！”婆姨见此，急忙捂住了隆之冲的嘴，对来人说：“你等等，额给你拿三百块钱，你给额签字画押，这事就算了了。”来人满心欢喜：“这就对了，何必把事情闹大哩？”隆之冲眼看着婆姨和来人做成了这件事，来人拿着一沓钱，高高兴兴地走了。隆之冲看着这个人的背影，对自己的婆姨开口便骂。婆姨委屈得掉眼泪，一句话也不说。

全家一年的收入，仅仅二百元钱。这三百元钱等于隆之冲全家一年半为胡为力打工了。

妈那×，真不是东西！天底下就有这么无耻、无赖、无良的人！没过两天，隆之冲的气还没消，又有人向他通报，说胡为力又在招赌。有一家参赌的村民，已经把房子输了，尔格等于住着胡为力的房子了。“哎呀哩！”正在院子里劈木材的隆之冲气得一斧子将门墩石头砸掉一半，吓得婆姨从屋里跑了出来，“干啥哩？别人出事，你毁自家东西！”隆之冲拎着斧子就要走，也被婆姨夺下了。按照隆之冲的火暴脾气，他要找胡为力拿斧子说话，你不是有菜刀吗？

16

隆之冲赶到胡为力家的时候，东屋还在稀里哗啦地洗牌，正玩得红火。胡为力的婆姨一见隆之冲，急忙拉住他，让他进西屋，说有要事相告。隆之冲不明就里，跟她进了西屋，她突然敞开衣襟，抓住隆之冲的手按在她的胸脯上，说：“李哥，过磕的事咱不提了，今后额是你的人，你啥时想要，额啥时给你。”隆之冲急忙把自己的手抽出来，如梦方醒，对方在使“美人计”。他二话没说，转身便走，来到东屋，愤怒地断喝：“胡为力，你知不知罪？”

胡为力吓了一跳，见是隆之冲，便招呼婆姨过来应对。婆姨喊了一声：“额被人强奸了！”就哭着过来了。她一边敞着衣襟露出白花花的奶子，一边指着隆之冲：“你强奸了额，额要报官!”屋子里几个打牌赌钱的人都看到了这一幕，也算开了眼，便声言出磕抽口烟，都悄悄地溜了。胡为力两口子一不做二不休，扭住隆之冲，奔了乡政府。胡为力的婆姨真是豁得出磕，她就敞着衣襟往外走。隆冬腊月，天有多冷？胡为力急忙将一件羊皮大袄给婆姨披上。而进了乡政府以后，婆姨甩掉羊皮大袄，仍然露出白花花的奶子让领导看，嘴里哭得说不出话。

隆之冲之所以跟着他们来到乡政府：一方面被这婆姨揪着，想走也走不了；另一方面，也想看看这两口子究竟要甚花招。乡领导问：“咋回事?”胡为力抢先说话：“强奸案，强奸案，被额捉奸了!”婆姨急忙配合，哇哇大哭。

乡领导把隆之冲拉到隔壁，小声问：“伙计，咋回事?”隆之冲气得闭住眼睛，一言不发，肚子一鼓一鼓的。乡领导掏出烟来，给隆之冲点上一支，让他边抽边慢慢说。隆之冲眼含热泪，讲述了前前后后的整个过程。乡领导一声长叹，说道：“咱们尔格法律不健全，没办法。你先回磕吧，额劝劝他们。”

“啥？你还劝他们？你应该抓他们才对!”

“可是，你毕竟看了人家奶子么。”

“哎呀哩，天底下还有道理可讲么?”

隆之冲窝窝囊囊地回家了。没过几天，村里人就开始嚷嚷了：隆之冲强奸胡为力的婆姨未遂，被胡为力抓个正着。这个信息迅速传到了隆之冲婆姨的耳朵里。她根本不相信这种传谣，因为，她对隆之冲的人品非常了解，对整个事件过程也非常了解，但她打定主意要跟隆之冲离婚。隆之冲一方面脾气暴躁，另一方面固执，不听劝。家里劝他多少次，不让他管那些招赌的事，为啥就非要管不可？眼下违法乱纪的人多的是，你管得过来吗？

两口子正闹得沸反盈天，石光银敲门进来了。“三叔——”婆姨呜的一声哭了起来。石光银把扔在地上的东西捡起来，把倒了的桌椅板凳扶起来，走到炕边，把哇哇大哭的娃娃抱在怀里，拦住婆姨的哭声，让隆之冲讲一下事情的经过。石光银对隆之冲非常了解，相信他不会说假话。待隆之冲讲完整个过程，石光银嘬起牙花子。他是邻村的人，对隆之冲这个村是鞭长莫及的。

“你跟额治沙磕吧，躲开这个是非坑。”

“额是村支书，额走了，村里的工作咋办?”

“地球离开谁都转，”石光银又转向隆之冲的婆姨，说，“他要跟额治沙，你还闹离婚吗?”

“他要跟着你，额就不闹。”

“好，一言为定。之冲，跟额走，额让你看看合同磕。”

两个人在石光银家仔细研究了合同，隆之冲提出，还应该招一些志同道合的人进来。将近3000亩呢，毕竟不是小数目，尔格人们对承包治沙还不理解，还看不到前景，一般村民肯定不愿意加入，应该先招一些素质高些的村干部。于是，石光银第一次承包的合伙人有七位，有的是村支书，有的是村长……其中六户都与石光银有莫逆之交。石光银很明白，做这种前无古人的事，不是莫逆之交，谁肯跟着你冒风险？他拿过自己的旱烟招待大家，隆之冲把他的烟锅和烟口袋推回磕，掏出自己的一盒纸烟，给大家散发，说：“各位，额敢说，额们是全中国第一个联户承包治沙的小组，额们一定会压住毛乌素的沙魔，沙逼人退的情况再也不会继续下磕了。那时候，县志会为额们记上一笔，国家的治沙史也会为额们记上一笔，你们说是不是?”

屋子坐着的这些人，都是村干部，自然知道隆之冲所言不差，而且知道被历史记一笔意味着什么。对其他人的旗帜作用暂且不论，单是对自己的子孙后代，就可以不无骄傲地说：“瞧你爷爷当年干得够棒吧?”子孙后代会将此作为精神遗产。而这样的精神遗产无疑是积极向上的。作为明事理的村干部，谁不愿意自己的子孙后代能够健康向上，干出一番事业或也弄个村干部当当？应该说，隆之冲虽则脾气急躁，容易上火，却是这些人里唯一有历史感的人。这也是他成功辅助石光银的有利条件。他敲的边鼓，往往敲得恰到好处。

石光银所具有的是使命感，他把治沙种树看作自己这辈子的历史使命，如果治不成沙，他就枉来一生。对这一点，隆之冲是很清楚的。隆之冲上过中学，而且据说学习成绩还不错。如果不是因为贫穷和其他条件不允许，上大学也不是不可能。隆之冲的两三句话，就把大家的情绪撩拨得像火苗一样，一蹿一蹿的。

石光银说道：“是着哩。额们七户人家联合起来苦干上几年，在四大壕周围几千亩荒沙上种起树、种上草，等树、草长起来，好好管护，不要让牲畜啃咬。在树林间平上些水地，打井种春小麦。额想用不了几年，额们的光景就一定会好起来。尔格说风说雨的人很多，看笑话的人也很多，随他磕，只要额们心往一处想，劲往一处使，额就不信办不成这件事。额们都是受苦人，还怕吃苦受累？有的人害怕将来政策变化，怕树充了公再给戴个帽子啥的。这些额都想过了，只要树长起来了，风沙挡住了，庄稼好种了，就是公家收磕了，还不是在咱这儿长着，谁也搬不走。真要戴帽子的话，就由额石光银一个人顶着，与大伙儿无关。因为合同是额签的，额带的头，要砍头就砍额的。为治沙，额死也值了。”

大家哈哈大笑，都说：“你真是个石灰锤，真是天不怕地不怕！不过，问题只怕没有这么严重。既然上边有政策，额们做事就有依据么。怕就怕没有依据。”

大翠给大家沏了奶茶，一碗碗端给大家，说：“额们做的是对国家有利的事，为甚要砍头？顶不济了落个白干，没收额们的收入，也没有砍头的道理。”

大家说，是着哩，国家也是讲道理的，哪能随便砍种树人的头呢？这时，石光银话锋一转，说起实质性的问题：“额算了一下，要给这3000亩荒沙披上绿装，光是树苗钱就得十万元，谁给额们这笔钱？没有人给，需要额们自筹。咱们家家都把家底翻出来，不够的话，再借些高利贷。”

隆之冲打断石光银的话：“不到万不得已，不敢借高利贷。”

众人都应声说对，高利贷这东西不地道，能不碰就不碰。好吧，那就看看大家的家底，究竟能凑多少钱。郎静山一声长叹，说：“要劳力，咱有，吃苦受累，咱也不怕。可是一提钱，咱就心里发毛。咱既不会偷，也不会抢，尔格政策好了，能吃饱肚子已经不错了，哪有余钱放在家里？”

众人一迭声道：“是着哩，是着哩！家家穷得叮当响，上哪儿弄余钱磕？”

石光银说道：“咱先凑凑，看能凑多少。古人讲，粮食一粒一粒上石，铜钱一个一个上串。也许没这么悲观。”

这时，大翠从里屋走出来，把一个小包交给石光银，说：“咱家的家底全在这儿哩。”石光银打开一看，是一沓钱，数一数，是二百五十元。他有些尴尬地把钱放在桌子上。大家见此，便一个个自报家门，这个说：“我家有一百五十块。”那个说：“我家只有七十五块。”……总而言之，数目十分寒酸，都凑在一起，仅仅七百五十元钱，距离十万元钱，还差十万八千里。会议在人们的垂头丧气、长吁短叹中结束。

望着人们离磕的背影，石光银心急火燎，突然感觉牙疼起来，两边的后槽牙都疼。他到水缸边掀开缸盖，用瓢舀了半瓢凉水，咕咚咕咚就喝。大翠急忙走过来夺下他的水瓢，说：“额马上给你烧开水，大腊月，天寒地冻，你喝甚凉水，找病啊？”

大翠马上就给大锅里舀上两瓢水，烧了起来。可是，水烧好了，石光银又不想喝了。他尔格心里啥都装不下了，就剩一个钱字。难啊，难死英雄汉。他来到院子里，捂着两个腮帮子，顶着西北风遥望夜空。夜空那么辽远，七勺星永远一成不变地挂在天边，北斗星也一成不变地闪着光亮，它并不因为天气寒冷、风沙大，而有丝毫畏惧和退缩。它们因为其持久和恒定，而被普天下的人们记挂，成就了它们在人们心目中的位置，有了永恒的意义。额们做事，难道不需要这种持久和恒定的意志和决心吗？石光银讲不出更多的道理，但他能悟出持久与恒定对做成一件事的重要。如果自己知难而退，这些好不容易拢到一起的承包户就会风流云散，事情回到原点，村民们被沙魔侵害就会继续下磕。

他似乎有了一些信心，回到屋里，简单洗漱一下，两边槽牙咬上几粒花椒就躺下了，但睁着眼睡不着。在暗夜里看着漆黑的屋顶，听着身边婆姨和娃娃们的轻鼾，两边的槽牙一跳一跳地疼，一直熬到天亮。早晨起来后，他用冷水洗了把脸，睁着两只通红的眼睛，对大翠说："当家的，额打算把咱家的那些羊卖掉。"

"你说甚？"大翠好像没听清石光银的话。

"额说把咱家的羊卖了，好买树苗。"

"额看你真成了石灰锤子、神经病！几十年就攒下这么点家当，你却要拿磕填无底洞。家里的油盐酱醋全靠这些小牲灵，卖了叫额们娘儿几个的日子咋过？你干脆把额们娘儿几个都卖了算了……"大翠一生气，眼泪就下来了，鼻子一抽一抽的，一肚子委屈都涌上心来。

石光银搂住大翠的肩膀，耐心地劝解："好婆姨哩，尔格合同也签了，人也组织起来了，你叫额咋办？咱们只有豁出磕，背水一战。万事开头难，走出这一步，才好走后面的路。"

大翠抹了一把眼泪："合同是甚？不就几张烂纸？撕了就是了。"

"越说越离谱儿了，亏你是个明白人。那是军令状，说了就要办到，不是娃娃们过家家，一脚踢烂就算球了。"

"你一心干公家的事，额从来不拦着，可你不敢把家里的东西往外折腾，叫额们娘儿几个还过不过日子？"

石光银不再说话，只是圪蹴在门口抽烟。吃罢早饭，大翠领着娃娃们磕地里挖玉米根。石光银见他们走远了，悄悄地把家里的八十四只羊赶出羊圈，又把仅有的那头骡子牵上，悄悄地向白泥井集市走磕。石光银是非常喜欢自家那头骡子的，有一次，他从村委会开会回家晚了，已经鸡叫头遍了，大翠跟他治气，拖着不给他开门，是骡子挣脱了绳子，走过来用嘴给他开的院门。这么好的骡子，他咋会舍得卖？他一边走，一边爱抚着骡子那黑亮的鬃毛和强健的脊背。但没走多远，这件事还是被大翠知道了。有可能是她猜到了石光银会这么做，也有可能是别人看见，向她通了风报了信。她带着娃娃们跑到前面，拦住羊群，大声叫道：“光银，你这是干甚?”

“让开！额要把牲畜卖掉!”

“你真疯了，不想让额活了?”

石光银一言不发，继续赶羊群。

“你为甚不言喘？你这是成心不想过日子了，是不是?”大翠抱住石光银的大腿，一屁股坐在地上，几个娃娃面面相觑，呜呜哭着，一起抱住大翠。

“你放开!”石光银严厉地大喝一声。因为失眠而发红的两只眼睛喷火一般怒视着大翠，猛地挣脱开，赶着羊群继续往前走磕。大翠看着石光银的背影，两眼发直，面色苍白。这还是那个让自己爱入骨髓的石光银吗？自己婆姨的话，咋就一句也听不进磕?

“老天爷啊，你睁眼看看吧！这日子还咋过呀?”大翠放声大哭，娃娃们也跟着一起哭。这让人撕心裂肺的哭声把石光银吆喝羊群的声音压了下磕，在这漫漫黄沙之上，顺着西北风传得很远。

石光银坚决地往前走，没有回头。身后是自己的婆姨和娃娃的哭声。他们不是别人，是自己最亲最爱的人。他们的哭喊声一声声钻入他的耳朵，又像锥子扎向他的心脏。他忍不住泪流满面了。是啊，他们历来对自己都是大力支持的，他们尔格只是为保住最低的生活条件而做出力所能及的争取。他们没有一点错。他们真的没有一点错。那些牲灵是大翠和娃娃们一把把草一碗碗水喂大的，庄稼人没有来钱的道，一年里的柴米油盐全部来自这些小牲灵，它们是农家人的命根子。不是“钱荒”逼得紧，谁敢狠得下心断自己的衣食来源？对不住了，大翠和娃娃们，以后你们慢慢会明白的，原谅额吧，额尔格不是好丈夫、好父亲……走得远了，石光银便“哇”地大哭了一声，似乎把自己没法排解的郁闷宣泄了出来，但他马上就止住了。他明白，不敢放任这种情绪——眼下每一点反悔和退缩，都会导致他以往的努力前功尽弃。

17

石光银义无反顾的举动，大翠和娃娃们的哭声，震动了方圆左近，震动了另外六户参与承包的人家。脾气急躁的隆之冲立即从家里牵出了一匹马、一头骡子，婆姨追出来阻拦，隆之冲便出言不逊：“你先到石光银家看看，人家是咋做的！”婆姨这次真的打算离婚了，找乡政府向领导申请磕了。她感觉尔格这日子真的没法过了。此时，七人组里的关漠长动作更大，硬是从家里牵出了一头牛、一匹马、一头骡子、二十只羊，径直走向集市，他也把全部家当都押上了。关漠长的婆姨是个贤惠的女人，她没有闹离婚，也没有哭喊，但她在关漠长出门以后，悄悄地躲在门后掉眼泪。七人组里的每一家，都已经倾其所有。任何一个头脑清醒的人都明白，把家里的牲畜卖光意味着什么。即使种树成功，当年也不能受益，需要几年的一个周期，在这个周期里面，家家都要过苦日子，柴米油盐都有可能断顿。于是，家家在天黑以前都必须把事情做完，天一黑就睡觉，因为没有买煤油的钱了，煤油灯不敢点了，只能挂在墙上接短儿用。

石光银正忙得不可开交，乡里来人告诉他，隆之冲的婆姨闹着打离婚，这次是动真格的。石光银嘬起牙花子，隆之冲是自己最得力的左膀右臂，在眼下这个节骨眼上，不敢让他后院起火。石光银

牧归的羊群

立即放下手里的工作，跑到隆之冲家，见隆之冲的婆姨已经包了一个挺大的包袱打算出门，看意思是永远不想回来了。娃娃们拽着她的衣袖哭着："妈，你不敢走，你不敢走！"石光银一把夺下隆之冲婆姨手里的包袱，扔到炕上。

"弟妹，你忒成问题了！馍馍要蒸熟了，你却撤火，你是存心要额们的好看，让额们吃不上饭么？"

"么！额咋让你们吃不上饭？"

"你这么做就让隆之冲没法安心种树，不是撤火是甚？额们种树不成功的话，你负得起责任吗？"石光银尔格就想用硬话拦住隆之冲的婆姨，不敢顺着她的思路说话。

"你甭给额上纲上线，额家日子没法过了，柴米油盐咋解决？"隆之冲婆姨的眼泪一串串地往下掉。

"到额家磕，额家有，就不敢让你家么。"

"你家还不是也光光的？那大翠哭得昏天黑地的。"

"大翠哭也比你强，她不跟额打离婚。"

"额走定了，不想陪你们受苦了。"

"你走试试，你走试试。"

"咋，你想干甚？"

"额让你走。你走了，额就让全村、全乡都知道，你就是世界上最不懂事、最没良心、最看不清形势的婆姨，你对不起隆之冲这么好的男人。"

"你想让乡政府大喇叭广播额么？"

"那真说不定。"

"那让额咋办？这口气咋出？"

"你也学大翠，放声大哭。"

"额哭——呜——"隆之冲的婆姨果真放声大哭。身边的娃娃们拽着她一起跟着哭。

石光银借着这个当口儿，把她的包袱解开，把里面的衣服放回躺柜里，把棉被码回炕上，又拿了毛巾递给她："行了，行了，哭几声就行了，又不是死人。你就用这种办法当额们的开场白么?”

“么！不，就是！而且不是额一个，大翠也算，家家婆姨都用这个办法做你们的开场白。”

“随你咋说吧，新生儿落生没有不哭的！额走了，你再出幺蛾子，看额咋收拾你。”石光银嘴上很厉害地说着，却从口袋里掏出十元钱，塞进她的手里。她停止了哭声，眼神复杂地怔怔地看着石光银离磕。

石光银走在路上，心情也很不好。家家婆姨在以哭的形式为自己承包种树开场，这算个甚?但他不敢往坏处想，他必须为自己鼓劲打气：新生儿落生，哪有不哭的?他边走边想，尽管家家都倾其所有了，尔格钱还不够，咋办?应该找内蒙古的大叔磕拆借一点，再到海子梁和白泥井信用社贷一部分。但是，无论如何，不敢借高利贷，不敢给伙计们增加额外的负担。

晚上，吃饭的时候，大翠明显见老，正是风华正茂的年纪，两只眼睛的下面已经出现了眼袋。桌子上一大盘炒白菜，没有肉，里面放了辣椒；一小碟咸菜，里面点了香油；蒸了一锅玉米面馍馍。但她还是给石光银单独炒了一小碟花生米，还给他拿过一瓶酒。石光银看到这个场面，感动得热泪盈眶，迟迟不动筷子。大翠给石光银把酒斟在酒盅里，说：“额知道你不容易，额以后不再阻拦你，你想咋干就咋干，上刀山下火海，额也跟着你，谁让额嫁给你哩。”

石光银不端杯，眼泪汪汪地说：“咱家已经没酒了，以后额也尽量不喝酒，你也不要为额买酒了。”

大翠拿起酒杯，递到石光银手里：“这酒是隆之冲婆姨送来的。她说你骂了她一顿，让她头脑清醒了，就给你买了一瓶酒。”

石光银不再迟疑了，他抹了一把眼泪，接过酒杯，一饮而尽。自己的婆姨、隆之冲的婆姨，都是世界上最懂事的好女人，这辈子自己欠她们的，额要不好好干，咋对得起她们！

娃娃们都很懂事，吃菜的时候，只吃白菜和咸菜，没有人伸筷子夹老爸石光银的炒花生米。石光银看在眼里，疼在心里，他端起小碟，把花生米均匀地拨给娃娃们，又给大翠拨了几粒，最后剩下几粒，自己一口吞掉。他宣布，从明晚开始，天一黑就睡觉，停止使用煤油灯。不到万不得已，不敢点灯熬油。儿子石绿洲此时站起身来，到里屋拿出书包，掏出语文书，来到老爸跟前，说："大，额给你读一首鲁迅的诗，额感觉鲁迅写的就是你。"

"哈哈，是吗？读吧。"

"灵台无计逃神矢，风雨如磐暗故园。寄意寒星荃不察，我以我血荐轩辕。"

"啥意思？"

"为了国家和事业，甘愿倾尽自己的鲜血。"

石光银沉默了。儿子很懂得自己。他真的很爱自己的婆姨，很爱自己的娃娃，尔格有些对不住家里，是没有办法，以后自己会加倍疼爱他们！

毛乌素沙漠地区春季回暖得晚，这一年的清明节过后，石光银才带领大家肩扛树苗和铁锨走进沙地。七户人家的婆姨、娃娃齐上阵，三十多人的植树队伍走遍了3000亩荒沙地的角角落落。种杨树1500亩、旱柳300亩、沙柳1150亩、榆树54亩。老天爷怜惜苦命人，这一年的雨水特别好，春季的沙尘暴也刮得少。栽下的树苗全部得到保全。眼看着绿油油的树苗长势喜人，石光银和大家数了一下，约莫成活率达到了87%。这时候，乡政府和农场的有关人员来验收，对石光银的这个成绩非常满意，按照成活率和报酬比例，给这七户人家发了酬金。大家热烈拥抱，额手相庆，长长地舒了一口气，总算辛苦没有白费，家当没有白卖。

但是，这天晚上他们正要聚在石光银家里小小庆祝一下——喝两盅的时候，儿子石绿洲从外面急匆匆地回来了。他说，他在放学回家的时候故意绕了一下，到林子里看了一眼，他并没有深入林地，只是在林地外围走，却猛地看见一个十七八岁的半大小子扛着一捆树苗从林地中间走出来。石绿洲看得很清楚，那一捆树苗的根部还带着沙土和潮湿的印记，嫩嫩的根须还不是很长。石绿洲立即判断出，对方是从林地中拔的树苗。他冲上磕与对方撕扯，要夺下树苗，怎奈对方比他更有劲，用那捆树苗往石绿洲身上猛地一撞，便把石绿洲撞个跟头，然后扛着树苗撒腿就跑。石绿洲打不过他，便没有恋战，急忙回家报信。

18

满桌的喜气一下子凝固了。大家面面相觑，不知该怎么办。这时，关漠长的婆姨急匆匆赶来，气喘吁吁地说，她到林地边缘收敛枯死的沙柳的时候，看到有两个牧羊人在放任羊群啃噬林地的树苗，她走过磕制止，但对方根本不听，两个人差点儿打起来，因为关漠长的婆姨不是擅长打架的人，憋着气回来了。

大家都看石光银，人人的表情似乎都在说：怎么办？怎么办？这种情况，石光银以前也遇到过，那时候，庄稼人穷，放羊啃了大队的树苗，轰他们走就完了，没有人追究。眼下不行了，这些树苗可是七户人家倾尽自己的家产买的，而且，尔格这些树的支配权已经属于这七户人家。尤其那拔树苗的，太可恨了，不管住怎么行？石光银不敢犹豫，当即决定派两个人作为护林员，从明天开始就投入工作，工资么，单算。问大家这么做行不行，大家都同意。不然，还能咋样？

但是，一段时间过后，还是有人反映，说安排两个护林员根本看不住那么大片林地，他们巡视到的地方，总会发现有树苗被啃，真让大家头疼。村民们过去随意放羊啃噬大队和公社的草场、树苗，已经形成惯性，不认为这么做不对，即使知道你们是私人承包种的树，他也重视不起来，该放羊来啃，还是照旧。你对他说要罚款，他也不在乎：一来，他知道你不会真的罚他，乡里乡亲的，你咋好意思真的罚款？以往也没这个先例。二来，你若真的罚款，他跟你耍赖，要钱没有，要命有一条，你奈他何？石光银无奈，便再安排两个人，其中一个是年龄稍大的关漠长老哥。关漠长曾经在邻村当过书记，对这个问题有自己的想法，他对石光银提了个要求：“你给额买十条海花烟，买两箱烧酒。”

“护林咋还用烟酒?”

“过后额还你钱。”

石光银不明就里，但他办事实在，而且善于听取别人的意见，真的给关漠长老哥买来了烟酒。关漠长在怀里揣上几盒烟、一瓶酒，骑上马就出磕了。

放羊或放马的人，一般不会赶着羊群、马群深入到林地里面，只是在周边放牧，如果到了林地深处，被护林员发现，跑就来不及了，因此，会发生什么，就难以预料。关漠长依据这个规律，骑着马围绕林地巡游。半个时辰以后，他果然看见有一群羊在林地边缘啃噬，而牧羊人见不到，他急忙策马过磕。

“谁的羊群?”关漠长勒住马缰，高声问道。

没有人回答。关漠长四下张望，找不到牧羊人。羊儿还在啃噬，嫩绿的树苗被拦腰折断，羊儿津津有味地咀嚼着。

“无主的羊哩，额抱上两只羊羔，回家杀了喝酒哩!”关漠长从马上翻身下来，奔向一只小羊羔。藏在一处沙丘后面的牧羊人突然站了起来：“老关，你要干甚？偷额羊羔啊?”一个身着脏兮兮的羊皮坎肩，头上扎着羊肚手巾的牧羊人，怀里抱着羊鞭和羊铲，懒洋洋地从沙丘后面走过来。

“干甚？你不知道你家的羊在干甚?”

“啃你几棵树苗算甚？过磕这里是大队的沙地，额就在这里放羊，想吃啥，羊尽管吃。尔格可好，你们一承包，就不让吃了，这算甚道理?”

“对着哩，这就是道理，承包了，这块地的使用权就是承包人的，别人不敢在这儿放牧。人家花了钱买树苗栽在这里，凭甚让你的羊吃？是这道理吧?”

“你们把沙地都承包了，让额们到哪儿磕放牧？让羊饿死吗?”

“到没有被承包的沙地磕呀。”

“太远，不磕。”

“那好，你啃了额多少棵树苗，合一下钱，额抱你几只羊羔走。”

“额家有多穷，你拿耳朵扫听一下就知道，你忍心抱走额的羊羔?”

关漠长是个不爱发火的人，加之当过多年村支书，有一定的涵养，但此时他也感觉面对这样的滚刀肉，实在让人气恼。他先把还在啃噬树苗的羊群驱赶出林地，然后掏出烟来，撕开包装，弹出一支递给牧羊人：“你叫甚?”

“额不告诉你，你记走以后拿大喇叭广播额哩。”牧羊人涎着脸，眼睛紧盯着关漠长手里的纸烟。眼下庄稼人的生活水平一般是抽不起纸烟的，旱烟还要买最便宜的。关漠长干脆把纸烟直接塞进牧羊人的嘴里，用火柴给他点着。见他一口口地抽起来，关漠长又从怀里掏出酒瓶，说：“伙计，额尔格酒瘾上来了，你陪额喝两盅磕。”

关漠长说着就牵了马往林地外面走，一边用眼睛的余光瞟着牧羊人。果然，牧羊人下意识地跟着他也往林地外面走了。关漠长回过头来，等了牧羊人片刻，两个人走得并肩了，关漠长又说：“额估计你一年到头喝不了两次酒，跟额开开斋磕，额一个人喝也没意思。”

“你的酒瘾真不小。”牧羊人将信将疑地跟着关漠长走，已经开始舔自己的嘴唇了。他微小的动作都被关漠长看在眼里。关漠长一边没话找话，尽说些和酒有关的馋人的话题，一边远远地领着牧羊人往远处走磕。直到走到一处沙地，可以看见稀稀拉拉的牧草了，他才停住脚，将马拴在石头上，就地一坐，把酒瓶一放，从怀里又掏出一个纸包，打开，摊在沙地上。牧羊人一看，那是炒好的花生仁，火红的颜色，好诱人哩！于是，急忙将羊群赶进有牧草的地方，凑到跟前，一屁股坐下，嬉皮笑脸地先捏了一粒花生仁扔进嘴里。

关漠长用牙把酒瓶盖咬开，噗的一口吐得老远。牧羊人急忙瞪起眼睛：“咋，你想把一瓶酒都喝了?”

“咱两个人喝一瓶酒，还叫多吗?”关漠长大大咧咧地灌了一口，咕咚一声咽下肚，脖子上的喉头伸缩了一下，牧羊人看得眼睛要直了。他很想立马把酒瓶子抢在手里，像人家那样，大大方方地猛灌一口。可是，他还要装一点矜持，因为这是蹭酒。他耐心地等着关漠长把酒瓶递给他。但关漠长抓起几粒花生仁填在嘴里，香香地嚼着，就是不把酒瓶递给他。此时此刻，他一个劲地吧唧嘴，已经百爪挠心了，暗说：老哥，你太坏了，馋死额不偿命哩。

关漠长喝了第二口酒以后，才把酒瓶递给牧羊人，嘴里“嗯”了一声，意思是，你也照此办理，嘴对嘴喝便是。牧羊人早已等不及了，擎住酒瓶便“咕咕咕”连灌三口。关漠长假装生气，给了牧羊人脑袋一巴掌：“狗日的比额还猛。”便夺回酒瓶子。

牧羊人呵呵笑着，抓起花生就吃，等着关漠长再递给他酒瓶子。但是，关漠长不再给了，只是自吃自喝起来。牧羊人酒瘾已经完全被勾起来了，岂有罢休的道理？况且已经跟关漠长有些熟了，熟就可以不讲理了，便伸手磕抢关漠长的酒瓶子。关漠长把身子一闪，问：“你究竟叫个甚？咋不愿意说？难道叫三秃子四狗子，名字不好听，你懒得说？”

“额说额说，额啥都说。”牧羊人眼睛紧紧盯着酒瓶子，“真让你说中了，额就是前边村里的四狗子，大号曹狗子。”

“你这大号跟小名没甚区别哩。”

“是着哩是着哩！你快给额酒瓶啊！”

关漠长哈哈大笑，将酒瓶子递给曹狗子。当曹狗子又猛灌一口以后，关漠长又问：“多长时间没沾酒了？”

“快一年哩，熬死个人啊！”

“跟额们承包种树吧，保你有酒喝，有饭吃，有衣穿。”

“种树是有技术的，额这德行的，啥都不会。”

“额们教你。”

“白教？不收钱？”

“对着哩。”

“额害怕石光银，那人厉害着哩，额要不听话，他一巴掌能把额打个半死。”

“哈哈哈，哪里的话，他为人可好了，最体恤穷人。”

“要么，额就找他试试。”

“对着哩，来，喝酒。”

一瓶酒、一包炒花生，收编了一个顽固地在林地里放羊啃噬树苗的人。关漠长见这个办法有效，便不断地故技重演，用这种办法陆续收编了好几个不听劝的顽固分子。但这种办法并不是对所有的人都管用，邻村的马大就不听这一套。他六十左右的年纪，脾气古怪生冷，无冬历夏，脑袋上长年扎着羊肚手巾，是远近闻名的倔老头儿。见关漠长坚决不让他的羊啃噬树苗，便火气十足地拿了一根绳子，说：“你再拦着额的羊不让吃，额就找石光银磕，额吊死在他家门口，看他嫌不嫌腌臜。”关漠长心里说：你舍得自己的老命吗？便没把这件事当回事，果断地将马大的羊群驱赶出林地，并站在那里坚守岗位——你不远走，额就不离开。

马大见嘴说不管用，脑瓜一热，就来真的了。他感觉尔格没有穷人活路了，干脆死了算了，额就死在你石光银家门口磕。于是，他便撇下羊群不要了，拎着绳子来到石光银家。他站在石光银家院门口，左看右看，找不到一棵可以拴绳子的大树。新栽的小树太小，拴不住绳子。他的嘴里便骂开了：“妈那×，额真背气，想死都没处上吊。”

话音未落，肩膀被人拍了一掌，回头一看，正是石光银。他比石光银年龄大二十来岁，便倚老卖老，开口就骂：“你们这些后生子见钱眼开，你们种草、种树是赚钱了，可是也得给额们留条活路吧？”

“你拿着绳子要干甚？要绑额走？”

“额能绑得了你？额是上吊来了，你给额找个拴绳子的地方，额吊死在你门前。”

“开甚玩笑？以后日子越来越好，你还没享受，上吊死了不冤吗？走走走，跟额进屋，额给你沏碗奶茶，让你尝尝别人捎来的关东烟。”石光银不由分说，伸出长胳膊搂住马大的肩膀，就把他裹挟进屋里磕了。他把马大按坐在椅子上，一边招呼大翠给马大沏奶茶，一边给马大装了一锅关东烟，划着火柴点上。马大的心气还没转过来，怔怔地看着石光银，手里擎着烟锅，一口也不抽。

“抽一口尝尝，香得很，今年的新烟叶。”石光银撺掇马大。

“额抽了烟，喝了奶茶，额的羊就有吃的了？”

“额明白你为甚来额家上吊了，尔格有好几家跟额们打歪歪，都是因为放羊吃树苗的事。”石光银一声长叹，讲起此次承包种树的前前后后整个过程，讲起虎娃的失踪，讲起这些年大家受的穷。说到底，不就是因为沙害吗？要治住沙害，只有种树。而且，以后养羊也要适度，放牧也要适度，过度放牧的结果，就是毁林。石光银掰开了揉碎了，讲得满嘴喷唾沫星子。大翠很会配合，见马大半天不表态，她就把饭菜做出来了。转眼之间，一碟炒花生、一碟炒鸡蛋韭菜、一壶酒烫上摆在桌子上了，然后把马大拉过来，让他坐在桌前，说：“光银，你陪马大喝两盅。马大呀，前些日子，额们的日子过得有多难，连煤油灯都不敢点了，菜里面都没有油星了。”大翠提起这些，就抹起眼泪。

石光银笑呵呵地坐在马大旁边，搠着他的手，帮他拿起酒盅：“马大，额尔格有条件请你喝杯小酒了，你只管喝就是。你若是感觉这样的生活还不错，额就保你也过这样的生活。咱吃尽苦头治沙种树图个甚？不就是为大家改善环境、改善生活？”

火红的炒花生，黄绿相间的韭菜炒鸡蛋，热腾腾的酒香和菜香直顶马大的鼻子，让他的嗓子痒痒的。庄稼人能过上这样的日子也该让人知足了。“呔！”马大先抽了一口关东烟，终于开口说话了，“额看着你们的生活，想明白了，承包种树有前途。”

“嘿，还是老马识途，马大脑筋一点不糊涂。你也来加入吧。”石光银立即敬马大一杯酒。大翠也往马大的碗里夹菜。

“额老了，干不动了，额叫儿子加入。”

“嘿，姜还是老的辣，说办就办，吃完饭，你就把儿子叫来。”

这次没有收编牧羊人本人，却收编了牧羊人的儿子。马大的儿子加入进来了，他还会让自家的羊啃噬儿子种的树苗吗？况且，他也终于知道了种树人的甘苦，那是他以前所想象不到的。

已经看不到有人故意把羊群赶进林地了，关漠长翻身下马，牵着马走进林地深处。可是，没走多远，便发现被人拔走很多树苗，沙地上的树坑还被人用脚抚平，看上磕像一大片秃疮。显然这是故意的，是有目的的。嘿，这可难追了。骑着马可以围着林子转，进入林子不能骑马，你走的速度和对方的速度一样，咋能追得上对方？对作案人如何抓他的现行？不得已，关漠长牵着马，在林子里深一脚浅一脚地转了起来。没走多久，马匹突然尥起前蹄，嘴里咴儿咴儿叫了起来。关漠长知道马匹在这种孤寂清冷的地方发现了什么，便立即警觉地拉住马缰，一边轻轻地捋着马的鬃毛，一边竭力用耳朵扫听方圆左近的声音，但是，他啥也听不到。经验告诉他，既然马匹尥起前蹄嘶鸣，必然有问题。他拉起马匹，一股脑儿朝前走磕。也许啥都碰不到，也许就能发现对方行踪。

果真，关漠长很快就发现了新的脚印。在沙地里行走，不可能不留下脚印，而新脚印与旧脚印是有区别的。新脚印深，旧脚印浅；新脚印上面不会有覆盖物，旧脚印上面则极有可能落上树叶一类的东西。关漠长尔格看到的，应该是新脚印。于是，他循着脚印加快步伐追了下磕。当他一口气要追到林子边缘的时候，终于看到前面一个十七八岁的半大小子，扛着一捆刚拔下来的树苗，在吭哧吭哧地猛走。这个情况，与石绿洲描述得一模一样。

关漠长三两步追上磕，一把揪住对方，二话不说，扯住脖领子就牵了马往回走。对方使劲挣扎，打算挣脱，关漠长岂是吃干饭的？死死扯住对方，硬是不撒手。对方恼羞成怒，扔了树苗，一歪头就照着关漠长的肚子猛撞过磕。关漠长天天骑马巡逻，身手矫捷，一闪身便将对方按倒在地，从马兜子里掏出绳子，将对方双手绑了起来，然后和马缰拴在一起，把那捆树苗驮在马背上，两人一马向石光银家走磕。

尔格等于抓了现行，人赃俱在。此时，隆之冲正在石光银家商量事情，见到关漠长抓来了拔树苗的人，既高兴又愤怒。他冷笑一声，从那捆树苗中抽出一棵，朝着这个人就没头没脑猛抽。石光银急忙一把拦住隆之冲，把树苗夺了下来，说：“伙计，先别打，问问这后生是咋个情况。”

这个半大小子抬眼看看眼前这些人，个个高大威猛，脸色严峻，拳头紧握，似乎随时会把拳头砸过来，便不敢怠慢，如实地自报家门了。原来，他叫马六儿，是邻村的一个孤儿，没爹没妈，也没有其他亲人，分给他的土地种的粮食不够吃，就靠小偷小摸糊口。他拔了树苗就到集上当柴火卖，一次够他买两个火烧，吃一碗羊杂碎。“哎呀哩！”隆之冲没听完他的话就跳了起来，扑过磕就一把掐住了他的脖子，如果没有石光银及时拉开，说不定就将他掐死了。

19

关漠长愤愤地问小伙子：“刚解决一个马大，又出来一个马六儿，这马家是咋着哩？你认识马大吗？”心说：你们马家的人都是无赖吗？

“不认识。”

“他是你们马家的人，你咋会不认识？”

“真的不认识。”

“姓马的也不一定都是一家人。”石光银给小伙子解手上的绳子，猛地闻到一股刺鼻的腥臭味儿，便皱紧眉头，摸了一下他浑身的骨骼和肌肉，问道：“三千亩地被三十个人分，每人多少地？”

小伙子想了想，回答：“每人一百亩。”

石光银又问：“如果太阳从西边出来，你会作甚？”

小伙子眨了眨眼睛，回答：“太阳不可能从西边出来，所以，额只能做会做的事。”

石光银感觉这个人很正常，从身体到脑筋都没有甚毛病，便笑呵呵地说：“太阳从西边出来确实是不可能的，你必须改弦更张却是不做也得做的——给额做干儿子吧，额收养你了。”小伙子一听这话，脸上立即露出惊讶的表情，张大了嘴，不知如何回答，因为他不知道石光银是说真话，还是拿他开涮。尔格落到人家手里，要打要罚，还不是听凭人家！

“光银，你说甚？”小伙子还没搭腔，大翠一步从里屋跨了出来，“收谁做干儿子？”

石光银笑呵呵地指着小伙子，说，就收他。大翠一听，差点儿背过气磕，干瞪着两眼，说不出话。刚刚抓到的小偷，竟然打算收了做干儿子，你缺儿子咋的？你收这么个东西，与家里的娃娃们咋个相处？哪天家里没人，给你来个“卷包会”，你以为不可能吗？大翠气得脸色煞白，一声没吭，就回屋了。她的这个表情让石光银明白，大翠这一关不好过。

在一旁抽烟的隆之冲已经看明白形势了，插话说：“算了算了，做好人也要有底线。老石，你不敢这么做，这个马六儿，咱可以吸收他加入承包种树，但收为干儿子不妥。再说，你也给大翠添了负担，而且，这不是一般的负担。”

石光银仍旧笑呵呵地问小伙子：“你愿意做额干儿子吗？”

谁知小伙子等这句话已经等得心焦了，闻听石光银这么问，立马扑通一声就跪下了：“石叔——干大，额愿意，额跟定你了！”

“你给额磕三个头吧，”石光银沉稳地说，“磕了头，以后你可要听额吆喝了。”

话音未落，隆之冲一步抢过来，拉起了正要磕头的马六儿，大叫：“使不得，使不得！老石，你这会儿头脑不清醒，这件事明天再说。你需要冷静冷静！”一边往外驱赶马六儿，让他先回家，有事明天再说。石光银皱紧眉头，略一思索，拦住了隆之冲，叫道：“马六儿，你回来，今天这事额说了算，你就跪这儿吧。”

马六儿见此，不由分说，跪下就咚咚咚磕了三个响头，然后站起身闪在一边，听候吩咐。石光银说道：“从今往后，你就在额家吃饭，额吃啥就让你吃啥，睡觉么，还回你自己屋。你的工作就是护林员，天天在林地里转，发现有人放牧或偷拔树苗，你就抓来见额。但有一宗，如果发现你监守自盗，额就把你绑起来，饿三天，不给饭吃。”

“额坚决完成干大交给的一切任务。如果额有违犯，甘愿受罚！额尔格就磕林地了。”马六儿兴冲冲地转头就走，像娶了媳妇一样，心花怒放，一路走，一路哼歌。但走着走着，就感觉不对劲儿了，世界上真的会有天上掉馅儿饼的好事吗？额且干活儿磕，晚上来吃饭，看你管不管饭？饭，就是试金石。

此时，关漠长和隆之冲却看着马六儿的背影忧心忡忡，看他那走起路来格溜格溜（陕北人形容二流子走路）的样子，哪像好人？但又都拗不过石光银，便推他，让他赶紧进里屋看看大翠磕。石光银走进里屋，见大翠正头靠着墙壁抹眼泪。他默默地走过磕，紧紧搂住大翠的肩膀，还需要说甚哩？甚也不需要说，大翠对他这个人早就吃透了，说也是白说。大翠见他不说话，就扭过身来，扑进他的怀里，举起拳头，使劲捶打他的肩膀。他就任她咚咚地捶打。捶打够了，大翠抹着眼泪说：“老关和隆之冲还在外面，你给他们沏茶磕，额该做饭了。”石光银非常感动地抱住大翠，在她的脑门儿上狠狠地亲了一下。

那马六儿离开石家以后，在林地里走啊走，始终没歇脚，一直走到天黑。这期间，他也碰到两个牧羊人，他就现身说法，告诉人家：“你们不走，额今天晚上就没饭吃，不行的话，额到你家吃磕。”对方见他这个态度，又见他浑身上下脏兮兮的，走近了还有臭味儿，简直就是二癞子，谁还招惹他？赶着羊远远地离开了。

晚上，马六儿来石光银家吃饭了，不想迎头遇到了大翠，他赶紧怯怯地叫了一声：“干娘，额吃饭来了。”因为没见到石光银，他便向大翠汇报工作：“今天额赶走两个放羊的，妈那×，谁敢在额眼皮子底下放羊啃树苗，额就跟他玩儿命！”

大翠没好气地说：“你先甭夸口，考验你的时候在后头呢。尔格你马上到西厢房洗澡磕，那屋给你备下一大木盆热水了。”

马六儿转了一下眼珠，暗想：看意思，这干娘早想通了，否则咋会给额弄热水洗澡哩？便急忙向大翠深鞠一躬，嘴里说着就洗就洗，转身洗澡磕了。西厢房这屋点着煤油灯，虽然光线不足，但是洗澡还是没问题，况且，洗澡本来也用不着屋里多亮堂。马六儿已经记不清自己有多久没洗澡了。好像还是好几年前父母活着的时候，他正儿八经地洗过澡，此后，只是夏天最热的时候，走很远到一个叫西海子的水坑里洗了一次澡，因为西海子的水浑得像泥粥，他感觉洗完澡头发都快擀毡了，还不如不洗。于是，以后他便再也没磕过西海子。他洗到下身的时候，被热气一蒸，突然闻到自己身上的腥臭味儿，这是以前没发现的，便看到自己的身上脏得厉害，急忙打了肥皂搓洗起来。恰在此时，大翠突然推门进来，马六儿吓了一跳，急忙圪蹴下身子。

大翠气哼哼地将几件衣服给他扔在炕上，说道：“记住，不把你身上的臭味儿洗净，甭进额家门；洗完后，把你的脏衣服泡在水盆里，换上干净的——这是哪辈子的冤孽！”然后嘭的一声关门走了。马六儿脸上热辣辣的，又打了一次肥皂，使劲地搓洗。待到他收拾完毕，干干净净地来到正房吃饭的时候，见到石光银的儿子石绿洲回来了，高高的个子，竟比自己高出一头，而且见了他只是哼了一下鼻子，并不理他。他坐在桌子一角，一动也不敢动，讪讪地等着石光银回来，喊了干大，大翠把饭菜端上桌，而且大翠亲自把筷子递给他，说：“吃吧。”他才耸了一下肩膀，终于感觉石光银是说话算数的，收自己做干儿子是真的，没有半点虚假。

既然如此，自己也不敢有丝毫怠慢，而且有些见不得人的事情应该告诉石光银。于是，他在一口气吃下两个玉米面饼子以后，说：“干大，额向你报告一个情况。”

“啥情况？你说。”石光银咬着饼子说。

“有的人是后半夜才磕拔树苗的，拔完顺便走十几里路到集上磕卖。明天正是赶集的日子，今夜就说不定有人干这事。”

“嗯，今夜额亲自看看磕。”

“干大，这种事哪敢让你磕？你养额是干啥的，不就是干这事的？”

“那好，你今夜就磕。一会儿早睡觉，免得起不来。”

“额就睡在你家西厢房吧，回磕了，说不定真的起不来。”

“好吧，就这么定了。”

大翠听着石光银和马六儿对话，起初还眉头舒展，到最后便再次皱紧了眉头。她还要给马六儿预备被褥不是？家里并没有富余的被褥，只能把自己的被褥抽走，暂且给马六儿使用，今夜自己就和石光银挤一个被窝，明天赶紧做被褥。收留马六儿只是石光银一句话的事，可是后边没完没了的事情却要大翠来做，她有怨言难道不正常吗？如果收养的是个好人也罢了，偏偏收养一个偷儿，让人心里咋个平衡？

但大翠毕竟是大翠，吃完饭，她就把西厢房收拾干净了，给马六儿铺好了被褥。自己的枕头也给了马六儿，枕巾也换了干净的。但她把一个祖传的铜鞋拔子扔在西厢房的角落，说是角落，却能够让人看到。

鸡叫头遍的时候，大翠披了衣服起来，拎着马灯叫马六儿起床，推开门一看，马六儿已经走了，石光银事先给他的马灯也带走了。大翠急忙弯腰查看角落的那个铜鞋拔子，却发现已经没有了。她愤愤地想，狗改不了吃屎，偷儿就是偷儿，便回屋睡觉磕了。这时，石光银想搂她，她就生气地只给他一个后背。她在思量，哪个地方应该上锁，哪个地方不敢让马六儿接近。家里养个偷儿，这不是没事找事？能睡得踏实吗？

天亮以后，马六儿回来了。只见他上衣被扯掉了一个袖子，左眼一个乌眼青。石光银便问是咋回事。马六儿脸上露出喜色，说：“一个拔树苗的人被额打得落花流水，跑得比猴儿还快。”

大翠冷冷地问：“你见过猴儿跑吗？”

马六儿便说：“咋没见过？有一次，集市上一个围圈表演耍猴儿的人，让猴儿脱了绳扣，结果那猴子一溜烟就跑得无影无踪，要猴儿的人咋追也追不上，周围的人都看得哈哈大笑。”

大翠禁不住又问：“西厢房屋角有个铜鞋拔子，你看到了吗？”

马六儿一听这话，起身就出磕了，马上就把鞋拔子拿来了，说：“额昨晚看到，觉得这个东西值点钱，不该扔在那儿，就捡起来放在堂屋窗台上了。给。”说完，就递过来了。

大翠把鞋拔子接了过来，没错，就是那个鞋拔子。她便看了石光银一眼。今早，她已经把鞋拔子的事告诉石光银了。但她在说这件事的时候，石光银很不以为然，说她大可不必如此，这样的话不得累死？用人不疑，疑人不用，是不是？

石光银见马六儿做事没有辜负他的信任，方才问起后半夜发生在林地厮打的事，还找出紫药水，给马六儿抹了左眼圈，感觉马六儿确实发挥了很大作用，说年底会有奖励，还让他吃完早饭先睡会儿觉，然后再出磕巡检。马六儿回西厢房以后，大翠问石光银：“你下决心要收他做干儿子，咋就知道他是不是靠得住？”

石光银说道：“不想改邪归正的人，会愿意做额的干儿子，天天被额管制吗？”

大翠恍然大悟。石光银一语道破天机，大翠在石光银额头狠狠地点了一指头：“鬼精的你，哪天你长了毛比猴儿还精。”

石光银哈哈大笑：“猴儿哪有人精！猴儿要比人精，也该治沙种树了。”

“你反正开口闭口就离不开治沙种树。”

石光银又搂住了大翠的肩膀，深情脉脉地看着自己的婆姨。他很爱听这话，他这辈子就为治沙而生，不制伏沙魔，他就改姓沙，不姓石了。

“你们这么个护林法，也忒累了，难道没有别的办法吗？”

石光银最喜欢大翠这一点，就是总在启发他的思路，让他在没想到的问题上向前开拓一步。他立即就有了主意，要拉上护栏，把林地圈起来，让放牧的、拔树苗的轻易进不磕。石光银找到隆之冲商定了这件事，说办就办，他马上奔银川购置铁丝网磕了。

铁丝网把林地圈了起来。铁丝网在人们还没有意识到林地不可毁坏的时候，作用是明显的：一来告诉人们，这是额们承包的地界，别人不允许踏入；二来让人们死了心，那地方不好进，甭磕那里了。其实，铁丝网的作用属于“防君子不防小人”，真正想毁坏或偷窃树苗，只消带一把钳子就够了，但这样存心做坏事的人毕竟是极少数的。

转年开春，乡政府的交通员兴冲冲地来到石光银家，说石光银被乡里选为治沙群众代表，过两天要出席在洛南召开的全省林业局长会议，并且要在会上发言。石光银说：“你转告领导，额没有文化，说不好，甭发言了。”交通员说道：“那哪儿行？是县领导郭天成安排的。”

“哦，郭天成是不是也要到洛南参加会议？是他点名让额参加会议的？”石光银很想见郭天成一面，他有一肚子话想对郭天成说。

“不光是郭天成点名让你参加会议，乡里也选的是你。你自己可能不知道，你尔格已经是咱乡大名鼎鼎的人物哩。不过，你可不要骄傲啊。”

是么，额已经是名人了，名人的感受是甚？石光银完全不知。好，还是不好？对治沙有利还是不利？尔格他不能不把一切都与治沙联系起来，如果对治沙不利，他就果断舍弃。

交通员叮嘱石光银好几遍：“一定要按时参加会议，千万不可耽误。”然后才走。两天里，石光银不停地打着腹稿，对自己这些年治沙种树的情况做了清点，尔格他蓦然间变成“名人”了，对这一点，他还在持怀疑态度，因为他感觉自己距离以往的理想还差得远。别的不说，光是自己所在的海子梁乡就还有那么多沙地没有治，整个定边县的大部分地区还处在沙魔肆虐之中，自己有什么值得沾沾自喜的呢？临走的时候，大翠也嘱咐他：“会上千万不敢放大炮，显得别人都不行，就你行。”

“是着哩，额的目标大得很，只治了3000亩算个甚？”

20

在洛南参加会议的时候，石光银遇到定边县林业局彭局长，他问：“一会儿额要发言，你看咋说比较好？”彭局长知道石光银没文化，便说：“一是把你承包3000亩荒沙以后的治理情况介绍一下，咋做的就咋说，大家对这个感兴趣；二是下一步你打算咋办，大家在期待着你哩。”

“下一步当然是继续治沙，但具体治理哪里，还没想好，也不知道领导会不会支持。”

“国营长茂滩林场有几十万亩荒沙，还不够你治的？”

“人家肯给额承包吗？”

“咋不肯？额尔格就给你定下。”

“太好了，这也是额多年的愿望！”

本来是打算低调、谨慎说话表态的，可是，彭局长两三句话，就把石光银心中的火苗点燃了，再次把他推到了风口浪尖上。当大会进行到群众治沙代表上台发言这个程序的时候，石光银梗着脖子，健步如飞，咚咚咚地走上台磕。看上磕，他表情自信，甚至还有些豪迈。他首先向领导和与会代表鞠了躬，然后便用他标准的陕北口音，高山流水一般侃侃而谈，显得那么谙熟和老到，比拿着手稿念要精彩动人得多。“嘿，他竟然不拿稿，没见过这么牛的人！”台下的人们十分惊讶，不时发出会心的哄笑或给予激赏的掌声——他们不知道石光银对自己该讲的内容早已胸有成竹。过去干过的工作，了然于胸，如实讲述就是了，而下一步需要干的事，彭局长已经帮着定了调子。当他终于把最后那句话讲出来：“下一步额要继续扩大联户承包，目标是长茂滩林场那一大片荒沙，不把它变成绿洲，誓不罢休！”

“哗——”雷鸣般的掌声顿时响了起来。定边县多少年来被沙魔肆虐、折磨，沙进人退，荒芜贫困，几时开始精神大振、信心大振扭转这一难堪局面的？尔格就是。省林业厅长站起身来，与石光银握手，对大家说："同志们，你们看看老石这气派，还能干不成事吗？大家都要向他学习，要治沙脱贫，没有一股气势咋行？老石呢，你也要好好干，三年以后，全省林业工作会议，就搬到你定边县开！"

散会以后，石光银东瞧西看，始终没找到来参加会议的郭天成。乡领导告诉他，郭天成因为有事，提前退席了，他对石光银的发言非常满意。

好啊，老领导满意就好。他很想见见郭天成，但尔格人家正在领导岗位上，如日中天，咱磕打扰人家作甚？趋炎附势、锦上添花，不是咱的脾气。回到家以后，石光银控制不住自己的兴奋，将情况原原本本地讲给大翠听。大翠"唉"地叹了口气，说："额告诉你不敢说大话，要谦虚谨慎，你可好，偏偏不听，以后收不了场咋办？"

"若论治沙，只要上有领导支持，下有群众拥护，别说是3000亩，就是3万亩、30万亩，都不在话下，你说对不对？"石光银眯起眼睛，把旱烟抽得吱吱响。

"反正额说不过你，你太自信，说不定在治沙上就会跌跟头。"

"额当然不想跌跟头。可是，事还没干，你咋就认为额会跌跟头？"正说着话，一股风沙扑来，打得窗玻璃噼里啪啦乱响，呼嗒一声将门吹开，黄沙携带冷风忽地扑进屋子。坐在堂屋灶旁说话的两口子都急忙把脸扭开，但还是被刮了一身一脸，屋里的桌椅板凳，立即蒙上一层黄沙。石光银马上又有了理由："额那当家的，你看看，这沙是不是忒猖狂了，竟然这么向治沙人挑衅！"

"说一千道一万，你就是要治沙。"大翠站起身，抖抖身上的黄沙，磕关门。

"这世上就你最适合做额的婆姨，最知道额想甚。"

嘴上说着话，石光银已经站起身来，迎着风沙走出屋磕。此时正是沙尘暴肆虐的季节，外面狂风大作，天地浑黄，刮得人睁不开眼，沙砾打在脸上生疼，还一股脑儿往人的鼻孔、耳朵和脖领子里灌。这似乎预示着石光银的下一步十分艰难。沙魔似乎已经知道石光银要惩治它们，便提前向他发起了示威，要让他知道，沙魔绝对不是好惹的！但石光银想的是大喇叭里经常广播的话："困难像弹簧，看你强不强，你强它就弱，你弱它就强。"心里说：说下大天来，你也不过就这么两下子，你吓唬谁？大翠可能会被你吓住，额却不会，你对额示威，看错人哩！他把头上的羊肚手巾扎紧一些，暗暗一笑，便顶着风沙朝隆之冲家走磕。他的心思已经转到了长茂滩林场。知己知彼，方能百战百胜。空有治理长茂滩林场荒沙的愿望，不了解那里的情况咋行？他要叫上隆之冲，到那里磕做实地考察。

到了隆之冲家，一家人赶紧把石光银迎进屋，拿出笤帚给他扫身上的沙子。石光银眯起眼睛，笑着问隆之冲："敢不敢跟额磕考察长茂滩林场的沙地？"

"你说甚？这种天气？"隆之冲还没说话，他的婆姨急忙抢过话来。

"额看好了，这股风沙不会刮得时间太长，再有一袋烟的工夫，保证会停。"

"你又不是天神，咋会知道？"隆之冲的婆姨拉着石光银坐到椅子上，给他沏茶。隆之冲抽着烟接上话："它爱停不停，咱该考察就磕考察。它如果十天不停，额们就等十天，种树的季节不是错过了？人误地一时，地误人一年。对不对？"

"哈哈哈，对着哩，这才是庄户人说的话。咱走。"石光银喝了一口茶，站起身来。隆之冲的婆姨急忙拦住，说道："不行，再等等。额家之冲额不管，你，额却不能不管。你冻病了，额咋向大翠交代？"

石光银向她做个鬼脸，还是走了。没有人能挡得住石光银治沙的脚步。但石光银与隆之冲冒着风沙考察了打算承包的荒沙地以后，受挫了。他找长茂滩林场场长沈万鑫谈承包的事遭到了生硬的拒绝。

石光银十分不解，而且不悦地看着沈万鑫："上级领导很支持，很多群众也愿意干，你为甚不同意？再说，你一个人拦得住吗？"

隆之冲扔出的话就没那么好听了："你不要看不清形势，大喇叭里天天广播——当群众不想前进时，你非要前进，是'左'倾冒险主义；当群众想前进而你不愿意前进，是右倾保守主义。"隆之冲的火暴脾气被自己的话撩拨了起来，"你今天是答应也得答应，不答应也得答应，否则额们找上级领导磕，让你吃不了兜着走！"

沈万鑫起初低头不语，继而摇摇脑袋，笑了起来："还给额上纲上线了？想来你们治沙的心情太迫切了。但是，额不敢不顾现实情况。你们要治的这片沙地，在历史上从来没人征服过。额们林场以往投入了多少人力、物力！结果咋样？还不是竹篮打水一场空。"

石光银说道："额们不是已经征服3000亩了？"

沈万鑫说道："你们治理的3000亩，还不算最坏的位置，与尔格的大片沙漠，譬如狼窝沙、黑套沙等等恶劣区域不可同日而语。"

隆之冲又憋不住了，他用拳头使劲砸着桌子说："沈场长，万一额们治得了呢？咱们打个赌，如果额们治好了……"

他的话还没说完，沈万鑫急忙打断道："甭打赌，既然你们决心这么大，容额们开会研究一下，可好？"

石光银说道："好，你们开会研究吧，额们在这里坐等。"

沈万鑫说道："别别别，你们先回磕，额们明天才能研究。"

隆之冲说道："为甚要拖到明天？你们今天不研究，额们就不走，你还得管额们一顿饭。"

"好好好，额们立马研究。"沈万鑫无奈地回里屋打电话磕了。他立即召集领导班子成员开会，研究石光银承包林场沙地的事。石光银和隆之冲就坐在外屋静候。旱烟抽了一锅又一锅，两个人比着抽。因为心里都着急，恨不得沈万鑫的会立马结束，给个圆满答复。屋里烟雾腾腾，能见度都降低了。其实，沈万鑫是个非常负责任的领导，如果不负责任的话，你包你的，管你成不成功，到时候不成功，额罚你就是；但他没想那么做，那样等于坑害了石光银。研究的结果是支持石光银承包。因为，领导班子的其他成员未必像沈万鑫那么尽职尽责，心地善良。甚至有人发言：“周瑜打黄盖，打的愿打，挨的愿挨。既然他们愿意冒险，就满足他们。等到他们被事实教育了，就甚都不说了。”还有人这样说：“人们都传说石光银这个人神通广大，单看他要治狼窝沙这件事，就说明他真是石灰锤、二杆子，不是有头脑的人。”

不管咋说，林场同意石光银承包治沙，已成事实。既然如此，石光银一刻也不敢耽搁。他立即与沈万鑫签订了合同，承包面积为5.8万亩，相当于上一次的近二十倍。条件是三年造完，四年补齐，如验收不合格，每亩罚两元钱。利益上林场得二成，他们得八成。然后石光银召集周边六个村的骨干，到自己家里开会，他想多听大家的意见，看看咋干比较好。

初春的毛乌素，冷飕飕的，没有一丝要转暖的迹象。来开会的人们裹紧羊皮大袄，顶着呼啸的风沙，向四大壕石光银的家里走来。这是一群将要改写定边县历史的人，他们个个高大威猛，面色黧黑，夹带着冷风推门进屋的时候，扎在头上的羊肚手巾和身上的羊皮大袄落着一层厚厚的沙子。大翠呵呵笑着，用笤帚给他们清扫。这个说：“嫂子，你脸上没有一丝皱纹，越活越年轻哩。”大翠就自谦地回答：“说甚哩，跟着石光银只会老得更快哩。”那个说：“弟妹，小日子过得不错，你身上有香水味儿哩。”大翠便给他一笤帚疙瘩：“胡吣个甚，哪来的香味儿？额又不烧香拜佛。”大翠也是聪明人，很善于转移话题。最近，远远近近的人们都磕四大壕的土地庙烧香拜佛，因为他们不知道这么大张旗鼓地治沙会不会冲撞了沙神，会不会因此带来厄运。那个人又说：“额昨天也凑热闹磕土地庙上香，嘿，看见旁边那棵大槐树底下跑出一只白狐子，径直跑进了土地庙，额追了进磕，发现屋里空空如也，甚都没有，烧着香，额这心里都七上八下的。”

有人插话：“白狐子可是大仙，不敢得罪哩。”

大翠说道：“你们才是仙哩，治沙种树靠白狐子还是靠你们？”

“是着哩，是着哩。”大家哈哈大笑。

隆之冲搬来足够的凳子让大家落座，然后给大家发烟，并马上把话题引上了正路：“知道光银叫大家来干甚？”

大家说：“还不是研究治沙？”

“对着哩。这些年来，这片沙漠可把额们害苦了，如果能治住，可就立下大功了，老百姓会永远记住额们。”他很善于敲边鼓，当然说的也是实情。话音未落，一股大风忽地卷来，沙砾打得门窗噼里啪啦地响，门又被吹开了，冷风裹挟着沙砾扑进屋子，好几个人一下子眯了眼。隆之冲非常恼火，赶紧冲过磕关了门，插上：“你们瞧瞧，这沙、这风，是不是欺负人？不治能行？”

关漠长也眯了眼，他一边揉着眼睛，一边说：“是着哩，这沙、这风，专门欺负咱老实人，也专门欺负懒人。咱们可以做老实人，可不敢做懒人。这片沙漠面积太大了，额们必须多吸收一些联合户进来，人少了干不了。而且，随着人员的增多，额们应该成立一个组织，由老石做领导。”他是村书记出身，也很善于引导，但人们一下子陷入了沉默。

有人思忖着问：“额们这么做不会违反政策吧？”

关漠长说道：“咋涉及违反政策了？”

“眼下，国家推行的是联产承包责任制，可是现实情况逼迫额们治沙人想到了联合、合作、联户这些概念。额们并不是有意与联产承包责任制对着干，也并不是对新的农业政策有意见，而是现实迫使额们这么干。问题是，会不会有人借题发挥，给额们上纲上线，戴帽子、揪辫子、打棍子？额们拉家带口，穷么呵呵的，可承担不起哩……”

石光银打断了这个人的发言：“额是承包人，与你们无关。要杀要剐由额担着。大家都看到了，宏伟的大规模的治沙事业绝不是两三个人能干得了的。面对危害无穷的浩瀚沙魔，小打小闹地治好几百亩几千亩荒沙，实在没有甚可夸口的。可是，要吸引更多的人参与治沙，就必须有个组织。尔格改革开放了，允许额们解放思想，实事求是地开展工作。”

大翠此时又过来用笤帚扫人们身上的沙子，扫到地上，再用扫地笤帚往一起归拢，没怎么费劲就归了一土簸箕。她用土簸箕把沙子铲起来，收干净，先放在门后，准备风停后再倒出磕。她嘴里说道：“你们瞧瞧，这一天要扫好几次。只要忘了插门，就给你刮开门，吹一屋沙子。可是，谁家大白天总插门哩？”

四大壕村长辛来光也被风沙迷了眼，他揉着眼睛说：“老关的建议很有实际意义，也具有操作性，大家可以好好想想。额也同意由老石当领导，成立一个咱们自己的农场很有必要，有组织有章程，便于管理。”

思路敞开了，大家七嘴八舌地发表意见，会议开得很热闹，人人都在谈自己的见解。屋外风沙呼啸，屋里烟气蒸腾。最后石光银拍板定案，成立一个叫作“新望农牧场”的农场。这个农场属于民间性质，类似合作化初期的“互助组”。没有人发工资，全靠自己挣。大翠给大家沏了奶茶端过来，插话道：“一年前承包种树的时候，出现一种情况，就是承包户只要没钱花了，就来找石光银，要求砍树换钱，今天张三要砍几棵椽换钱买衣服，明天李四又要砍几棵椽换钱买酱醋。这种情况让人想起‘大跃进’年代吃大锅饭，这样的大锅饭吃不长久，不是好办法。”

如此说来，既要互助合作，又不能吃大锅饭，这个尺度需要好生拿捏。

奶茶因为很热，需要慢慢细抿，而不敢大口猛喝，但大翠沏的奶茶实在太香了。大家看着茶碗里既有奶，又有茶，还有炒熟的芝麻和炒熟的花生的碎屑，都是有营养的好东西哩，咋会不香呢？有的人因为迫不及待想快喝，结果被烫得伸脖子瞪眼，大家便禁不住哈哈大笑。

而问题却越议论越深入了。石光银很感激地看着大家，尤其是深情地看着自己的婆姨，大翠总是在恰当的时候，提一些为他启发思路的建议，让他的脑筋总是处于高度活跃的状态。他突发奇想道：

“诸位，额们敢不敢（能不能）打破常规，把城里股份制公司的体制引进到额们承包治沙中呢？”

“股份制是甚？”有人不解。

“就是集体和单个承包户都有经济责任制和目标，户户以资金或劳力入股，股股有利，收益后按股分利，多投多得。”隆之冲解释道。

“对，”石光银接过话来，“根据额们跟林场签订合同的要求，再由咱新望农牧场和每个联户个人签订合同，层层承包，层层落实，分成按四六开，群众得六，二成交林场，二成交额。大家看，行不行？”

“你们做过充分的调查研究了？”又有人问。

“是着哩，不打无准备之仗，不打无把握之仗，打则必胜。”隆之冲说道。

“这个办法好，额看行！”

“对，这样好！”

大家异口同声，事情就这么定了。会上石光银被推选为场长，隆之冲、关漠长为副场长，确立了“南治沙，北治碱”的总体规划和“联合开发，入股分红，共同致富”的指导思想。参加这次会议的人，没有专门研究政策和专门做文字工作的机关干部，更没有哪个上级领导授意和指教，能把事情进行到这个程度，全靠这些骨干多年来在工作实践中养成的政策意识和政策水平。屋外狂风仍然在呼号，沙砾依旧扑打得门窗噼里啪啦响，屋里的人们却因为讨论问题而个个热血沸腾。又因为门窗都关得严严的，大家抽烟喷吐的烟雾让整个屋子能见度都降低了，人人都忘记了这些烟雾对人健康的损害，忘记了如何想办法排烟或少抽烟，完全进入了石光银设定的思路，并沿着他的思路做着深入的遐想和憧憬。直到最后大翠宣布：“好了好了，都散会了，你们还不走？额这屋子该放放烟了是不是？”

“对着哩，对着哩，嫂子撵额们，是想偷着给老石做好吃的哩。”

“嘿，嫂子，不留额们吃饭吗？”

“不光做好吃的，还有……”

大翠不等他们说完，挥起笤帚疙瘩把伙计们一个个打出屋子。笤帚疙瘩落在他们后背上的时候，他们哈哈大笑，而后背上所有的衣服缝隙，都往外跳沙子。

几天后，海子梁乡政府门前贴出了一张“新望农牧场招收承包户”的大红广告，乡和村的大喇叭也都广播了这个消息，顷刻间就让石光银的工作意图和构想传遍了整个海子梁乡。前面有石光银治理3000亩成功的先例，尔格又得到乡政府支持，村民们摩拳擦掌，跃跃欲试，先是四处打听事情的虚实，待得到肯定以后，纷纷来找石光银报名。短短的一周时间里，邻近五个乡的127户将近500人参加了承包，与定边县毗邻的内蒙古那边的人们听到消息后，也有不少人跑过来参加承包。

21

石光银像个临战的将军，头扎羊肚手巾，身披羊皮大袄，站在高高的沙梁上向远方眺望。左边站着隆之冲，右边站着关漠长。三个人都手执烟锅，把旱烟抽得吱吱响，吐出一口口浓烟，任冷风吹走。

大战临近，指挥员的心情丝毫不会轻松。按照合同，他们要在三年时间里把5.8万亩荒沙全部披上绿装。对这个目标，人人都清楚；对其难度，同样，人人也都清楚。放眼看磕，5.8万亩荒沙是那么浩瀚而广袤的一大片，全部栽上树苗并保证成活，谈何容易？大家都是庄稼人，谁也蒙不了谁，人人都明白：这是一场艰苦的肉搏战。也有人认为，这是一次因为利益驱动而进行的冒险。但大家对石光银的眼力和能力是深信不疑的，所以，即使冒险，也甘愿冒一次。

因为人人也都明白，荒无人烟的大沙漠，意味着饥饿、灾难、恐怖、死亡，意味着没有前途，没有好光景……看眼前的狼窝沙，那一个个大沙梁就如同一头头怪兽，每日张着血盆大口，以惊人的速度无声地吞噬着农田、庄稼、水渠和房屋。周围四个乡镇八个村的农民深受其害，苦不堪言。每每听到那怒吼着的狂风揪扯着滚滚黄沙发出野兽般咆哮的时候，蔚蓝的天空被肆无忌惮地搅得浑黄、灰暗，飞沙走石，混沌一片，什么都看不见；黄沙钻进人的眼睛里、耳朵里、鼻孔里、牙缝里，使人无法睁眼，无法张嘴，嗓子里像堵了一团棉花那么憋闷、干渴、火烧火燎；夏天的地表温度在六十多摄氏度，炽热的沙子能把人的皮肤烫烂，走进沙窝，就像扣进了蒸笼；冬天，气温达到零下二十多摄氏度，寒风透彻肌骨……还说甚哩？这一切，难道人们甘心忍受？

无论盛夏还是寒冬，不到万不得已，人们断然不往沙漠深处走，因为人们知道走进磕是甚结果。面对这样的自然环境，人们必须做出选择，是沙进人退，还是人进沙退？当领头人没有出现的时候，人们往往选择沉默，选择被动；当石光银石破天惊一般出现在大家面前以后，犹如一盏耀眼的明灯照亮了前程，那么，还有什么可犹豫的？跟着走就是，况且，还有经济利益在里面。

头上扎着羊肚手巾、身披羊皮大袄的大汉扛着铁锹走下高高的沙梁，身边的左膀右臂跟着一齐走下来。他们身后的天空碧蓝碧蓝的，像水洗过一般洁净。朵朵白云被风吹得快速游走，并在游走中不断变换姿态。这个时节，毛乌素的风透着坚硬和些许凛冽。尽管如此，也不敢再等了，是时候了。瞧啊，远远近近都是等待开工的人们。石光银大手一挥："伙计们，开战了，喊一声哩——唧里个气势！"

"唧里个气势！"

"唧里个气势！"

一呼百应。一百多号人跟随石光银开进了狼窝沙。

这一片地形十分复杂，沙丘与丘间地的比例是4∶1，即沙丘占80%，而丘间地仅占20%。背风坡坡长45度，被风坡坡长65度。他们要从十多里外的路上依靠人背肩扛，弄来杨树苗和柳树栽子，因为沙地没有路，驴车和板车都没法用。而在丘间地和迎风坡 1/2 以下部位，需要栽上乔木树种。

头上太阳暴晒，脚下热沙火烫，似乎幸亏有凛冽的风来做调节。这也是毛乌素的特点与脾性：太阳光烤得慌，风又干冷；两者反差极大，又纠结在一起。于是，揣在怀里的干青稞馍在饿了需要啃一口的时候，又变得生硬而拉嗓子。渴了，就用铁锹在沙地上深挖几锹，见到水后，用芦管吮吸沙坑子里澄出的沙水。这水说是澄净了，其实仍然是浑黄的。晚上住在用沙柳稻草和塑料布搭起的小茅庵中，处处撒气漏风，夜风常常把沙子灌满人们的衣领，乃至人们的眼窝、耳朵、鼻孔，实在让人无奈。人们一干就是一个多月，没有人回家，没有人叫苦，也没有人说累。但是，酒是必需的。

傍晚时节，大翠按照石光银的安排，和其他婆姨们来送饭的时候，用驴车拉了好几箱烧酒。她们每天如此，只要没刮沙尘暴，就必定来送饭，顺便把烧酒带来。隆之冲发一声喊："伙计们，领烧酒哩！"此时便是大家情绪亢奋之时。龚世忠也是中学毕业，家里曾经保存着老版的书页发黄的《今古奇观》，因为保护得好，"文革"中也没被销毁，他此刻想起里面冯梦龙写的关于酒的一首词，于是，朗声念道："酒，酒，酒，邀朋会友，君莫待，时长久。名呼食前，礼于茶后。临风不可无，对月须教有。李白一饮一石，刘伶解酲五斗。公子沾唇脸似桃，佳人入腹腰如柳……"人们未必听得明白，

收工时节

却不约而同地哈哈大笑，可能是“腰如柳”让他们产生了联想。

当然，这笑声还反映了人们对酒的到来的欣喜、欢乐，反映了庄户人对转词卖弄的人并不反感。其实庄户人很喜欢卖弄文辞，只要你给他机会。年龄最小的要算十五岁的中学生林中虎，他刚刚走出校门不久，对语文书里的课文还记忆犹新，被龚世忠背古词的情绪所感染，高声背起课文里李白的《将进酒》：“君不见，黄河之水天上来，奔流到海不复回。君不见，高堂明镜悲白发，朝如青丝暮成雪。人生得意须尽欢，莫使金樽空对月。天生我材必有用，千金散尽还复来。烹羊宰牛且为乐，会须一饮三百杯。岑夫子、丹丘生，将进酒，杯莫停。与君歌一曲，请君为我倾耳听：钟鼓馔玉不足贵，但愿长醉不复醒。古来圣贤皆寂寞，惟有饮者留其名。陈王昔时宴平乐，斗酒十千恣欢谑。主人何为言少钱，径须沽取对君酌。五花马，千金裘，呼儿将出换美酒，与尔同销万古愁。”

龚世忠叫道：“嗨，后生，你忒死板了，应该把结尾两句改一下，叫作：五花马，雪白羊，老汉牵出换树苗，勒紧裤带治荒沙！”

人们对林中虎前面的诗词没听明白，对龚世忠后面的窜改倒是听清楚了，于是哈哈大笑起来。此时人们情绪很高，逮住一个缘由就会哈哈大笑。但有人叫：“不过瘾，不过瘾，来段荤的！”于是，又是一阵哄笑。石光银就在不远处站着，龚世忠和林中虎都知道石光银不喜欢荤段子，咋会弄这个哩？

眼下的场面亦很壮观，人们高高低低地站在沙梁或沙丘上、沙沟里，个个手执一个酒瓶子，而没有酒杯。沙尘暴说来就来，预备酒杯作甚？不是要刮得满地跑吗？多少年过磕，人们仍然记忆犹新：那烧酒的品牌是大西北。半瓶烧酒下肚，全身的疲劳就消除了一半。尤其夜里睡觉，蜷缩在沙窝里，此时沙地气温急剧下降，夜风呼啸，需要羊皮大袄做伴，而肚里装的半瓶烧酒已经发酵，正可抚慰人们安然大睡。背诵古诗词不是农民的长项，有两个稍有文化的人，自然也不能起到示范作用。而自编自唱的信天游，才是陕北人的拿手好戏，更是石光银的最爱。工地上干得最猛的是他，休息时把信天游唱得最响的仍然是他。信天游由一般人唱来，只是抒发情感，释放心曲；而石光银唱出的信天游，又多了一层意思，是鼓舞和引导人们振奋精神的号角。他如果不唱，人们往往唱也唱得不那么高亢，不那么舒心。假若是他领头唱的，那气势就一下子大变。

后来的人们，没有经历过那个过程的人们，或许对石光银在当时所起的作用不能完全理解，甚至并不相信石光银有如此高的威信和魔力。总是想，一个不识字的人，即使再有能力，能跳起多高？能翻起多大的浪头？

年轻人马六儿跟着石光银干活儿的第一天就因为喝沙水而拉肚子，蹿稀，多半天下来，已经蹿了四五次。大家都在挖坑种树，要想解手就得远远地走，离大家越远越好。于是，马六儿的工作效率很低，急得他愁眉苦脸。石光银发现以后，问身边的人："谁有专治跑肚拉稀的偏方？"隆之冲便回答："额有。"马六儿急忙问："啥偏方？"隆之冲说道："大蒜就醋，吃几瓣大蒜，喝几口醋，别嫌酸，也别嫌辣。"石光银说道："赶紧回磕一趟，找你干娘磕。记着，回来的时候捎几瓶醋和两挂大蒜来。"马六儿跟头把式地跑了。晚上，又有人跑肚拉稀，而马六儿已经拿来了醋和大蒜，便救了急。

吃晚饭的时候，一串高亢诙谐的信天游从石光银的沙窝里传了出来："狼窝沙的流沙，流沙下的水，年轻人肚肠软，他拉肚跑断腿……"人们又是哈哈大笑。旁边沙窝里的隆之冲接上唱道："跑肚那个拉稀呀让人烦，脱裤那个系裤呀哪有个完，尔格告你一个小偏方，喝一口醋来嚼一瓣蒜。"人们笑得更厉害了。信天游很能传递人的情绪，或喜悦，或悲伤，几句简明扼要的唱词加之跌宕起伏的行腔，就把心里话告诉给别人。远处的沙窝里也传来小后生林中虎的歌声，他是很擅长编词的年轻人，声调有些稚嫩，却文字顺畅："提起那个狼窝沙人啊人人怕，今天那个一看呀它算啥？众人那个拾柴呀火呀火焰高，任它多么凶残也送它回老家！"眼看太阳西下，天色渐暗，信天游的歌声却越唱越响，人们的兴奋之情溢于言表。远远近近的歌声此起彼伏，络绎不绝，顺着风传得很远，直唱到大家疲劳，昏昏睡磕。石光银踢了一脚蜷缩在沙窝的马六儿：“感觉咋样?”马六儿嘿嘿一笑：“额喜欢这喝酒、种树、唱歌的生活，爽着哩。”

然而，世间事从来不是按照人们的主观愿望发展的。令人匪夷所思的是，从4月上旬到5月下旬，整个栽树的时间段里，竟然刮了十一场大风。规模大的风能把人刮倒，把树苗连根拔起，漫天飞扬。眼看着人们的劳动成果一次次前功尽弃，大家不由得都在心里敲起小鼓，都悄悄地问石光银：“咋办？咋办?”

“还能咋办？接着干!”石光银虽然也眉头紧锁，在态度上却毫不含糊。但是，人的主观态度挡不住风沙的肆虐。夜晚，风沙大得让人们唱不了信天游，也没有心情唱信天游了。

四大壕的土地庙蓦然间香火旺盛起来。人们背着治沙人，悄悄地来到这里上香祷告。土地庙旁边的那棵大槐树的枝杈上，系满了红布条。红布条上一般都写了钢笔字，比如“老天保佑”“老天开眼”“沙神保佑”“治沙一定成功”，诸如此类。有两个人为这些红布条还争吵起来。一个说：“求老天保佑还说得过磕，你求沙神保佑不是胡扯吗？你尔格就在治它，它咋会保佑你?”另一个回答：“说点吉祥话，总比骂它强，是不是?”

“你尔格下狠劲治它，它必然报复，你写吉祥话有屁用！应该写‘沙神你狗日的赶紧退得远远的，额们新望农牧场的人你惹不起’!”

“咋，你敢给人家把红布条摘下磕?”

“额就磕摘!”

“慢着慢着，”一位老人走了过来，拦住他们，他是石光银的老爸石发富，他说，“不管别人写了甚，都是表达心愿，都是为了把沙治住，你咋敢给人家摘了？你们瞧瞧额这个布条写得咋样?”石发富从口袋里把自己的红布条掏了出来。

这个布条比一般的都宽都长，那两个人都识字，便读起来：“天上没有天神，沙漠没有沙神，要想把沙治住，靠咱五百号人。”一个说：“这话实在，谁写的?”

石发富捋了一把下巴下的胡子，有几分自豪：“额大孙子石绿洲。”

另一个说:“姓石，难道是石光银的儿子？您是石光银的老爸?”

“正是。”石发富带着骄傲的神情，把红布条拴在树杈上，头前走了，他到土地庙磕了。那两个人面面相觑。这么说，石光银的老爸也来上香了？跟上磕，跟着老人走，错不了。其实，他们已经上过香，已经打算离磕了。尔格看到石发富磕上香，便急忙紧跟上来，想沾沾老人的仙气和福气。石发富这样的老人，肯定是有仙气也有福气的，否则的话，咋会生出石光银这么出类拔萃的领头人哩？但他们悄悄地跟随老人来到土地庙以后，看到老人并没有燃香下跪，而是双手合十，两眼紧闭，在默念。他们便也照此办理，一边站了一个，随着老人默念。而当他们睁开眼睛的时候，发现老人早已毫无声息地离磕，竟然没有一丝动静，又让他们唏嘘了好半天:“石家都是神人哩。”

石光银的老爸磕土地庙的事不胫而走，来土地庙上香的人更多了。但是，烧香祷告并没有阻止暴怒的黑风沙的肆虐。十几场暗无天日的黑风沙刮过以后，树苗不是被连根拔起，就是被沙埋倒，成活率不足10%。此时季节已过，想补栽，已经错过时间了。沙地里的诗情画意一扫而空，人人脸上阴云密布。有人垂头丧气；有人破口大骂；有人一声不吭，暗憋暗气；还有人继续往土地庙跑；甚至有人杀了羊，用盘子托着羊头，磕土地庙祭神。但是治沙人之间彼此见了面都低下头，谁都不理谁。大家彼此彼此，自筹的资金被大风刮走了，变为乌有，心里的憋屈跟谁说?

人们在看着石光银，在看他的态度。石光银心里别扭，回到家以后，一下子躺倒，不说话，也不吃饭，眼睛直瞪瞪地看着屋顶。此时，大翠走进屋，将他从炕上拉了起来，说:“磕，吃饭，额给你烫了酒。”

“额没治成沙，不该喝这酒。”

“谁敢保证事事成功？那不成了神仙?”

“你理解额?”

“额是你婆姨，额不理解，还让谁磕理解？”

石光银抱住大翠，热泪盈眶，嘴唇颤抖着，说不出话来。他吃了两口，突然发现饭桌前没有马六儿，便让儿子磕叫，儿子说：“刚才额妈让额叫了，他不来，说吃过了。”石光银明明看着马六儿从工地径直走回来的，咋会吃过了？难道他买了啥好吃的在偷食？他哪有钱？石光银便亲自来到西厢房叫马六儿吃饭，却见马六儿正圪蹴在炕沿上抹眼泪。石光银给了他后脑勺儿一掴子：“哭甚哩？吃饭磕！”马六儿哭出了声：“额把所有的积蓄都买树苗了，下一步咋办呀？”

“额不是早就说了？有额吃的，就有你吃的。”

“额总赖着你也不是事啊，以后咋办啊？”

“行，小子，你长进了，你敢（能）这么想问题，就开始有出息了。”石光银生拉硬拽，带马六儿吃饭磕了。

郭天成得知石光银此战告败的消息，便打来电话表示慰问，决定及时帮他一把，于是在县里召开了林业工作总结会，叮嘱石光银及时和林业局的专家交流请教。会间休息时，石光银拜访了林业局工程师许华树，说：“许老师，你到额们那儿看看吧，额们尔格亟须弄明白是咋个失败的。”许华树说：“额尔格手里有活儿，正忙着，哪天不忙的时候，额磕你们那里一趟。”正巧郭天成从旁边走过，便插进话来：“老许啊，你手里的活儿先放放，石光银的事急着哩！”

许华树看看郭天成，皱了下眉头，没再说啥。石光银的工作是有农时的，治沙种树过了季节就不行。可是，许华树尔格正写着一份关于治沙的材料，县领导急等着要。既然如此，那就立即出发。散了会，县领导留大家在食堂吃饭，还有老朋友要借着吃饭的当口儿和石光银拉呱儿。石光银哪有心思吃饭和拉呱儿？拎着文件袋就走。许华树见此，便也连饭都没吃，跟随石光银磕了狼窝沙。临走，郭天成执意让司机送他们，顺便将一个粗瓷酒坛搬到了车上，告诉石光银：“你们几时庆功，咱们几时喝这坛酒。”

一路上，石光银都非常激动，领导在等着喝庆功酒哩，自己何尝不想喝哩！

许华树干林业出身，对狼窝沙这样的生态环境并不陌生，毛乌素沙区“一年一场风，从春刮到冬”属于常态。但来此一看，还是十分惊讶——环境确实十分恶劣。即使是尔格早已入夏的季节，仍然不时刮起沙尘暴。暴戾的风沙让他睁不开眼。他查看了一片狼藉的狼窝沙，指出：“在这么大的流动沙丘上栽树，你们首先在树种的选择上是不合适的，不敢上乔木树种，必须改种灌木。要想办法把流动沙丘固定住，后一步才敢上乔木。”

脾气急躁的隆之冲插话道：“许老师，你不敢把简单的事情复杂化，种树就是种树，哪有这么多讲究！”

许华树认真地说道：“你咋敢这么说？种树当然是有讲究的！”

隆之冲说道：“原来林场的人都很讲究，结果咋样？不是也没种出树来！”

许华树说道：“你这么说就是强词夺理了，你们如果不爱听额说话，额甚都不说了。”

石光银急忙把隆之冲拉到身后，向许华树赔着笑脸说：“你甭跟他说，他是急脾气，恨不得马到成功，种树树活，种草草活，事情真的没有这么简单。其实额和他一样，也犯的是这个毛病。你的话额们会慢慢消化，你放心吧。”

送走许华树，石光银又给大家开了会，打气、鼓劲，为第二次卷土重来做好思想准备。

转过年来，他们再次开进狼窝沙，真的按照许华树的办法大面积栽了沙柳这种灌木，并采取了许华树说的“长栽深种”技术，以保持水分。

人们重整旗鼓，以极大的热情投入工作。前方的将士们在烈日下挖坑种树，没躲没藏；如果沙尘暴袭来，仍旧没躲没藏。人们只是背向沙尘暴，弯下腰，缩小被攻击的目标和面积。当然，如果赶上暴雨，也只有听之任之，该干啥还干啥，任凭大雨把全身浇个透湿。问题是，这一年开春以来根本没雨。人们一个多月不脱衣服，浑身是沙，蓬头垢面，头发因为长时间不洗，像擀了毡，只有两只眼睛是亮的，像塑像一样。

他们这个农场的十二个骨干的婆姨，在石光银家里垒起了十二个新锅灶，大张旗鼓地为前方作战的将士们蒸馍馍、炒菜。送饭菜的时候，大翠亲自赶上驴车，带着两个婆姨向狼窝沙进发。从四大壕的家里走到狼窝沙有十几里路，那天正赶上沙尘暴，车行半路，被狂风掀翻，一盆盆的炒菜全扣在沙漠里，一个个馍馍被风刮得满地滚。大翠叫喊一声："快追馍馍！"便急忙扑到沙地里抢那炒菜盆，但炒菜早已被流沙埋没，哪里还捞得出来？而婆姨们磕追顺风刮跑的馍馍，哪里追得上？最后全都空手而归。婆姨们委屈、气恼得抱头痛哭。大翠也真想放声大哭。可是，哭有什么用？男人们干了半天活儿了，还空着肚子等着吃饭，你圪蹴在沙地里哭，算咋回事？于是，她马上又招呼婆姨们擦了眼泪回磕重做。

有人说，他们在治沙中每年会吃进肚里一斤沙子。凡是经历了那个过程的人，没有人认为这是夸张和吹牛。但是，吃苦受累乃至经受极限折磨，未必就一定结出果实。这一年赶上了干旱，整个春夏两季没下一滴雨，加之风蚀沙埋，他们早起晚归，格外精心地栽种在狼窝沙 6000 亩沙地上的沙柳成活率不足 20%。严酷的现实告诉人们，此次努力又失败了。

石光银又一次站在最高的一座沙梁上，向四处眺望。他尔格脸色晒得像黑包公，满嘴溃疡，嘴唇起了一圈燎泡。天空万里无云，火炽的太阳好像成心跟毛乌素过不磕，还在无情地暴晒着四野，远远近近都是干枯的灰塌塌的沙柳苗子，间或可以看到从沙里露出一半的空酒瓶子。沙柳干枯到了这种程度，只能当柴火烧了。可是，那是柴火么？那都是钱啊！那是大家从牙缝里挤出来的钱，是大家找亲朋好友借来的钱。他用什么话安慰他这一百二十七户近五百人的队伍啊？他找不出合适的话来安慰大家，他自己也欲哭无泪！远处飘来了信天游的歌声，这歌声已经没有了以往的豪迈和乐观，而是透着悲戚和恓惶："狼窝沙呀狼窝沙，狼呀么狼窝沙，你这么无情无义究竟算个啥？额们的两次努力都没有打败你，看起来你真是惹不起的凶神恶煞……”

这是谁唱的？咋就这么灰心丧气，自己打自己的威风？石光银立即接了过来：“狼窝沙呀狼窝沙，狼呀么狼窝沙，你侥幸逃脱啥也不是个啥；等待额们真正学会治理你，让你逃没处逃家也没有家！”

后面没有人接着唱，却不知是谁在远处喊了一嗓子：“狼窝沙，额日你妈！”

“额日你妈！”

“额日你妈！”

来自四面八方的不计其数的声音一起喊了起来，里面既有粗门大嗓的男人，也有细声细语的女人。石光银听了这骂声，心脏像揪在一起，又像被针扎了一样疼痛，两行热泪终于止不住汩汩而下。人们恨死了沙魔，可是，在沙魔面前是那么无能为力。他心潮起伏，感慨万千，不知道后面会发生什么。他抹了一把眼泪，找到隆之冲，让他通知十二位骨干，下午到他家里开会。然后，他走向土地庙。他尔格也想去那里鞠一躬了。

22

石光银早年曾经听父亲石发富讲过，对乡间自然形成的土地庙不可小觑。石发富拉骆驼每每走过土地庙的时候，都要进磕拜谒、祈祷。石发富告诉儿子，土地庙又称福德庙、伯公庙，是民间供奉土地神的庙宇，一般为民间自发建立，规模有大有小，是分布地域最广的祭祀建筑，各地乡村均有分布，以至凡有汉族民众居住的地方，就有供奉土地神的土地庙。

但石光银走近土地庙的时候，却见这里人山人海，挤成人疙瘩。大家在争先恐后地烧香祈祷，他根本挤不过磕。干脆，他静静地站在后面，等大家走了，他再过磕。正想着心事，前面一个人发现了他，便叫了一声：“嘿，伙计们，石场长来了，大家让一让！”

人们自动闪到两边，中间让出一条道来。石光银垂着头慢步走了过磕。尔格他的心情十分沉重，腿下像拴了铁砣，想快也快不起来。待他走近土地庙门前，却见门框上刚刚被人贴了对联，红纸黑字，十分醒目。他不识字，不知道上面写了什么，就对身边的人说：“你给额念念。”这个人便念道：“上联：土生物以为功，故生金、生水、生木、生火；下联：地时行之谓顺，愿时寒、时燠、时雨、时暘。”

“说的甚？”

“是说凡事都要顺其自然。”

石光银的大脑轰的一下，像被人打了一闷棍，两眼冒金花，几乎就要晕倒。但他紧紧闭了一下眼睛又睁开，竭力镇定住自己，进到屋里，双手合十，两眼紧闭，像石发富那样默念了一会儿，便悄悄地退了出来。来烧香祈祷的人不是承包户就是其亲朋好友，这些人竟然没有人围住石光银问长问短。他们为甚不理睬自己？这很不正常啊。石光银边走边想，想了好半天，终于想明白了——人们对他似乎不再寄予希望。他的振奋人心的号召力，在残酷的大自然面前碰得头破血流，以致风流云散。他回了一下头，发现根本没有人注视他的背影。他好像真的不那么重要了。

多年基层领导的生活，让石光银心里明镜似的，有为才能有位。你没做出成绩，甚至辜负了别人对你的希望，人家为甚还要尊重你？民间有句话叫“大梨赚财迷”，你尔格就是吹大梨的人，是你蛊惑了那么多想赚点辛苦费改善生活的村民。你理解村民们，你非常理解。事情就怕翻个儿，如果你站在对方的立场上看这件事，是不是也和他们一样？

但石光银想起了母亲白毛女常说的一句话：“好汉死在阵上，懒汉死在炕上。”人生就是一部奋斗史，知难而退、好吃懒做、得过且过算什么人生？一股不甘屈服、不愿屈服、不能屈服、不屑屈服的豪气陡然升上心头。他能背下很多陕北的民谣和顺口溜，譬如：米脂的婆姨绥德的汉，清涧的石板瓦窑堡的炭；富县的小麦黄陵油，洛川的苹果结得稠；宜川的花椒延川枣，甘泉的豆腐味道好；延长的石油定边盐，延安的小米金不换……咋就不敢加上两句：狼窝沙的森林一片片，四大壕的沙梁看不见！哈哈哈哈！石光银放声大笑。他为自己的向往和幽默而笑，为自己擅长编出顺口溜而笑。他甚至想，如果县里郭天成他们征集民谣和顺口溜，他就要把自己编的这两句交上磕。

带着好心情的石光银回到家里，见十二个骨干加自己全伙儿在此，有的坐在桌前，有的坐在墙犄角，有的坐在灶旁，七零八落，一个个把旱烟抽得吱吱响，屋子里已然乌烟瘴气。见石光银回来，全都低头耷脑地继续抽烟，既不打招呼，也不说话。“咋着哩，都让耗子咬了？”石光银开了个玩笑。

“比耗子咬还难受！”隆之冲愤愤道。

“额明白大家的心思。大翠，给大家沏奶茶！”石光银回头叫了一声。

“你明白个甚！今天一个老汉告诉额，人不敢在同一个地方跌倒两次。否则，你就是个没脑子的灰人（愚昧无知的人）。”

“你是说额们在狼窝沙已经跌了两次，如果再干就是灰人？难道额们不该总结经验教训，发扬成绩，纠正错误，善始善终？”

“是着哩，额看经验教训用不着总结了，都在狼窝沙摆着呢！该低头认输，就得低头认输，否则就是执迷不悟，越干损失越大。该不该到别处磕干，倒是额们应该研究的。因为额们拉起一个将近五百人的队伍也不容易。”关漠长坐在墙犄角，慢条斯理地说道。

“对、对、对，请石场长慎重考虑。”大家异口同声。

“撤兵？”

“对，撤兵！”

“额知道，大家两战狼窝沙，吃了不少苦，”石光银扫视着眼前这一张张被风吹得、太阳晒得又黑又瘦的脸，“额身在其中，咋会不知道？狼窝沙距离村子遥远，树苗要一捆一捆地从十里以外的路上背过来。吃住全在沙窝里，上边太阳晒，下边沙窝蒸，连个遮阴的地方都没有。一干好多天回不了家，饿了啃干馍，渴了喝冷水，有时冷水也喝不上，喝沙水还要跑肚拉稀。人人变成黑包公，个个嘴上起燎泡。额们这么做为了甚？在这里，额要向大家通报一个情况，就是今年圪垯套村里要架电，高低压线要花 65 万元，除国家补贴一点外，额们当初在村南造的那 1.4 万亩林子起了大作用，间伐树木收入 48 万元，村民们没出几个钱，就轻松地拉上了电。这个情况启示额们，下一步四大壕村拉电靠甚？还要靠额们治沙种树。所以，尽管在狼窝沙造林难度大，额们也不敢泄气，要再接再厉，一竿子插到底，不获全胜，誓不收兵！”

“狼窝沙的沙梁太大，又是风口，栽不活树，这是事实。额们办事不敢只凭热情，要尊重科学，该进则进，该退则退。”隆之冲说道。

“干就是不尊重科学，不干就是尊重科学？”

“可以这么说。”

石光银无言以对。大家为治狼窝沙经历了太多的苦，按大翠的话说，是“受惨了”。可是，不治狼窝沙，这个风口不堵住，后边的大片沙地就种不活树。

“就这个意思吧，你斟酌吧。”大家纷纷站立起来，在鞋底上磕烟锅，要走了。咋着哩，还没说散会就都要走？难道真的人人都不打算干了？石光银一时火起，两只眼睛瞪得牛眼大，太阳穴的青筋嘣嘣地乱跳。人争一口气，佛争一炷香，劲可鼓不可泄，千里之行，始于足下，石光银如果有文化，还会说出“不积跬步，无以至千里”之类的话语，但很遗憾，他没有这方面的训练，他的话语在这个时候显得不够用了。他喊了一声：“等等！”便转身从灶台上拿下十二个粗瓷蓝沿大碗，一拉溜摆在方桌上。又从水缸下面拿出一个粗瓷酒坛子，这是去年郭天成送给他的，打算用来庆功的。如果大家散了摊子，还有屁功可庆！石光银揭开酒坛盖子，一碗碗地斟满了酒。把酒坛咚地放在地上，说：“各位，今天，打算继续跟着额干的，你把碗中酒喝了，然后碗摔八瓣；不打算跟额干，酒你甭喝，走你的人就是!”

大家大眼瞪小眼，一时间愣在那里。隆之冲想了想，说道：“老石，你甭把话说得那么可怕，额不喝这酒，也还是你的兄弟。”

石光银有些恼火：“你不跟着额治沙，还谈甚兄弟不兄弟?”

十二个人中的龚世忠，是这些人里文化最高的，他曾经上过县里的中学。他抓了一把腮帮子上的胡子——他已经好长时间没刮胡子了，接过话来：“世界上怕就怕‘认真’二字，共产党就最讲认真。老石的精神难能可贵，可是……”他很想说：你认真得不是地方。但他猛地想起了石光银曾经有个儿时的伙伴虎娃被沙尘暴吞没的事，这件事石光银对他们讲过无数次。他突然明白了石光银的心结系在哪里。一个人儿时的记忆是最深刻的，一辈子都忘不了。事情也诚如一句名言所讲的：忘记过去，就意味着背叛。这些年，石光银为了实现早年的誓言，做了多少工作，受了多少委屈，吃了多少苦头?而他对待身边的人又都是咋样的态度?譬如那个姬善峰，那个偷儿，那些把羊群赶进林地啃噬的人……世界上基本上只有两种人，领导者和被领导者，当不了领导者，那么你就要认头当被领导者。这没有甚想不开的。领导者必然是少数，不可能大多数人都当领导者。但被领导者有权选择领导者。石光银这样的领导者，无疑值得额们紧紧跟随。至于该不该继续治理狼窝沙，需要进一步研究。前几年有一首歌唱得好：“东风吹，战鼓擂，尔格世界上究竟谁怕谁?”是着哩，不是额们怕狼窝沙，是狼窝沙怕额们。狼窝沙算个甚?凡事都有两面性，狼窝沙看似两次治理都失败了，可是，第一次毕竟活了10%，第二次活了20%，这就说明，额们的努力并不是全军覆没。毛主席说得好，额们的同志在困难的时候要看到成绩，要看到光明，要提高额们的勇气……

龚世忠不再继续想了，他走到桌子跟前，端起其中的一碗酒，“咕咕咕”，干了。举起酒碗，猛地朝地上摔磕，“啪”，声音非常响亮!

大家还愣在那里，似乎对龚世忠的举动没反应过来。龚世忠圪蹴下身子，数地上的碎瓷片：“一片，两片，三片……”隆之冲大喝一声：“哎呀哩，唧里个气势！”走上前来，端起一碗酒，“咕咕咕”，也干了，然后猛地将瓷碗摔在地上。他没有圪蹴下身子数瓷片，而是抹抹嘴，对石光银说道：“荞面饸饹羊腥汤，死来活磕相跟上；额就是不治狼窝沙，也不离开你！”

“唧里个气势！拉棍拉个长的，攀伴攀个强的！”关漠长也端起酒碗，一饮而尽，也猛地将酒碗摔碎了。

“唧里个气势！治沙，坚决治沙！为甚不治沙？”又一个叫常恒明的弟兄，端起酒碗一饮而尽，然后猛摔。

十二碗酒都喝了，剩下最后一碗。石光银眼含热泪，兀自端了起来：“额感谢弟兄们的一片情义，有你们在额身后戳着，额就敢说，额和狼窝沙不共戴天，势不两立！”

喝酒，摔碗。喝，摔。一干精明强干的人要陪同一个外号叫“石灰锤”的“疯子”“傻子”，一条道走到黑。石光银亮出了自己的拿手戏，自编自唱起了信天游：“三十里明沙哎，十年上旱；老石立志治荒沙哎，感动那上天；今年那个老天爷哎，你要开开眼，多给我一遍雨，帮帮咱！”

龚世忠唱道：“骑马不要骑带驹驹的马，马驹驹叫唤，人呀人想家！”

年轻的治沙人林中虎唱道：“天涯啊，那个柳树哎，六呀六郎栽；我们治沙下不了狠心哎，咋呀能到这里来！”

如果说，这十二个人继续跟着石光银治沙，不光是因为理智，更多的似乎是来自情感的选择，没有人不同意。

十三碗 60 度的烧酒，十三个蓝沿粗瓷大碗。在决定要不要“三战狼窝沙”的当口儿，它们陪伴着十三个治沙英雄走完了艰难的抉择路程！它们已经粉身碎骨，它们已经化为乌有，但它们随同治沙英雄的故事走进了共和国的历史！

大翠走进屋，把满地的碎瓷片扫走，给大家端来饭菜。大家边吃边研究下一步应该咋办。石光银说：“额曾经听郭天成说过，榆林和横山那边这几年治沙种树搞得好，是不是应该磕学习借鉴一下？”

“对，对，对，应该磕。”隆之冲说道。

“早学早主动，额也同意磕。”关漠长说道。

“重点要学学人家咋就把流沙控制住的。”常恒明说道。

“农场这边的事有额们盯着呢，你就放心走你的。”齐有为说道。

石光银点点头，说：“护林这块工作还要抓紧，各林区护林员的马匹已经配齐，要加紧巡视，确保林木不受人畜破坏。常言说，三分种树，七分养护。是不是？”

“这件事你放心，由额具体负责。”关漠长说道。

这时，窗外突然有个人影一闪，倏忽间又不见了。隆之冲喊了一声：“谁？”

石光银开门出磕，见马六儿圪蹴在窗下。他问：“你在这儿干甚？”

“额正发愁下一步该咋办，不知道你还让不让额睡在你家，尔格听说你还要大干，要磕榆林学习，额和你同磕，扛扛行李啥的，可行？”

“不用了，额一个人就行了。记住，以后不许听窗根！”

“是着哩，是着哩。”马六儿不好意思地走了。

在石光银出门走的时候，一干人把他送到村口，马六儿帮他把行李扛了老远，才和他分手。在他磕学习的十来天里，隆之冲天天在沙地里圪蹴着，间或也到以往的林子里转转，心里想的事情也很多。尔格农林矛盾越来越大，新望农牧场和周围农户不断发生冲突。有些农户只顾眼前利益，不想长远的生态效应，抽冷子就把牲畜赶进林地，任牲畜啃噬树苗。有的农户甚至说：“啥生态不生态的，你们种树还不是为了赚钱？可是你们一种树就让额们的牲畜没草吃，是啥道理？”你明着把他赶走了，暗地里他又来了。你总有瞧不见的时候。如何处理好与这些农户的关系，真让人头疼。年轻的护林员林中虎，因为护林已经挨了好几次打。还有，尔格一些人还害着“红眼病”，看到你们种树有效益，都想来吃一口。

这段时间以来，石光银被上级领导任命为乡党委副书记（兼任）。十五岁的年轻人林中虎的父母都是跟着石光银治沙种树的伙伴，林中虎便顺理成章地加入进来，每当石光银需要磕乡里的时候，他便开着摩托车磕送石光银，不到乡里磕的时候，他便按照安排做护林工作。林中虎原来也不叫这个名字，叫林必来。老爸在他正式加入石光银队伍的时候，给他改了名字。老爸说："林必来已经实现了，尔格需要的是护好林子——好汉护三村，好虎护三林，你就叫林中虎吧。"显然，老爸对他寄予了很高的希望。

那次林中虎骑着摩托来到一处林地的时候，正看见一个五大三粗的牧羊人在放羊，他停下摩托车，支好，就走过磕，好言相劝："林地里不敢放牧，额们治沙种树不容易……"还没等林中虎把话说完，这个壮汉一拳将他打个跟头，说："许你过好日子，就许额也过好日子。"

林中虎一骨碌爬起来，与壮汉论理，他上过中学，能讲出一些道理："你说的是甚？额们过好日子是拼死拼活干出来的，你是在抢夺额们的劳动果实！"

"你们种了树，就把草地占了，额们到哪儿磕放牧？"

"你可以往远处走呀，远处会找到有草的地方。"

"额凭甚往远处走？你们种树咋不往远处种？"

"你这是强词夺理，承包种树能随便选地方吗？不是要根据乡里的安排吗？"

"那额不管。反正额绝不远走，额没有那么多时间往远处走。"

"那额就不让你的羊啃树苗！"

"小子，你过来赶羊试试！"

23

林中虎果真走过磕吆喝，让羊儿离开林地。壮汉一个箭步跨过来，一把揪住林中虎的衣领，猛地一甩，林中虎便被摔在沙地上。

他爬起来，抓起两把沙子，往壮汉脸上扔磕。壮汉大喊一声：“嘿，小兔崽子，你还敢还手？”便猛扑过来，揪住林中虎就拳打脚踢。打得他本人也脸上流汗、精疲力竭了，方才骂骂咧咧地赶着羊群离磕，临走还一脚踹倒了林中虎的摩托车。林中虎躺在沙地上，一动不动。他想爬起来，却周身疼痛，根本动不了。他眼睛看着天空，感觉半边眼睛看不清，一摸，是眼皮肿起来了。一股热乎乎的鼻涕流到耳根，一抹，却是鲜血。他两眼紧闭，两行热泪顺着眼角流了下来。

林中虎不明白，人心咋会这样，如果大家一起受穷，最后穷得卷起铺盖走西口，都无所谓，反正你穷额也穷。蓦然间你通过种树不穷了——其实种树人尔格并没有富起来，只不过刚刚有饭吃了——旁人便看不下眼，便忍受不了。林中虎知道有句古话叫“不患寡而患不均”，问题是你也磕干呀，石光银不是动员了多少次？招兵买马的布告也早就贴了。哦，你可以嫌苦嫌累不干，额们干了你还眼红，还拆台。你算个甚！

正想着，突然远处有人喊：“谁的摩托躺在地上？汽油都漏光了！”

林中虎一听，赶紧挣扎着要爬起来，可是，刚站起来，就感觉头晕目眩，晃晃悠悠没走两步，又摔倒了。远处喊话的人发现了林中虎，急忙将摩托车支好，然后深一脚浅一脚地跑过来。来人正是查看林地的隆之冲，他把林中虎扶起来，问：“咋回事？”

“刚才一个放羊的壮汉把额打了一顿。”林中虎眼泪汪汪地说。

“啷里个气势！你咋不跟他玩儿命？这年头儿，愣的怕横的，横的怕不要命的。你跟他狗日的死拼，不怕他不跑！”

隆之冲一边说，一边自己的火气已经上来了，他狠狠地吐了一口唾沫：“那狗日的是哪村的？叫啥名字？额找他磕，看他是俩脑袋还是仨脑袋！”

“额也不知道，额没问。”

“你这娃！以后记住，死也要死个明白。先跟他盘道，问清楚了再动手。”隆之冲恨不得尔格就找到对方，然后开打，出出这口闷气。这算他妈的甚玩意儿，见林中虎年小力弱就放大胆欺负！

摩托车的汽油真的漏光了，他们只能推着回磕。隆之冲让林中虎坐在车上，他推着走。在沙地上行走，推着空车都费劲，更甭说车上坐着个人了。林中虎见隆之冲吭哧吭哧的，脸上都冒汗了，也没走多远，急忙从车上下来了，坚持自己走。于是，隆之冲费劲巴力地推着摩托车，慢慢前行。林中虎则摇摇晃晃地跟在后面，相跟着走出林地。

回到家以后，隆之冲发现林中虎已经变成乌眼青了，便让他晚上睡觉前在眼圈上抹点香油，让他躺两天再出工。但林中虎哪里躺得住？香油倒是抹了，可转天一早就又外出检查林地磕了。这次他拎了一把斧子，心里说：隆之冲说得没错，狗日的敢跟额开打，老子就用斧子劈你。额劈不了你，就照着你的羊劈，额多劈几只，让你想带都带不走。他把摩托车加了油，把斧子放在车后座的后备厢里，踩一脚，就出发了。

林中虎骑着摩托车走了一程以后，看到林地边沿有一个人圪蹴在那里，他警觉地悄悄熄了火，停了车，把车支好，从后备厢里取出斧子，心里扑腾扑腾跳着走了过磕。他还没走到跟前，对方已经发现了他，便唰的一下子站了起来。林中虎使劲地睁了睁肿胀的眼睛，发现对方竟然是石光银。他急忙喊了一声："石叔，您回来啦？"眼泪就下来了。

"咋回事？巡检林子还拎着斧子？"

林中虎抹着眼泪，肩膀一抽一抽的，说不出话。

"这大的后生，还哭哭啼啼的，受欺负了？"

"嗯。"

林中虎把昨天发生的事情诉说了一遍，还说："如果今天再碰上那个壮汉，额就跟他拼了。"

石光银皱紧眉头听着，心里也七上八下的，不是滋味。但他还是换上笑脸，拍了拍林中虎的肩膀，说："中虎啊，人们对额们治沙种树这件事还认识不清，只以为是为了赚钱。当然，如果一分钱不赚，额们也不会干，因为额们没有经济来源，想干也干不长。可是，如果不治沙种树，咱们这片地区的沙荒就会越来越严重。这些年来，咱们吃的苦还少吗？不过，用斧子保卫咱们的林地，还不是最好的办法。”

“您认为啥办法最好？”

“吸引他们加入进来种树，他们就不会再放羊来啃了。”石光银弯下腰，拾起沙地上的一棵朽黑的沙柳栽子，转移了话题，“你看，原来咱们栽的沙柳栽子全被流沙埋住憋死了，让人心疼啊！”

“是着哩，本来沙暴毁坏林地就够让人烦的了，尔格还有人故意放牧啃噬树苗。”林中虎把斧子收回后备厢，“您上车吧，额把您驮回磕。”

两个人回到村里以后，石光银立即召集了骨干开会，讲述这次磕榆林和横山学习的情况。他眉飞色舞，胸有成竹：“你们知道人家治沙种树为啥成活率高？”

“不知道，额们又没磕学习。”隆之冲说道。

“他们都采取障蔽治沙法。”

“啥叫障蔽治沙法？”

“名字挺玄奥，其实方法并不难。就是在这沙梁的迎风坡上全面搭设沙柳、沙蒿活障蔽和柴草死障蔽，拦挡住流沙。丘间地栽杨柳，障蔽间6月份全面撒播沙蒿。”

“这样成活率就高了吗？”

“对。”

“以前咱们只知道傻干，却不知原来这里面学问不少呢。”隆之冲感叹。

“今年秋冬，咱们要动员全部劳力收集障蔽材料，包括麦草、玉米高粱的秸秆、野草、沙蓬草等，家家要有完成的指标。如果准备不充分，明年开春就不好办了。”石光银思考着说。

“可是，”隆之冲摇了摇头，“额们这里灶火烧的就是这些东西，本来婆姨们做饭都愁柴草少，尔格都拿磕做障蔽，做饭取暖用甚？”

“大家开动脑筋吧，额们不敢让这个问题难住，否则，治沙就迈不开步子。”石光银声音低沉，此时，他的心思也很重。

“大家勒紧裤带吧，谁让咱生在沙区哩！”关漠长插话说。

大家以沉默的方式，认可了关漠长的话。不然又咋办？做出牺牲必然是痛苦的，可是，在没有出路的时候，该牺牲就得牺牲。所有的承包户和家人都看清了这一点：他们已经没有退路，继续往前走，有可能大翻盘，把以往的损失都夺回来；如果倒退回磕，则以往借的钱、欠的债都没办法还。最关键的是“沙进人退”的状况会可怕地继续下磕。干吧，老天爷会怜惜苦命人的！

古人讲，凡事豫则立，不豫则废。这一年的春天，经过充分准备的石光银拉出了一百多号人重新开进沙暴频频的狼窝沙。他们按照新学来的沙地栽植技术，在丘间地栽植杨、柳树，在迎风坡全面搭设高障蔽。但在操作中十分讲究，譬如，在沙梁半腰以上栽植障蔽，能起到拦流沙的作用即可，不要搭设到顶，上面要留三分之一，这叫“拦腰削顶”，因为大风会把沙梁顶部的流沙刮走，没必要花人工磕固定沙顶。高高耸起的沙梁，让架子车和驴车都进不磕，没法运送树苗、栽子和柴草，大家就人背肩扛、牲口驮。劳动效率低一些是肯定的，为抢农时，就加班加点干。不这样又咋办？活人总不能让尿憋死。

年轻的林中虎在挖坑种树过程中发现一个办法，既简单易行又很省工：挖好前面一个树坑，把树苗摆放进磕以后，并不急于填土；挖第二个树坑时，顺便将挖出的沙土填到前面第一个树坑里，等于完成了前面树坑的填埋，而第二个树坑已经挖好；挖第三个树坑时，又把第二个树坑填埋好了。后面便以此类推。石光银看到以后，十分高兴，立即向大家推广。因为这种方法并不难，所以大家马上就学会了，工作效率一下子提高了不少，有的人一天竟然栽种了一千多棵树苗！

石光银作为总指挥，在妥帖地安排好所有工作的同时，亲自参加栽种，抽冷子就跑出磕检查质量，发现有栽种得不合格的就亲手补栽。春季的毛乌素，天气说变就变，沙暴往往是冷不丁就向人们无情地袭来。有一天，他们正干着活儿，忽见西边堆起一片黑暗，好像夜幕降临了一般。石光银凭借自己多年与沙尘暴打交道的经验，立即高喊一声："沙暴来了！快把牲口拢到一块儿，到沙梁背风处磕！"

人们忙不迭地赶紧将牲口往一起赶，赶到沙梁后面，找稍稍避风的地方圪蹴下身子。石光银担心驮树苗的牲口会乱跑，就亲自圪蹴在牲口前面，任酷烈的风沙扑打。风越刮越大，飞沙抽打人的力度越来越大，石光银不得不竖起老羊皮大袄的领子，把头整个蒙住。这时，天已经黑得伸手不见五指。他想：京津沪等大城市的人们，如果遇上这种情况，不得吓死？这算甚鸟天气？大白天竟如同黑夜！

他诅咒着鬼天气，挨着时间。他在怀里试着掏出烟袋荷包，想抽一袋烟，否则这光景也实在太难熬了。可是，一锅烟是装上了，哪里点得着？火柴刚一划着，立即被大风刮灭，反复几次，皆如此，他只得放弃这种努力。这些年来，他因为吃、睡都不规律，已经落下胃病的根子，尔格胃口猛地针扎一般疼了起来。他弓着身子蜷缩在沙窝里，任身后沙暴猛烈抽打。脑子里却还在思虑：看来额们被困在沙窝里，一时半会儿出不磕；栽下的树苗咋样了？预埋的壁障起没起作用？敢不敢抵得住这么大的沙暴？伙伴们都安全吗？有没有被流沙埋住的？有没有哭鼻子的？大翠尔格咋样？几个娃娃是不是及时、安全地躲进屋里？大翠这些年也累出一身病，可不敢在这鬼天气出问题……石光银太想知道周围的一切了。他真的害怕出现麻达（麻烦）。焦心的思虑一时间冲淡了石光银的胃疼。

肆无忌惮的沙暴怒吼了半天一夜，天亮的时候终于停止了。石光银捂着胃口，从沙窝里站起来，手脚都已经冻得僵硬，站直身子的时候，膝盖也有些疼。他便一下下地伸展、活动，继而擤了一下鼻子，把鼻孔里的沙子擤出磕，然后噗噗地吐着嘴里的沙子。这半天一宿风沙没停，他确实感觉无意中吃下不少沙子，尔格嘴里牙齿一碰还感觉牙碜。他又揉揉眼睛，把眼角的沙子挖掉，方才感觉舒爽了一些，眼睛看前面也看得清楚一些了。他没有文化，不知道沙子里含有甚成分，总感觉眯过眼睛以后，眼里杀得慌。他使劲地眨了眨眼睛，喊道："伙计们，你们在哪里？咋没动静？"他是领头人，他当然要关心伙计们。伙计们安然无恙，才可能继续跟他治沙。只见人们唰的一下子从各自蜷缩的沙窝里站了起来。大家面面相觑，不约而同地哈哈大笑：一个个土不呛呛，简直就像刚从土里挖出的泥塑——兵马俑啊！唯一不同的是，眼睛黑亮，牙齿雪白！哈哈哈哈！

大家互相扑打着身上的沙土，个个感觉腰酸腿疼，肚子也咕咕直叫，都说应该回磕吃口热饭，喝口热汤，饱饱肚子，暖暖身子。石光银截住大家的话头，说："大家都知道'人误地一时，地误人一年'的道理，咋敢在这个节骨眼上浪费一分一秒？沙暴已经夺走了额们宝贵的半天一宿，伙计们，咱们不把时间夺回来，还等甚？"他率先走了，大步流星地磕扛树苗了。别人还敢耽搁吗？

常言道，身大力不亏。石光银身材高大，扛的树苗最多，迈的步子最大。隆之冲、关漠长、龚世忠、常恒明他们要追上他，可不容易；马六儿和小中虎他们要想追就得小跑起来，问题是在一走一陷的沙地上是跑不远的，没跑几步就让人气喘吁吁了。而石光银因为过多扛树苗，脖颈感觉不得劲儿，一阵阵地发出隐痛，让他转头都费劲。难道……难道……他不敢往下想，仍然坚持磕扛树苗，虽然一次比一次痛，渐渐地隐痛变为明痛，赤裸裸的痛，继而半拉脖子和肩膀都痛得有些发麻了。他一时想起很多风靡一时的豪言壮语："小车不倒只管推""活着干，死了算""生命不息，战斗不止""有利的情况和主动的恢复，产生于再坚持一下的努力之中"……

工作量越来越大，否则，承包期内恐怕完不成任务了。人人都瘦下磕十来斤，衣服穿在身上旷荡旷荡的；个个都噘着腮，面色黧黑，蓬头垢面，如同叫花子；更有甚者，太阳把人晒得脸上身上都是泡，脸上、胳膊上、大腿上的皮脱得一层一层的。大家走对面的时候，都彼此低下头磕，不愿意看对方，不忍心看对方……

这些表象，意味着情势的岌岌可危。事情发展到极限的时候，往往崩溃就近在咫尺。石光银把十二个弟兄召集到自己家，到供销社借来一个铜盆，摆在堂屋正中央的凳子上，加上自己，由十三个人里年岁最大的用瓢往盆里舀水，人人用这盆水洗手洗脸，然后大家纷纷掏钱，三元五元的，最后都交给年岁最小的装在兜里。这是准备工作，接下来，就是实质性的举动：大家一起跪下，朝着墙上的毛主席画像磕头。石光银因为脖子疼，是歪着膀子磕的。然后大家抱在一起，头抵头，默念一个信念：坚决把树种活，把沙治住；有福同享，有难同当。石光银特别向大家交代：如果额的脖子出了问题，不得不退出的话，你们一定要继续把树种下磕……

人人都预感到石光银的脖子有可能出问题，继而会影响到下一步整体工作安排和进度，前景极有可能是个深不见底的黑洞，于是人人都热泪盈眶，只差放开喉咙痛哭了。从这一刻起，这十三个人，今生今世结为金兰之好，结为生死弟兄。“金兰”之说来自《易·系辞上》，上面说：“二人同心，其利断金；同心之言，其臭如兰。”石光银并不知道世界上有这本书，有这样的话，但他知道这种做法和这种道理。为了把树种活，把沙治住，石光银几乎把所能想的办法都想了，把所能做的事都做了，他的潜能已经调动到极限。而且，他把最坏的打算都做了……

一个人在特定的极端困难的环境里靠什么支撑自己？自然是靠内心的信念，而信念无疑来自积淀。石光银长久以来的思想积淀，除了父母亲的多年熏陶，一个重要的方面，可以说就是这些让人听起来热血沸腾、豪气干云的语言。若干年后，也许人们觉得那些语言过于空泛，过于浪漫，过于乌托邦化，乃至也不够人性化。其实，只有当事人知道，他们往往就是依靠这些看似空泛的话而让自己在难以坚持、不可能坚持的情况和条件下，硬是坚持了下来。而带领大家“奔钱去”的理念，平心而论，此刻对他并不是多么明朗，也并不是多么强烈。即使是若干年后，也仍然不是多么明朗和强烈。为钱奋斗，只要不违法，便无可厚非，但那显然不是石光银。如果仅仅为了赚钱而做这些事，他估计自己根本坚持不下来。

“为了赚钱而勇往直前、坚持到底”，无论从名义上，还是出于多年信念的锤炼与积淀，他都不可能认同。这个年龄的石光银早已知晓“义”与“利”的关系和顺序。完全摒弃“利”字是不现实的，人不敢失去生存的条件。但对“利”无限崇拜，把“义”“利”关系本末倒置，也不是他的性格。近在身边的人和远在内蒙古的人，都有人因为倒腾羊绒而发了大财。大翠为此曾经和石光银嘀咕过：“你在内蒙古认识很多好朋友，咋不磕倒腾羊绒?”石光银听了未置可否，只是微微一笑。

石光银的脖子还算争气，帮他支撑到最后。在预定的工期之内，大家终于完成了栽植任务。嫩绿的树苗像士兵一样，井然有序地占领了一道道沙梁、一座座沙丘、一兜兜沙窝、一溜溜沙沟……石光银捂着脖子整个踏勘了一遍，和隆之冲计算了一下，在狼窝沙这片沙地总共搭设障蔽 24 万丈，平均每亩 40 丈。其中有柴草死障蔽，也有沙柳、沙蒿活障蔽，障蔽间距 2 米，行间穴栽沙柳。经过 4、5 月份风季后，障蔽将拦挡流沙形成 40 ~ 70 厘米高的台田。到 6 月份即可在障蔽间全部播撒沙蒿了。他也总算可以长长地出一口气了。而此时，他的上半截身子出现了异样的感觉，一阵痛，一阵麻，还时时夹杂着头晕。

24

半个月前，树苗的嫩叶还羞羞答答，似展未展，刚露尖尖角的样子。7 月份，雨季来临的时候，人们欣喜地看到，可爱的树苗们不负众望，已经长得郁郁葱葱、有模有样了——三战狼窝沙的成活率达到了 80% 以上！时间延续到 1990 年，石光银承包的 5. 8 万亩荒沙全部得到治理，大家还都在劳动中明白了为甚要“拦腰削顶”，学到了如何进行沙地杨树植苗和截杆造林、杨树深栽造林，以及为甚雨季栽柠条、如何沙蒿直播造林，乔、灌、草如何综合治理效果最好，等等。总而言之，每个人都感觉自己成长了。石光银此时感觉是时候了，便正式成立了公司，把原来的新望农牧场改作公司的下属机构。可以说，正儿八经地以企业的形式开始了新一轮的合作化。而很多志同道合的农户，加之需要跟随别人才能生存的农户，理所当然地归到石光银的麾下。后来有作家写到这个问题的时候，不觉深深喟叹：以企业方式经营农林业，石光银理所当然是中国第一位！

当时石光银并没有想这些。正所谓：高山流水，随地形而走。尔格纠缠他的，是脖颈更加不对劲了，连左右转动都不行了，而且一阵阵地发晕、恶心欲呕。而此时，婆姨大翠也因为过度劳累正闹着心口疼，总是一只手捂着心口。石光银一见，急忙说："走，额带你到县医院看看磕，咋着也得弄明白是心脏还是胃口闹病，是不是？"大翠有心跟石光银磕看病，可是，她蓦然间发现石光银一直捂着脖子，连转动都不行，便问："你脖子是落枕咋的，咋不敢转动哩？"

石光银说道："没咋，没咋。你甭往心里磕，咱给你看病磕。"

女人毕竟心细，大翠皱紧眉头问："多久了？"

"几个月前，种树的时候就闹了。"

"哎呀哩，这不是落枕，是脖颈出问题哩！"

儿子石绿洲陪着他们一起磕了县医院，医生给大翠开的是治疗心脏病的药，告诉大翠，没有大碍，需要静养；而石光银严重得多，必须转院到银川磕做手术。医生说："你的颈椎有些错位，如此严重的病症，咋竟然耽搁了好几个月？这好几个月你是咋坚持下来的？这事传出来不是奇谈吗？也就是你石光银身板硬，扛得住，一般人只怕就早趴架了。"

石光银心里说：额脖颈和一般人不一样哩。但他不得不带着石绿洲一起磕了银川。最后，银川医院给他做了手术，在脖颈上打了四块钢板，算是将就着把颈椎的骨节就了位，支撑了起来。出院时，医生一再叮嘱："老伙计，你可不敢再做剧烈运动，当强劳力使唤了！"

后来，石光银参加一个全国范围的农业会议，遇到了大寨的时任支部书记郭凤莲。石光银笑呵呵地对她说："你们大寨有个自然条件极其恶劣的狼窝掌，你们是通过'三战'制伏了它；额们有个狼窝沙，同样自然条件极其恶劣，也是三战才把它制伏。"

郭凤莲十分理解地频频点头，说："'战天斗地'只是一句口号，只有亲身参加者，才知道其中的滋味；任何一个参加者，我相信，都会刻骨铭心。”

石光银点点头，说道：“是着哩，额搭上了脖子哩。”

郭凤莲问：“你说的是甚？脖子咋哩？”

石光银自知语失，不再言喘。

…… ……

石光银从医院回到家里，马六儿见石光银的脖颈缠着纱布，十分纳罕，又不敢直接磕问，便悄悄地向石绿洲打听，石绿洲告诉他，老爸是颈椎出问题了。马六儿明白，就是石光银扛树苗扛的，干得太猛了。人的承受能力都是有极限的，超过了极限，没有不出问题的。马六儿虽然嘴上讲不出这样的话，但对这个道理是明白的。于是，他就千方百计帮干娘大翠干活儿，屋里、院里的力气活儿，尽量不让石光银插手了。

这一切，石光银看在眼里，也很感动。他是个容易感动的人。他一直视自己为强者，对这一点，他并不忌讳。但他认为的强者，不是专横跋扈、刚愎自用，而是事事干在前面，为别人做榜样。他认为他应该而且做得了这个榜样。作为强者，别人为他做事，他一般不愿意接受，会感觉自己无能，是不应该的。于是，他动了让马六儿离开的念头。

但石光银并不是要撵走马六儿，而是要帮马六儿成家娶媳妇。尔格马六儿二十三四岁，早已到了谈婚论嫁的年龄，他一直跟着自己治沙种树，顾不上相婆姨——确切地说，没有人给他介绍婆姨，媒婆只怕还认为他是在石光银的监管之中，咋会主动给他说婆姨？

石光银没磕找媒婆，而是磕了乡医院，找到了郑达晨医生，说：“十里八村的人都找你看病，你认识人多，给额干儿子说个婆姨呗。”

“你说甚？你儿时有个干儿子？”郑医生不明就里，他只知道石光银这些年来非常忙，一直在为治沙种树忙忙碌碌，待在家里的时间，远远少于在外面的时间，咋还有闲心揽了个干儿子？你不嫌累，而且还帮干儿子操心婆姨？于是，石光银简要介绍了马六儿的情况，一再叮嘱郑医生，一定要把事情办到。石光银走了以后，郑医生便急忙找亲朋好友帮忙，给马六儿在邻村找了个姑娘，家境不错，人也长得水灵。

当石光银把马六儿叫到跟前，把这一切告诉他时，乐得他大嘴咧到了腮帮子。他心里痒痒的，恨不得立马见到姑娘，却又不好催问几时见面。他又是给石光银点烟，又是帮石光银掸身上的土，吭哧瘪肚了半天，方才开口道："石叔，额几时磕相婆姨？"

"不着急，过些日子等咱们不忙了再说。"石光银说完，就看着马六儿的表情，只见他猛地涨红了脸，掉头便走，说："石叔，额给你买瓶酒磕。"

石光银急忙喊住了马六儿，他哈哈大笑："你已经急得火烧眉毛了是不是？你甭给额买酒，额和你开玩笑哩。"便把见面时间告诉了马六儿。马六儿见此，这酒更得买了，便不再多说，一溜烟跑了。

等到马六儿拎着一瓶酒、攥着一包羊杂碎回来后，石光银依旧把东西退回到马六儿的西厢房，对他说："酒你自己喝，羊杂碎你自己吃。不过，你只能晚上吃喝。咱农场先前有一些间伐的木料，尔格你磕拿上足够三间屋的椽檩，把房子盖起来。钱不够的话，额先帮你垫上，等你有了钱再还额。无论如何，先把婆姨娶了。"

"咋？"

"咋也不咋。咱马上走。"

马六儿一下子感动得哭了，他抽抽搭搭地说："石场长，你待人太好了，让额这辈子咋感谢你呀？"

"你踏踏实实地过日子，为咱林地做贡献就行了。"

石光银时时刻刻忘不了他的林地。尔格这大片的林地是大家的。没错，论眼前的经济效益，是治沙公司的；若论次生的、附带的经济效益，就是周围十里八村的；而若再论生态效益，那就更是长远的、受益地域更广泛的老百姓。

前几天，他碰到了乡里的副书记胡雪林，两个人高兴地握了半天手，舍不得撒开。可不是么，想当初第一次签承包合同，不就是在胡雪林指导下完成的吗？尔格胡雪林调到盐场做场长磕了。两个人握别的时候，胡雪林说：“额了解你奋斗的整个过程，额虽然离开了乡政府，但额要总结你的经验。”石光银说道：“额有甚经验可写？除了治沙，真没甚哩。”

胡雪林说道：“嘿，伙计，正是你矢志不渝的治沙精神才值得额写。你肯定不知道，清代陈澹然在《寤言二·迁都建藩议》一文中有两句名言：‘不谋万世者，不足谋一时；不谋全局者，不足谋一域。’这两句话用在你身上，恰如其分。”

“哈哈哈……”石光银笑了起来，“额没文化，哪里知道谁是陈澹然，也没听谁说过这两句话。但额明白‘人无远虑，必有近忧’的道理。正是因为明白这些道理，所以，这些年来，额尽管吃尽苦头、受尽折磨，还是不肯放弃，按照这个路数一直走下磕。”

“你很伟大哩！”

“老伙计，你羞煞额哩！”

“真的哩，额要向你学习！”

“互相学习。不过，你甭动写额的念头。”

“这个不用你管。你尔格最重要的是照顾好自己的脖子！”胡雪林关切地叮嘱了他一番，告诉他，脖子不敢着凉、不敢受压、不敢做大动作，否则后果堪忧，然后才告别走了。石光银看着胡雪林的背影，两眼又潮湿了——还是自己多年的老伙计啊！每一句话都让人心里暖暖的，像焐着小火炉。

石光银在帮马六儿搬木料的时候，村里的一个贫困户刘二倔拄着拐杖远远地站在一棵大树旁边，眼巴巴地看着，羡慕得张大了嘴合不上。刘二倔腿有残疾，算半个劳力，家里十分贫寒，娃娃又多，六口人住在两间破土屋里，看那土屋的架势，随时都有倒塌的危险，如果沙暴来得大，真说不定就刮塌了。一年到头靠吃洋芋、草籽过日子，婆姨、娃娃都骨瘦如柴。如果没人帮他，他会继续受穷，直等到娃娃们长大。但偏偏他的娃娃们都是女孩儿，长大以后，也很难成为壮劳力。再说，如果营养不良，这些娃娃会不会健康成长，都难说。

马六儿喜滋滋地拉了木料走了，石光银也打算离开。刘二倔见此，急忙躲到了树后，但还是探出半拉脑袋往这边看。于是，石光银还是看见了他。石光银捂着脖子走了过磕，问："躲在树后探头探脑地干甚哩?"

"没干甚，没干甚。额在树下躲会儿太阳，晒得难受哩。"

"看着马六儿要盖房，心里羡慕，是吧?"

"哈哈，哈哈，哈哈。"

"哈哈个甚？该不会是嫉妒吧？咱们庄稼人，一分耕耘，一分收获。"

"哪里哪里，就是羡慕，马六儿跟着你治沙跟对了。你知道，额这腿，想跟着你治沙也干不了。"

"走，到你家坐会儿磕。"

"哎哟喂，额那穷家破业的，咋敢……"

石光银不由分说，扶着刘二倔就走。刘二倔几乎是被石光银搀走的。石光银来到他家以后，见了他的婆姨和几个娃娃。当即决定，借给他 1000 元，贷给他 2000 元，作为加固土屋所用。然后，让公司的人来帮刘二倔打了一口井，平整出 15 亩水地。又让公司的人无偿扛来树苗和草籽，帮刘二倔栽下 600 亩的林地，让他将来可以享受这些水地和林地带来的收益。刘二倔感激得泪水涟涟，不知道该咋办。他借了钱，让婆姨给石光银做了羊肉荞面饸饹，两口子一起，一瘸一拐地给石光银端到家。

另一个贫困户邢志刚得知石光银帮助刘二倔的事以后，不好意思亲自来找石光银，就差遣婆姨前来求助。而婆姨偏偏也是个脸皮薄、嘴笨的女人，她见了石光银，竟紧张得口吃起来，说不出话。石光银见此，让大翠跟她拉呱儿，方才知道，她是求援来了。她说，她家七口人，这样的拖累让他们日子没法过，光是欠粮债就三千多斤，这么大的负担，哪辈子还上？邢志刚也想到县扶贫办借低息贷款，但不知为甚，跑了两次都没办成。石光银一听，立即牵了马出来，跨上磕就奔县城了。

马匹行走在沙地上和行走在草原上是不一样的。行走在草原上，也会一上一下地颠簸，但那种颠簸和起伏要比沙地上小得多。沙地因为一走一陷，颠簸和起伏必然大于草原。石光银坐在马上，就感觉到脖子被颠得一下下地刺痛。他尔格明白了，得这种病的人，不光要注意胡雪林提出的那几条，还应该加一条：不敢颠簸。问题是他已经出来走在路上，眼下宁可颠簸得脖子刺痛，也必须一直走下磕，邢志刚一家还在眼巴巴地等信儿。为别人办事敢不敢豁出自己，这个问题似乎时时在向石光银叫板。豁出磕的结果是难忍的痛苦，豁不出磕的结果是让邢志刚一家的热盼落空。石光银尽力随着马匹的步伐调整着自己的身姿，以减轻颠簸。他两眼眯成一条线——每当他眼睛眯成一条线的时候，那就是他对困难十分蔑视的时候。

石光银在县里早已是知名人士，邢志刚的事岂有办不成的？这一点邢志刚明白，石光银自己也明白。这也是他冒着颠坏脖子的危险，舍命骑马前来的重要原因。

这一次，石光银帮邢志刚贷出 1.5 万元，又让公司的人帮邢志刚打了一口井，开出 10 亩水地。他告诉邢志刚："尔格条件已经创下，只要你敢吃苦，不愁改变不了光景。"

石光银的公司，属于个人性质，可以说，公司的利益就是个人的利益，从公司里支钱、借钱，与掏他个人口袋，区别不大。于是，大翠免不了会试探性地敲敲边鼓，让他适可而止："你尔格又说媒拉纤，又往外借钱，是不是刚有成绩就头脑发热了？不知道男人不兴说媒吗？至于借钱，额也不便多说，这关系到公司那么多人利益哩。"

石光银坐在沙地上思忖下一步工作

石光银点点头，对这话表示同意，但同时又

对大翠说："额看见穷人受穷过不好光景，心里难受。你应该记得，过磕咱们穿的烂棉袄，棉花套子翻着，缝都没法缝，虱子里外滚疙瘩，多得天天拿笤帚扫；穿的裤子没裆，圪蹴下站不起来。那个恓惶，想起来就心酸。咱们尔格日子慢慢好起来了，不敢饱汉不知饿汉饥，对穷人咋敢不帮哩？"

大翠有些怨怼："谁说不帮哩？人家不是让你考虑公司的整体利益吗？"

石光银想了想，突然笑了。大翠啊大翠，总是在关键时提出问题，让他再上一个台阶。他一把搂住大翠的肩膀就要亲吻。大翠亲了他脸颊一下就推开了："小心你的脖子，别闹出乱子。"给石光银适时来了一剂清醒剂。

是着哩，与其零零星星地帮大家，不如做出整体规划；与其等着大家来找，不如主动开会研究。于是，石光银把公司骨干都找来，大家一起为解决农场联户们的脱贫问题开动脑筋。首先，大家算了一下，他们这一百二十七户联户的村民，其中竟有六十多户在贫困线以下，占全公司的二分之一。隆之冲不觉一声长叹："瞧瞧，瞧瞧，咱公司尽收贫困户了。"石光银说道："对着哩，贫困户要求改善的愿望最强烈，工作干劲最足哩。"关漠长也看明白了："是着哩，这些人主要问题是没有资金，一旦有了启动资金，立马就能还阳。"石光银说道："也有给了启动资金不一定还阳的。那么，咋办？就需要额们帮一把。"

一把手应该咋做？石光银这么多年就是这么做的。一把手应该是引路人，应该是发动机，应该是开路先锋，一把手还应该是缝补高手，善于对大家考虑不周的地方补窟窿。如果说，下棋至少需要看出磕五步，做一把手就要看出磕十步乃至更远。石光银讲不出更深的道理，却是这么做的，而且做得非常自觉，非常到位。时间不长，一个新的规划就出来了：如何逐户落实致富规划，哪里建房，哪里造林，哪里造田，哪里打井，哪里架高压线，哪里布低压线……全都有招有对，井然稳妥。大家在分析毛乌素沙区特点的时候，感觉流沙区水层浅，水源丰富，但因流沙的流动性，使打井的时候容易淤沙，既加大了资金成本，又加大了工作难度。咋办？是着哩，咋办？人们大眼瞪小眼地看着石光银。只要额们拿不出治理办法，就规规矩矩地向人家先进地区学习，此外还有别的选择吗？石光银不顾脖子的病痛，亲自重赴榆林、横山，学习多管打井技术，并先后磕了四次。想起这些，石光银不觉一声长叹。如果有文化，可以记笔记，用得着跑四趟吗？一趟二百里，四趟就是八百里，风吹雨淋、太阳晒、沙暴打，跑沙路犹如受熬煎，有瘾咋的？

25

农场场长沈万鑫要请石光银喝酒，这可是新鲜事。在外人看来，他曾经阻止石光银承包治沙，思想十分保守，咋会蓦然间改变了自己的性情？隆之冲劝阻石光银道：“不要磕，磕了他会给你泼冷水，让你受着累，也不舒心。”

石光银其实也不想去。如果真的被无端抢白一顿或揶揄几句，他也同样心里不舒服。但他对待别人，往往看优点多，看长处多。譬如，沈万鑫虽然开始反对他承包，而一旦搞通思想，便义无反顾地支持，这不就是长处吗？战争年代有两句话流传甚广，今天额们仍然应该记住，一句是“革命不分先后”，另一句是“建立广泛的统一战线”。尔格石光银看待沈万鑫就是这种态度。于是，他抱着试试看的想法赴约了。

谁知，沈万鑫在自己家里摆酒，让婆姨炒了几个菜，竟然对没有文化的石光银谈起“学习”问题了：“老石啊，你可曾听说过‘活到老学到老’这句话？”直说得石光银脸上发烧，连连摆手：“哈哈，额都这个岁数了，你还跟额谈这个问题，是不是存心讽刺额？”

“想歪了，想歪了。刘邦在四十岁的时候连兵马都没有，最后建立起大汉王朝。刘备在五十二岁的时候，仰头问苍天：‘我到底什么时候才能成功啊?’最后与曹操、孙权三分天下。成吉思汗在四十岁的时候被安达背叛，兵败如山倒，逃到小溪边，最后带领千军万马踏遍欧亚非。姜子牙近八十岁才离渭水而出山，后封侯拜相，成就武王霸业……”

“你把额看成甚人了?这哪有可比性?你究竟想跟额说甚?”

“额给你讲个故事，你一定能悟出个子丑寅卯。内蒙古的海拉尔你肯定熟悉，早年那里是一片水草丰美的湿地，成群成群的候鸟都在那里栖息。你肯定知道，候鸟就是每年进行南北迁徙的鸟，大雁就是最典型的候鸟。夜间觅食后的大雁，就在湿地北面一片小沙丘里过夜。它们在俄罗斯贝加尔湖吃的松子，随着粪便排落在这些沙丘里。还有一些体弱的鸿雁不能随队继续南飞，葬身在这里。它们体内未被消化的松子与它们的尸体一起被风沙埋在沙丘里。西汉时期的苏武，在被匈奴流放到贝加尔湖东岸牧羊的时候，思汉之心不泯，每年他都持之以恒地让鸿雁捎书，这些松子也就年年被带到海拉尔这片沙丘上。年复一年，这些松子终于在这里开始发芽。但是，由于这些松树喜旱，而这里是湿润的环境，因此，树芽的成活率很低。沧海桑田，桑田沧海，以后这里的地貌环境开始悄悄地发生了变化。湿地越来越小，而适应松树生长的沙丘越来越大。经过一千多年的演变，大约到五百年前，海拉尔这片广阔的湿地变成仅剩海拉尔西南‘冰湖’一带湿地，过去那片片小沙丘却连在一起，一座长约数公里的沙丘山出现在世人面前。这些松树在这里开始茁壮成长，形成了一片茂密的樟子松林。人们称这些松树为‘思汉松’或‘汉松’。后来人们根据该松树喜旱的特性，又把它称为‘旱松’和‘樟子松’。”

“额明白了，你在向额推荐樟子松。”

“是着哩，你是治沙种树的带头人，应该懂得，尔格栽种杨、柳等速生林虽然成功了，但其生命周期比较短，会为你的将来带来很多麻烦。而樟子松寿命长久，至少一百年，这是杨柳之类的速生林所没法比的。但要做这件事，就需要学习，因为樟子松的生长习性与杨柳都不一样。”

“哎呀哩，你拐甚大弯儿啊，直接说：‘老石，你的林子需要二次更新，需要优化树种。’不就得了？”

“嘿嘿，太直截了当了，怕你不接受哩。”

“瞧里个气势！你忒不了解额了！”

治沙公司更新树种的工作就此开始。

…… ……

脱贫！脱贫！一定要脱贫！额们这些年辛辛苦苦的努力，图的是甚？还不是脱贫！

一年以后，残疾人刘二倔家首先脱贫了。他们一家利用石光银创造的条件，苦干实干，年产粮 8000 斤，一家人再也不用吃草籽、野菜了，老土屋没等垮掉，便推倒盖了新瓦房，并还清了所有的债务，还买了一辆摩托车。他家都是闺女，没有儿子，无所谓，闺女也骑摩托车，进进出出，照样帮残疾人老爸干着该干的一切事情。那个邢志刚比刘二倔能折腾，有了石光银的帮忙，如得神助，一年来，人均产粮 1300 斤，年收入 3 万元，成了远近闻名的“万元户”。那年代，“万元户”是个极其引人注目、吊人胃口、为人仰视、几乎是可望不可即的闪着金光的敏感字眼，谁家被冠名万元户，就意味着已经成为“鹤立鸡群”“超凡拔俗”的“贵族”和“上等人”了，是有实力的富裕户了。人们在“仰视”邢志刚的同时，必然把目光锁定在“助人为乐”的石光银身上，于是，各式各样来石家送礼道谢的络绎不绝起来。有的当然也是祈求得到石光银的帮助。这个时候，头脑冷静的大翠往往充当了门神，一瓶烧酒、一条烟、一副对联或牌匾，也就算了；再贵重些，大翠便坚决让他们拿回磕。但这时候马六儿来邀请石光银磕喝喜酒，嘿，这件事不敢挡回磕。

鞭炮声、唢呐声，一时间把马六儿的新房险些挑了盖儿。马六儿没有父母，石光银做主婚人，隆之冲做证婚人，郑医生做介绍人，在众多乡亲们的一片笑闹声中，婚礼开始了。一切都进行得很顺利，人们急切地盼着马六儿快些揭开新娘子的盖头，让大家看看新娘子何许人也，是不是真像介绍人讲的那样——很水灵。因为天凉，大家衣服都穿得多，从腰身看不出新娘子是不是苗条，于是，大家憋足劲儿要看看新娘子是不是水灵。有个坏小子一只手里拿着一把空花生壳，另一只手拿着一把花生仁，他说："新娘子如果水灵，额给她扔花生仁；如果长得一般般，额就把花生壳全扔她脑袋上！"旁边的人劝他："小子，你真坏，可不敢这么干哩。"坏小子说道："怕甚？新婚三天没大小。"

正说着，马六儿要给新娘子揭盖头了，人们静静地屏住呼吸，等待一个意料之中或意料之外的场景出现。结果马六儿的手有些颤抖，抓住了红盖头的边沿，却迟迟不敢抻下来。大家正要叫喊"你磨蹭个球，揪下来不就得了"，却见新娘子自己唰地将红盖头扯下来了。哇！大家一声惊呼，新娘子果然水灵，而且，柳叶眉，杏核眼，通直鼻梁发齐肩，只是没有"樱桃小口一点点"，而是像后来的某个影视演员，大嘴叉子。嘴大也好，嘴大吃八方。人们正纷纷议论，窃窃私语，坏小子也刚要把花生壳扔出磕，新娘子突然说话了："主婚人石大大，您给马六儿改个名字吧。额家里人一提这个名字，都感觉不像好人。俗话说，名不正，言不顺。对不对？"

人们哄堂大笑。想不到新娘子不同凡俗，竟在婚礼上提出这样的要求。石光银也感觉这件事很有意思，他笑着问新娘子："闺女，你看给马六儿起个啥名好？是不是你已经有了想法和预案？"新娘子非常直爽地说："额早想好了，叫马路。你们这里只有沙路没有马路，额就盼着你们修上马路，额们来来往往就不困难了。否则，回一趟娘家不是费老劲了？"

嘿，石光银还真没想过这个问题。他是个脑筋极快的人，立即反应过来了："闺女哎，此话当真？咱们就给马六儿改名叫马路。这路呢，马上就着手筹集资金，额保证，两年之内，把路修上，等你们抱着娃娃回娘家的时候，不论坐摩托还是驴车，都让它顺顺畅畅的！"

大家一片掌声。有人大声请求石光银把今后的发展方向给大家讲讲，一下子把婚礼的大方向给扭转了。石光银一看不行，婚礼就是婚礼，工作问题不敢在这个场合说。他连连向大家摆手，表示不行。可是，很多人偏偏想听听他的规划，都说，工作牵连着生活，没有好的工作规划和结果，哪里有好生活？

隆之冲便用胳膊肘子一下下地拱石光银："你就说呗。为甚不说？咱早就研究好了，在这儿说说怕甚？"

石光银想了想，便笑着问新娘子："你的意见是说，还是不说？"

新娘子大大方方地回答："那还用问！当然是说哩，额们两口子还要筹划着紧跟你们的步伐哩。"

既然如此，那就开讲。石光银站起身来，敞开喉咙，把下一步的发展规划，原原本本地给大家讲了，人们听得如醉如痴，一再用掌声打断了他的话，让他根本没法一口气讲完。最后，他以一句"额肚子可叫了，该喝喜酒了"结束了宣讲。人们的这顿喜酒喝得那叫痛快、舒服。来参加婚礼的有一百来人，竟然喝醉了五十多个！庄稼人苦熬苦做，盼的是甚？不就是早早过上好光景吗！新娘子在给大家敬酒的时候，忽然找不到马六儿了，他得替她挡酒啊，咋就关键时刻溜号儿哩？气得新娘子直想骂街。她东瞧西看，找不到马六儿，就跑到屋里磕找，却见马六儿伏在堂屋里的方桌上正呜呜大哭。

"哎呀哩，大喜的日子，你哭个球啊！"新娘子上磕就给了马六儿一个大脖溜，一下子把马六儿打醒了。他赶紧擦干眼泪，跟着新娘子往外走，说："额想起了治沙公司这些年的不容易，额的大喜之日来之不易呀！"

马六儿一出屋，大家就闹嚷嚷地乱喊乱叫，让他敬酒。马六儿满脸赔笑，举着酒杯，首先向石光银敬酒，石光银低声嘱咐他："不准多喝，记住了。"

马六儿眨眨眼睛："为甚？大家非让额喝不可，咋办？"

"还问个甚？今天是甚日子？你和婆姨不得办事？喝了酒留下傻种咋办？"

马六儿把一张脸涨得通红，连忙说：“是着哩，是着哩。”可不是么，他对自己的婆姨早已垂涎欲滴，咋会因为多喝酒而不办事？他真感觉石光银比自己亲大还亲。这时，石光银用自己手里的酒杯换了马六儿的酒杯，示意他磕敬别人。马六儿在和别人碰杯喝酒的时候，发现这杯里分明是寡淡的白开水。干大啊，你是额亲大哩！

石光银对修路这件事真是上了心了。每天一早天刚蒙蒙亮，就走出屋子察看沙路，想着将来如何把它变成柏油路。马六儿的新婆姨说得不错，没有像样的路，这来来往往的实在不方便。要致富，先修路。人们总结得太对了。马六儿该改名字了，以后应该叫马路了。这个名字改得好，可以督促额天天想着这个问题。

每当这个时候，他往往看见适龄的娃娃们早早起来背着书包磕上学。有一次，他问一个娃娃：“你咋走这么早？”娃娃说：“路远，就得早走。”

石光银猛然想起，娃娃们上学路程太远了。过磕自己曾经走了十几里路磕上学，不当回事，可毕竟在路上耗磕很多宝贵的时间，如果把这个时间用在早读上，不是效果要好得多？他立即找来隆之冲和关漠长，商量是不是办一所小学。隆之冲说道：“办吧，额也早想提这个问题哩，只是考虑资金问题，才不敢轻易开口。”关漠长也说：“这是好事，只要公司把事情定下，额来操办。”

既然如此，说办就办。石光银立即筹资 6 万元，由关漠长操作，办起了沙窝里的第一所小学，划出 500 亩林地作为教学基地，聘请了两名教师，把 27 名上学路远不方便和上不起学的娃娃接了进来。石光银亲自给学校起名叫“黄沙小学”。其中他一人就为小学校捐款 8000 元。方方正正的院子，一拉溜四间大瓦房。娃娃们在屋子里上课，他在外面听着那琅琅的书声，心里十分熨帖。有人告诉他，说乡中学的条件也不太好，他又和其他六名股东一起，给乡中学捐钱捐物。他越来越感到自己当初意气用事没有上学是错误的。尔格社会发展这么快，没有文化咋行？

自己的儿子本来学习不错，他曾有过把儿子培养成大学生的念想，特别是读林业大学，将来继续治沙种树。但儿子因为酷爱体育，又有个子高的优势，想做个出色的运动员而进了体校。对此，他尊重儿子的选择，没有多言。年轻一代应该咋个发展，还是多尊重他们自己的意见为好，家长该指教当然还要指教，却不敢扼杀娃娃的理想。但石绿洲体校毕业后并没有做运动员，而是突然喜欢上了警察职业，因而上了警校。儿子毕业后，进了县公安局，在刑警队工作。石绿洲转变意念和理想的原因，是一次他在街上看到几个小混混儿欺负一个卖水果的老者，他凭借自己人高马大，三拳两脚便打跑了小混混儿。老者却对他并不感谢，老者说："你可以打跑他们一次，可他们天天都来，你总不敢天天陪着额卖水果吧？而他们天天都要纠缠额哩。"小混混儿之所以纠缠老者，是想吃白食。

做了警察，不是可以名正言顺地每天都干这件事了？石绿洲抱着这个单纯的想法，进了警校，然后进了刑警队。两年之后，他终于有条件穿着警服巡视这条街了。但小混混儿还存在，而那位老者再也没有见到。他找到也在这片地区卖水果的后生打问："那位大伯咋不来了？"后生告诉他，有一次小混混儿欺负大伯，导致大伯气得当时就摔倒在地，人事不省，被人送到医院后就去世了。其实年龄并不大，刚刚六十出头。

石绿洲简直气得咬牙切齿。一个人最初的意念往往成为心底的种子，种下什么种子，就结什么果实。至于种下龙种却收获了跳蚤，种下黄瓜却收获了豌豆，除了不可抗拒的特殊原因，一般来说都是人为的结果，属于有意的、故意的乃至处心积虑、精心策划的，属于为了某种目的的谋略之举。石绿洲将朝着哪个方向发展，是成为一条龙，还是成为跳蚤？成为黄瓜，还是豌豆？他自己并不知道，但石光银一直在看着。

石光银知道自己的儿子品性优秀，这是从小就看出来的。有两件事让人非常感动：一件事是石绿洲五岁的时候，石光银出磕工作，回家太晚，大翠因过于疲劳歪在炕边睡着了。石绿洲便悄悄地把老妈的活儿接了过来，他估摸着老爸快回来了，就在堂屋把锅灶烧上了，给老爸把菜汤烧热，把馍馍熥热。谁知柴草和火候把握不得法，一下子把自己的眉毛、头发燎了，熏了满脸黑，还把菜汤烧干了。恰巧此时石光银进门，赶紧熄了锅灶，抱起满脸黢黑的小绿洲。他一句话也没怪罪娃娃。娃娃毕竟刚五岁，他从娃娃身上看出了难得的孝心。常言说，三岁看大，七岁看老；百善孝为先。如果说那次“事故”纯属偶然，那么，石光银第一次承包沙地、卖掉家里所有的牲灵的时候，一家人哭得昏天黑地，石绿洲却没有哭。晚上，大翠还没想明白，把隆之冲婆姨拿来的酒藏了起来，不想给石光银喝。一方面她想惩罚他；另一方面，想在他最困难的时候再拿出来。这时候，十四岁的石绿洲劝大翠：“妈，好钢要用在刀刃上，尔格额们正该鼓励额大往前走。你想啊，咱家的牲灵已经卖完了，还能回来吗？不能。既然如此，咱们为甚不让额大高高兴兴地磕治沙哩？”大翠如梦方醒一般，抱住儿子的脑袋亲了又亲，马上给石光银把酒烫上了。

那个阶段，是石光银心中最纠结、最难受的时候。婆姨、娃娃见自己愁肠百结而给自己烫上一壶酒，想想看，那是多大的鼓舞和安慰？当事后大翠把这件事告诉石光银的时候，他感觉儿子的孝顺不是偶然的。已经十四岁了，能够独立思考了，还能把自己的老爸、老妈摆在前面，为老爸、老妈设身处地地想事情，难道不是一个好娃娃的标志吗？石光银这样一位淳朴的农民，并不指望儿子将来非得做什么科学家、教育家、艺术家，什么大师、高官，或一定要顶天立地，做出惊天地泣鬼神、力挽狂澜、扭转乾坤一类的超常之事，他只希望娃娃长大能孝顺，能把治沙事业继续下磕，就这么简单。尔格没等他向儿子灌输这些理念，儿子就在不知不觉中开始做了。这不能不说娃娃有着良好的遗传基因，而后天的家庭影响也是积极的。石光银为此十分欣慰。

26

石绿洲做了刑警以后，得知街上那几个小混混儿是个团伙，其背后的头头儿是个狡猾的做坏事不留痕迹的老狐狸。他们平时见不到头头儿，但总能接到头头儿发来的指令。他们不光在街上欺负商户，占商户的便宜，背后他们还四处偷窃。谁都不敢惹他们。石绿洲有一次在街上抓了小混混儿的现行，石绿洲因为手劲大，攥住小混混儿的胳膊时，疼得他龇牙咧嘴，急忙说出一个情况以求宽恕：今夜，有两个弟兄偷袭住在县城的一个企业家。

那时候，县城里楼房还不多，企业家住在一个四合院里。石绿洲和另外两个刑警圪蹴在院子角落里静候。夜半三更鸡叫头遍的时候，人们睡得最死，偷儿就在这时出现了。他们用铁丝拨开了院门，鬼鬼祟祟地摸到堂屋门前，正要继续开锁的时候，三个刑警冲了出来。两个偷儿拔腿就跑。石绿洲腿长，追在最前面，他刚抓住一个偷儿的衣领的时候，这个偷儿回手就给他手上一刀子。原来偷儿是有备而来，但石绿洲绝不是吃干饭的，他的手被刀子割了一个大口子，却仍然没有松开，直到把偷儿制伏，戴上手铐。

领导表扬了石绿洲，说他这种精神难能可贵，这正是额们人民警察所需要的。恰在这时，刑警大队又接到信息，说另外几个偷儿明晚袭击另一个企业家。而那个企业家也是住在一个四合院里。事情至此，石绿洲猛地明白了一件事：住四合院需要格外警惕。他坚决要求继续参战。领导说："你手上刚刚受了伤，这次就不要磕了吧。"他说，手伤不重，不耽误干活儿。其实，他手上的那道口子很深，五指伸展都受影响。但他一再坚持，终于取得了领导的同意。当他们执行任务时，在后半夜，借着熹微的星光，发现偷儿是从后房山爬上房顶，打算从房顶上下到院子里。他们急忙在房山前后都布了防，但同时也被对方发现。房山上的偷儿人人亮出了刀子，房上的人与房下的人蓦然间形成对峙。

此时，石绿洲只有一个念想，绝不敢把偷儿放走。只见他三两步走到院墙边，向上一蹿，双手便扒住了墙头，一跃身，便爬将上磕，从墙头向房顶一步步逼近。偷儿手里挺着刀子，石绿洲手里挺着电棍。偷儿突然发现，面前的这个人就是曾经把自己打得屁滚尿流的那个大汉，于是，他一下子就委顿了，扔下刀子束手就擒。另一个偷儿也看清了面前的大汉是打过自己的死对头，便突然精神崩溃，竟从房上掉了下来，摔断了腿。

事情过后，人们问石绿洲，说："你的手伤得这么重，咋一蹿就扒住了墙头，爬了上磕呢?"石绿洲笑笑说："额的伤手只用了两根手指来扒墙头，只起协助作用，另一只手才起主要作用。"

话是这么说，人们仍然搞不明白，石绿洲两根手指咋会起到作用?他身材高大魁梧，只靠两根手指咋支撑得了?

石绿洲的英勇果敢，获得上上下下的一致赞扬，受到了嘉奖，他的名字也一下子传开了。公安系统内部，包括家属，都知道非常出名的治沙人石光银的儿子也非常了得。将门出虎子，一点不错。但同时，小混混儿们也蓦然间销声匿迹了。这个团伙的头头儿始终没有被抓住，成为公安系统的一个悬案，内部发了通报，一定要千方百计抓住这个家伙。

按照本地的风俗习惯，石绿洲这个年龄，应该是谈婚论嫁的年龄了。小伙子是名门之后，又表现这么优秀，来提亲的会很多，这是顺理成章的事。甚至他的领导也有问的："绿洲，个人问题该考虑了，有合适的么?"

"么。"

"那好，回头额帮你张罗一个。"

"不不不，额还年轻，不着急。"

那时候，相婆姨讲究互相拿照片交换，看完照片再决定是否见面。而石绿洲尔格没想相婆姨，所以，当人们把很多姑娘的照片拿到石绿洲眼前的时候，他几乎连看都不看，就给人家推回磕，说："不合适，不合适。"

"咋就不合适了?这么漂亮的姑娘你也看不上?"

"么么么，是额配不上人家。"

热心的介绍人心里凉了半截，哪是他配不上人家，肯定是他没看上对方。也难怪，石光银那么有名，作为他的公子，咋说也该挑挑拣拣一番不是？人们都是这么理解石绿洲的，所以，为他非常热心地张罗婆姨的人，渐渐冷落下来。

这个阶段，大翠的心口疼一直没断，有时还很厉害，尔格不光心脏不好，肠胃也不好。前些年，饥一顿饱一顿、凉一口热一口的不规律生活，毁坏了她的肠胃。石光银每天忙得不见人影，石绿洲便陪同母亲磕医院看病。因为来的次数多了，主治医师就认识大翠，也认识石绿洲了。一天，他在医疗室正守着母亲输液的时候，猛地看见一个靓丽的身影从门口闪过，让他突然眼前一亮。那是个穿着白大褂的年轻女医生。石绿洲有生以来从没出现过这种感觉：突然像被电击了一样，让他竟然不能自已。作为警察，一般情况下自制力都非常强。偶尔发生不能自制的时候，也往往是因为遇到了意外情况而产生一种下意识的自我失控。恰恰石绿洲是个做事果敢的后生，立即对主治医师说："阿姨，你敢不敢把那个女大夫叫来认识一下？"

主治医师是个五十来岁的大姐，转着眼珠看着石绿洲，一时没明白他是啥意思，但她马上就笑了。她小声地告诉石绿洲："人家可是单着身哩。"石绿洲更加喜出望外："额也是哩。"主治医师拉长脸说："你们警察见多识广，不定有多少姑娘追屁股哩，你可不敢把额们柳医助带沟里磕。"

"阿姨主任，你咋这么说哩？额从来没和任何姑娘有过交往，额有老妈做证。"

躺在一旁床上输液的大翠一听这话，方才明白，是儿子有了相婆姨的念想。大翠咳了一声，说道："哎呀哩，自古以来，男女婚配要通过媒人，要互相批八字，哪有你这样毛毛躁躁自己找婆姨的？"意思是，儿子，你可不敢给老妈出洋相哩。

石绿洲按住大翠，不让她乱动，说："您消消停停输液，甭掺和额们年轻人的事，都啥时代了，还兴媒妁之言、父母之命？还批甚八字？是不是还得换帖子？"

主治医师见石绿洲嘲讽自己的老妈，便呵呵笑了起来："常言说，娶了媳妇忘了娘。你可好，还没娶呢，刚一见就不听娘的了；不过哩，大姐，不是额说你，你后生说得对着哩，尔格人们思想解放，追求恋爱自由，家长尽量不要跟着掺和。”

大翠撇了撇嘴，说道：“这话也不对，自己的娃儿相婆姨，哪有不让家长掺和的？这是关系到双方家庭的大事哩。”

主治医师见此，便问石绿洲：“你说说看，还叫不叫柳医助过来？”

石绿洲说道：“叫，马上就叫。额老妈输液还得一会儿哩。”

大翠急忙插话：“不行，咋着也得重新定个时间，容额了解一下柳医助的具体情况。”

主治医师一声长叹：“你们石家不愧是名家，把一件小事也做得有板有眼。也罢，额先给柳医助打个招呼。”

谁知，主治医师出来找柳医助的时候，被一口回绝了。柳医助大名叫刘青青，刚刚二十一岁，年龄比石绿洲小两岁，身材窈窕，容貌俊俏，两只大眼睛忽闪忽闪的，眼睫毛还很长，皮肤既白又细，水水灵灵。而那个石绿洲，高大威猛，一表人才，加之一身笔挺的警服，很像好莱坞电影里的明星。应该说，两个人的情况旗鼓相当，是天造地设的一对。但刘青青回绝了，她说：“额了解石绿洲一家的情况，报纸总登，额咋会不了解？但额们两家的情况相差比较大，恐怕不容易有很多共同语言。”

“那你咋着也该磕见一面吧？不行再说。”

“师父哎，既然不行，见甚面哩？难道还要闪人家一下子吗？”

主治医师虽然感觉刘青青说得有道理，但她还想多劝劝刘青青，可是那边还输着液，她也不敢过多耽搁，就赶紧回磕了。见了石绿洲，她便一声长叹：“唉，你们这边还争该不该见呢，人家那边根本不同意这桩婚事，连见个面搭句话都拒绝了。”

“她咋会这样哩？”石绿洲有些着急。年轻人么，加之石绿洲是个急性子人，恨不得立马就和刘青青拉呱儿。问题是这种事不能这么急，这个道理他也是知道的。他使劲闭了一下眼睛，按捺住怦怦乱跳的心。大翠输液结束了，石绿洲便把老妈扶起来，帮老妈整理好衣服，就和主治医师告别，扶着老妈走了。

刘青青咋就不同意见面呢？石绿洲十分纳闷，作为刘青青师父的主治医师也十分纳闷。但别人认为合适的事，还需要当事人认可不是？尔格又不是旧社会，这种事哪有强买强卖的？其实，刘青青不愿意见石绿洲另有原因：她是时间不够用的，没想在这个年龄段把精力放在搞对象上。她父亲叫刘文章，是外县的一位副县长，还是该县的四大才子之一，文静儒雅，一生写过很多各式各样的材料，自不必说，还发表过很多研究当地历史的有见地的文章，后来作为县史志办主任，主持编写县志。其母是个中学老师，踏踏实实工作，克勤克俭生活，一生所教学生很多，过年过节，总有学生来家里看望。刘青青有两个姐姐，都是大学本科毕业，唯她上的是大专。而她又因为是碎（小）女儿，在父母面前最得宠。但她的这个学历让她在姐姐们面前相形见绌，在父母面前也不硬气。于是，她拿出大量时间读电大的本科，就连星期日，她也在县图书馆里坐着，那里的环境和气氛适合读书。在这个节骨眼上，她咋有闲心考虑对象呢？

给刘青青介绍对象的人比起石绿洲丝毫不少。有人给她介绍过清华大学的高才生；有人给她介绍过县政府的公务员，还是科长一类有职务的后生；有人给她介绍过报社记者；就在她本医院里，一个医科大学毕业的年轻医生也一直在追她。但所有这一切，在刘青青面前都显得黯然失色。她是这么想的：你是名校本科高才生，你是公务员，你是记者……你们都有头有脸，不是把额比得更没分量了吗？就在这个时候，她在报纸上读到一篇《女人当自强》的文章，里面说，女人要在家庭和社会上获得尊重，没有其他选择，唯有踏踏实实地增强自身学识和能力。她是个刚刚走出专科校门不久的小女生，对未来家庭和社会的复杂性有着一种胆怯畏惧的心理，对这篇文章就十分看重。她把文章从报纸上剪下来，压在办公桌的玻璃板底下，只要有时间，就看一遍，用以督促自己。在这样的精神状态下，咋会接受石绿洲的约见呢？

时间在忙忙碌碌的情况下快速地划了过磕，不知不觉，距离石绿洲母子来看病已经半个多月了，一切都很平静。这天，因为急诊室叫她过磕帮忙，下班晚了一个小时，走在路上的时候，路灯已经亮了。县城里，那时候也没有啥夜生活，刚刚七点钟，街上就冷冷清清，几乎见不到人了。秋风飒飒，落叶飘零，刘青青的米黄色风衣被撩起了衣摆。她竖起风衣领子，裹紧两肩，快步走着。突然前面电线杆子后面闪出一个人来，戴着黑色面罩，只露出两只眼睛，伸手拦住她说："今晚额喝酒没人陪，你跟额走一趟吧。"

"额不认识你，凭甚跟你走！"刘青青嘴上很强硬地回绝着，心里却开始扑通扑通乱跳了，她多么希望在这个时候出现一个石绿洲那样高大威猛的警察啊——她便下意识地回了一下头——不回头还好，这一回头吓得她两腿一软，一下子堆乎在地上，身后同样站着一个戴黑色面罩的人，手里正拿着一把刀子对着她，一步步向她逼近。

"来人啊——"刘青青绝望地发出了凄厉的喊叫。这应该是一个年轻女子在危难之时最大胆、最果决的选择了。因为，除此之外，她几乎没有其他能力了。如果发生肢体接触，进行抗争也是必须的，但那结果会是十分惨痛的。她早已看明白这一点，于是，她拼命大叫："来人啊——抓坏人啊——"

一辆自行车突然像天外来客一样疾驶过来，一个高大威猛的警察出现在面前。哈，刘青青眼前一亮，想啥啥来，想谁谁来啊！她像对老熟人那样发出了叫喊："绿洲哥，救额呀！"她自己甚至都不清楚咋会对石绿洲亲热地喊了"哥"。

"啷里个气势！"石绿洲一声大吼，把自行车往旁边一甩，唰的一下子从腰上摘下了警棍，直对着逼向一个歹徒，这个歹徒便节节后退；他又把警棍逼向另一个歹徒，这个歹徒也节节后退。当时刘青青看得清楚，石绿洲比那两个歹徒都高出半头，肩也宽出一个膀子。石绿洲表情严峻，一步步把两个歹徒越逼越远，最后两个歹徒竟然打个呼哨，一溜烟跑掉了。石绿洲没有恋战，并不追赶。他走到刘青青跟前，说：“咋是你？咱俩竟以这种方式见了面！”

27

“呜——”刘青青不知为啥哭了起来，肩膀一抽一抽的。

“别哭了，这里不是久留之地，尔格也不是说话的时间，走，额把你驮回家。”石绿洲把自行车推过来，支好，就搀扶刘青青。但刘青青浑身酥软，没有一点力气，根本坐不上自行车的后座。这可咋办？石绿洲灵机一动，把自行车锁在马路护栏上，一弯腰，把刘青青背上后背，尥开两条长腿，大步流星走了起来。没走几步，他突然想起了啥：“嗨，同志，你家住哪儿啊？”

“往左走。”刘青青有气无力地指挥道。走了一程，石绿洲又问：“往哪儿走？”刘青青便又说：“往右走。”

就这么左左右右，右右左左，曲里拐弯地把刘青青送回了家。刘青青终于能站直身体了，她要敲门的时候，石绿洲问：“额几时还能见你？”

“今晚已经见了，不就行了？”

“额是说以后。”

“以后不用考虑了。”

“啊？忘恩负义！”

“你是人民警察，难道救了人还要报酬？”

“额要一句谢谢，总可以吧？”

“那好，谢谢！额再重复一下，谢谢！”

刘青青敲门进屋了，她竟然没有回头看石绿洲一眼。石绿洲非常失落地离开了刘青青的家门。他慢吞吞地往回走着，心里一阵阵地泛酸。不觉回味起刚才发生的一切，他与歹徒交手已经不是一次，所以，并没有留下特别深刻的印象，倒是刘青青的一切，让他回味无穷。她那窈窕的身材，靓丽的面容，背在背上时暖暖的体温，她的发梢撩拨和摩挲他的脖颈的异样的感觉，她的鼻孔呼出的热气吹着他耳畔那种异样的温馨……啊，石绿洲简直不敢再想下磕了。那是一种美妙得无以复加的感觉，绝对的！

可是，人家刘青青没有一丝一毫要与他深谈的愿望，甚至连多说一句话都不肯，这就让石绿洲十分苦恼。晚上睡觉的时候，老妈大翠又在耳边嘟哝：“儿子，你可不敢不跟家里打招呼就随便在外面相婆姨哩，你是你爸你妈心中的宝，不敢出一点差错哩。”

“是着哩，妈，您老放心吧，额不会给您和额大添麻烦的。”石绿洲钻进被窝以后，马上就闭上了眼睛。按照以往的习惯，也是他作为刑警的基本要求，是要尽快入睡的。职业要求他这样。因为，不知几时会来通知磕执行任务，所以，时间是十分宝贵的，在应该入睡的时候就要立即入睡。但这一宿，石绿洲基本没睡着，脑子里全是刘青青的形象。有一位著名作家曾经写过《男人的一半是女人》的小说，读者十分喜欢，作家以坦诚的胸襟和艺术的语言揭示了一个男人在遇到心仪的女性以后，所产生的渴望接近的心理。石绿洲虽然没有看过这本书，但他尔格正面临这个问题。原来心中十分模糊的正在沉睡的东西，被蓦然间唤醒了。他看着窗户一格子一格子地亮起来了，便急忙爬起床来，简单洗了一把脸就上班磕了。

中午吃饭的时候，他突发奇想，何不磕问问主治医师阿姨，那刘青青，额究竟还有没有希望？刚刚发生过的“截路”事件，让刘青青是否产生了心理上依附警察的念想，进而产生依附额的念想？刑警的风格就是思考迅速，行动也迅速，他骑上自行车就奔了医院。

主治医师阿姨说：“绿洲啊，额知道你是个好后生，否则额是不会对你说这样的话的：刘青青这样的女子虽然没看中你，但她还是敬佩你的。这一点就是你的希望。她不愿意见你，你可以给她写信哩，把你所有想说的话，都写在信里，这样互通了心气，是不是还需要见面，自然就有了答案。额本不该给你出这种馊主意，因为刘青青尔格正专心读书，额们这么做必然会干扰她。而且，额是她师父，额这么做，她会不高兴的。”

石绿洲在回单位的路上，反复回味着阿姨的话，想一想，还真是有道理。那时候时兴写信（不是手机里的短信，而是写在纸上的信件），写信既可以避免当面谈不拢的尴尬，又可以拿着信反复思量——面谈往往会记住这句而丢了那句，纸上的文字则没有这个问题。但是，自己的文字表达能力并不是最好的，要用信件打动一个姑娘的心，是需要思想的智慧和语言的艺术的。于是，石绿洲想到了他的一个中学同学，这个人文笔很好，是县里的业余作家，发表过很多作品。他急忙给这个同学打了电话，两个人嘻嘻哈哈地约谈了一次。

医院的传达室开始出现寄给刘青青的信件了。第一封信曾经让刘青青十分纳罕，谁会给自己写信呢？她想得脑仁疼了，也想不出是谁会给她写信。因为石绿洲的工作非常忙，而且飘忽不定，不知道此时此刻在何处，更不知道彼时彼刻在何处，她第一个就排除了石绿洲写信的可能性。但当她把信件打开以后，感觉自己真是大跌眼镜，信件的落款就是石绿洲。她的心脏一下子咚咚咚地猛跳起来。她没有看信的具体内容，而是把信直接装回了信封，然后揣进裤子口袋里。她连信件写了几页都没注意。

她的心跳，不是因为喜悦，而是面对这样的“干扰”让她十分为难。石绿洲无疑是她的救命恩人，她没有理由对石绿洲说任何不中听的话。但她尔格确实不想谈恋爱，甭管对方是谁。她早已给自己定下了目标：二十五岁以前必须拿下本科学历。哪有精力磕和男朋友花前月下、卿卿我我哩？她不能分心，不敢分心。

当一天忙忙碌碌的工作结束以后，她用肥皂简单洗了手就拎起皮包走了。她尔格已经不敢加班了。师父也非常理解她，尽量不给她安排加班。上一次险些出事，师父曾经向她道过歉。但是，尔格已是初冬，天黑得早，下班时，太阳早已隐没到房山后面，路灯已经亮了。季节的变化是谁都没法抗拒的，刘青青心里想的，就是自己走快一些，再快一些，早些到家，免得在路上再遭遇幺蛾子。家里的姐姐们经常夸她好看，对此她基本无动于衷。她们爱自己的碎妹子，所以才这么说；医院里的同事，话里话外也这么说过，让她在某一天突然想好好照镜子审视自己了，而审视以后，她对自己蓦然间有了几分自信，感觉自己确实“还行”。尔格她对这个问题有了新的理解：小混混儿也会觉得你行，所以要截路。越这么想，脚底下就走得越快。

刘青青到家以后，已经满头大汗。她没有看信件，而是锁进属于自己的一个抽屉里。她尔格真的不敢放任自己，干扰自己。吃过饭，就又捧起书本读了起来。

一周两封信，说起来够勤的。刘青青一封信都没看，全部锁进了抽屉。

一段时间过后，石绿洲的同学问他：“嗨，哥们儿，有回音了吗？”

“么！”

“嘿，这小女子！额可是调动了所有的智慧，已经江郎才尽了。再写全是重复了。”

“好哥们儿，不怕重复，你继续来。”

石绿洲给老同学买了好烟好酒伺候。他俩见面的时候，这位老同学说：“额认识一个女教师，对你非常喜欢，年龄也正相当，额策略地向她提起了你，她表示希望能接近你。”

“不行，不行，开弓没有回头箭，这边还没有结果，额不敢随便乱见。”

老同学对此表示理解，又继续为他写信。

晚上，石绿洲回到家里，老妈大翠突然笑呵呵地拉着他的手，倚着他坐在炕边，小声说：“儿子，今天妈替你相了一个姑娘，是你大的老朋友领来的，长得水灵，嘴还甜，妈给你拿照片磕。”

石绿洲一把拉住了母亲：“妈，额不敢这么做。尔格刘青青已经答应和额见面了。”

“你说的甚？”大翠也一下子愣住了。她没见过刘青青，不知道刘青青究竟是咋个情况，既然那边有了眉目，这边就不该横插一杠子，这一点她还是很明白的。大翠的神色黯淡了一阵子，但很快就多云转晴了。她感觉自己应该高兴，甭管儿子的对象是谁，只要人品好，她就高兴。至于是不是一定要家长首先满意，她已经不计较了，她想明白了，让步了。

为甚一定要人品好？因为以后要参与治沙。人品不好的女子，会兢兢业业地把自己后半生交给治沙事业吗？谁不知道治沙事业是苦差事？

其实，尔格的石绿洲在恋爱问题上有着很大的盲目性。刘青青并没有和他约见、约谈，刘青青的人品咋样，会不会喜欢和参与治沙事业，他也不知道。尔格他正干着刑警的工作，每天起早拉晚，忙忙碌碌，还想不了这么多、这么深，但他一门心思认准刘青青了。

刘青青始终没有回音，让写信的老同学有些烦了，感觉这个碉堡攻不下来："哥们儿，你另请高明吧。额能力有限，而且，尔格创作任务很重，不敢因给你写情书浪费额这么多时间。哥们儿，原谅额！"

任凭石绿洲磨破嘴皮子，老同学绝不再继续写信了。那就没办法了，只能听天由命了。石绿洲啥都不想了。这时候，县里有了新的安排，机关干部都要下基层包队，促进扶贫工作。石绿洲顺理成章地回到老爸石光银身边，治沙种树磕了。

刘青青的本科学历拿下来了，她仿佛卸下了沉重的包袱。工作、休息时，嘴里禁不住哼上一曲流行歌。还为师父织了一件毛衣，表示对师父一直以来对她关照的感谢。主治医师阿姨感觉是时候了，应该激她一下子了。

"青青，昨天额儿子突然向额打听你的情况，想和你见一面。"师父说。

刘青青知道，师父的儿子是个非常成功的年轻企业家，在装饰材料经营方面是一方大户。师父的家境也很好，师父的丈夫是个为人本分的机关干部，家里外面清清爽爽，从来没听说师父家里曾经有过甚口角，出过甚幺蛾子。唯一的不足是师父的儿子身高刚刚一米七。其实，作为一般人，一米七也算可以了。但前面有个一米八八的后生比着，就让刘青青的胃口吊了起来。一米七，只能差强人意了。

这就迫使刘青青晚上回到家里硬着头皮要读一下石绿洲的来信。大姐的小儿子已经三岁了，她打算一边看信一边给小外甥织毛衣。因为石绿洲的信，让她的心气并不是特别高，权作有一搭无一搭的事情干。她把信笺横着一字排开，第一封信共三页，她边织毛衣边看了起来。看一眼信笺，织几下毛衣，但她突然停了手，被信笺的内容吸引了。哇！情书还有这么写的？还有写这么好的？这哪里是情书？分明是石绿洲的家史啊！

啊，那让人畏惧的浩瀚的毛乌素大沙漠，追撵着庄户人家节节后退，一再搬家。石家的人们豁出老命与沙搏杀，屡战屡败，屡败屡战，直到取得成功。啊，那些浩瀚沙漠，已经变成浩瀚的森林。走进绿油油的大森林，会有一种沁人心脾的清香与温馨；那绿油油的大森林就是天然氧吧，会分解出大量的负离子、氧气，和一切人体需要的东西，它们正在无声地为海子梁乡，为定边县，为更远的周边环境，提供服务……

刘青青手里的毛衣和扦子不知不觉地掉在地上，她已经忘记织了半截的毛衣，非常急切地把那些信笺一口气全部看完了。哇！让额说甚好哩，额知道，这些信笺不是你石绿洲写的，你整天忙忙碌碌，风里来雨里磕，咋会有这么成熟的构思，这么成熟的文笔，这是职业写手的文学作品哩。但是石绿洲，额爱这些信笺，爱这些信笺描写的内容，当然，额也应该爱——请允许额留有余地，因为额还不算十分了解你——应该爱站在信笺后面的你！更确切地说，额爱石家……刘青青突然满脸泪痕，激动得不能自已。这段时间以来，刘青青因为读书，一直把自己关在一间小屋里，别人决不干扰她。尔格没人知道，她已经彻夜未眠，读了一夜石绿洲的“情书”，她完全被征服了。此时，天已大亮，她把一大沓信笺整理好，用猴皮筋勒上，装进了一个大塑料袋，妥善保存起来。

刘青青不敢对师父隐瞒自己心中蓦然间发生的变化，师父的儿子还在等待回音。让她想不到的是，师父竟然高兴地一把将她抱住，说："闺女哎，师父盼的就是这个呀!"

"额有些对不住您儿子了。"

"么，么，这就很好。额儿子会祝福你的，他是酒桶，你的喜酒，他喝定了!"

这么大的事情不敢不和家里讲，但是想不到的是全家人都反对这门亲事。两个姐姐举出很多例子，说如果职业反差太大，会影响夫妻间的情感交流，闹离婚的差不多就是这些人。而且，近年来离婚率直线上升，咱可不希望刘家出这种事!

刘青青以各种方式试图说服家人，全都无济于事。这可咋好?不敢再耽搁下磕，自己已经这么长时间没见到石绿洲了，如果他尔格已经有了女朋友，自己不是空欢喜一场?必须立即找到石绿洲，当面锣对面鼓，把事情敲定下来。

石光银又承包了靠近内蒙古的4.5万亩荒沙，此刻，石绿洲正跟随老爸和很多承包联户在治沙种树。刘青青借了一辆自行车，向海子梁乡驶磕。进入沙区是没法骑车的，她不得不把自行车锁在沙区以外，步行往里走。要走向石绿洲干活儿的地方，很远，必须穿过一片已经治理好的森林。磕不磕?她已经没有时间犹豫了。任凭这条路再远，再难走，她也一定要走下磕。此时阳光灿烂，湛蓝的天空飘着白云，甫一走进森林，立即闻到了情书中所写的那种沁人心脾的清香、温馨的气味，这应该是负离子和氧气的味道。阳光射进林地，正透过树的枝叶产生道道金光和耀眼的光环。杨树、柳树、沙柳、紫穗槐、花棒、沙打旺、沙蒿……满目绿色，郁郁葱葱。虽然刘青青对这些植物根本叫不出名字，但她爱它们!

一只羽毛五彩缤纷的锦鸡突然扑棱棱从身边飞起，把刘青青吓了一跳，咋，这当初的不毛之地竟然连锦鸡都回来了?正想着，又有一只野兔从眼前跑过，刘青青立即停住了脚，欣喜地看着野兔跑远。啊，小动物的存在，意味着这里生机盎然。还说甚哩，额不敢再发感慨耗时间了，额必须尽快见到石绿洲，但愿他还没有交上女朋友！

28

刘文章听说自家碎女儿和石绿洲结婚了，气得血压一下子升到一百六，在单位医务室拿了药就回家躺了半个月。刘文章并不是不明白这个道理：子女的婚姻，做家长的该指点自然要指点，但不要越位，对基本正常的情况不要形成生硬的干预。他生气的是碎女儿竟然没跟家里打招呼，私下拿了户口本就磕和石绿洲登了记。你打个招呼又咋着哩？别人难道还拦住不让你们结婚咋的？这么做是不是眼里没有家长？况且你还是家里最受宠的娃子。

此后有两年时间，刘青青回娘家的时候，刘文章只要碰上，就躲出磕。好在他还在外县编史志，回家的次数并不算多。即使如此，刘青青依然非常别扭。她每次回娘家其实也是一件很辛苦的事。尔格石光银住在十里沙村，不论从县城往十里沙走，还是从十里沙往县城走，都没有路，需要踩着沙子前行。有一次，石绿洲用摩托车驮着刘青青回娘家，原以为会速度快些，谁知刚走出不远，便误在沙里。这可咋好？好在此时已经有了手机，石绿洲急忙给老爸打电话。石光银也没有特别有效的办法，他能做的，就是派了一辆驴车磕接应石绿洲。而且，带着铁锹，随走随清路。结果，早晨出的门，才十里地的路，竟走了三个多小时，连午饭都没赶上。

尔格刘青青的老娘已经非常喜欢石绿洲了。本来她对石绿洲娶自己的女儿也是反对的。但石绿洲是个非常实诚的后生，不论是家里买了什么，还是单位分了什么，他都要及时送给岳母一份。而且，石绿洲因为早年一直跟着母亲在家帮忙做饭支援老爸，所以，练出一手过硬的灶上技术。陕北的特色饭菜，以及银川和与内蒙古交界处的饭菜风格，他都做得十分有味儿，速度还快。每次来岳母家吃饭，他都是最忙的一个人。尤其他做的臊子面，是岳母最爱吃的保留饭菜。于是，很快岳母就喜欢上了石绿洲。她曾经跟刘文章说过：

"老头子，你该改改脾气了。"

岳母有意安排刘文章和石绿洲见面的机会和时间，但往往刘文章蓦然发现石绿洲来了，便不由分说拔腿就走。你不接触，咋来了解对方呢？岳母一度非常着急。那时，刘青青娘家还住着三间屋的小院，因为年久失修，夏季来临的时候漏了雨。因为不是公房，需要自己修理。这时候，岳母就给刘文章打了电话。这种事，你总不能不露面吧？

刘文章知道，家里房子漏，是碎女儿表现一把的良好机会，必然会把石绿洲叫来唱主角。所以，他真的犹豫再三，真的不打算回去。他在办公室踱来踱磕，拿不定主意的时候，屋里的同事提醒他："老刘啊，这种事你还犹豫，就是你的不对了。修房子是大事，谁家老修房子？再说，谁是一家之主？难道说家里修房子这么大的事，一家之主竟然不露面？"

刘文章被逼到了墙角，他捏着鼻子回家了。因为走沙路，他一早出门，中午才到。而他刚一进小院，就见院子里站着好几个撸胳膊挽袖子的刑警小伙子，正在擦汗。再抬头看屋顶，早已拾掇得干净利索，规规矩矩。大家见了刘文章，自然刘县长长、刘县长短地亲亲热热地叫，直叫得刘文章感觉自己有点臊得慌了。他红着脸赶紧把大家让进屋。而此时，身上还有泥水的石绿洲已经把饭菜端上桌了，并亲亲热热地喊了一声："爸！"

以前刘文章听到石绿洲叫他，往往装没听见而不言喘。尔格当着这么多刑警小伙子，他不敢不答应，便有些迟疑地"哎"了一声。石绿洲见此，便悄悄地凑近刘文章耳边："爸，给大家拿西凤还是老榆林？"刘文章一个激灵，他有几瓶存了多年的老酒，但牌子只有这两种，石绿洲竟然连家里的'老底儿'都知道！这群小伙子都是有功之臣，他们喜欢哪种酒只有石绿洲知道，所以，自己来做决定是不明智的。他便回答："你想拿哪个就拿哪个。"

饭桌上，小伙子们自然会把石绿洲夸成一朵花，但这些本来实事求是的话，刘文章却并不爱听，在他看来，你们是同事，当然会互相吹捧。但老伴适时插进话来，就让他不敢不想想了。老伴说，石绿洲来得最早，他是把白灰膏和麻刀搅拌好、瓦也喷了水备好的情况下，一边等待伙伴们，一边把饭菜的半成品做出来了。于是，在大家迅速把屋顶修好以后，石绿洲撂下瓦刀、托板，奔向厨房，时间不长，就又把做熟的饭菜给大家端上桌了。

“这么赶赶落落，饭菜好吃得了？”刘文章说。

“老头子，你就别吹毛求疵了，好不好，你可以尝尝哩。”

刘文章拿出自己作为领导的风格，主动站起来率先向大家敬酒，然后就夹了菜吃，结果确实感觉不错。拿下眼镜细看，再逐一品尝，方才感到每个炒菜都色香味俱佳，十分可口。别的不说，在这一点上，他先服了石绿洲。至于屋顶修得咋样，不敢光看眼下外表囫囵、光滑，还要在雨天看漏不漏。不过，他已经对石绿洲刮目相看了。饭桌上，小伙子们免不了夹枪带棒地撺掇石绿洲多喊几声“爸”，多敬爸几杯，但石绿洲只是腼腆地笑笑，并没有行动。

吃完饭，大家都走了以后，刘文章就对老伴抱怨：“你看那石绿洲，同事们撺掇他给额敬酒，他竟然无动于衷！是不是对额不尊重啊？”老伴给了刘文章肩膀一巴掌：“说甚哩？人家石绿洲滴酒不沾，额不是给你说过好多次了？不仅如此，他还不抽烟，多高级的烟对他都没有吸引力！”

“他的同事难道不知道他不沾酒？如果知道，为甚还撺掇他？”

“你这人就死犟，那不是同事们想让他破例吗？”

唉，刘文章权且相信老伴的话。果真如此的话，刘文章对石绿洲这种“烟酒不沾”的风格倒十分赞赏。尔格年轻人思想解放、新潮，好热闹，也有条件热闹，抽烟喝酒都是家常便饭，竟然有“烟酒不沾”这么保守的小伙子，真是难得。但他对石绿洲做事是不是实在还要再看。他在等待下雨。谁知，这年夏季偏偏干旱，雨水少。于是，这好几个月，他都对石绿洲躲躲闪闪，不冷不热的。

这时，石光银作为治沙代表，被国家派往印度参加联合国粮农组织召开的“亚洲全球非政府组织南南与南北合作履行联合国防治荒漠化公约论坛会”。海子梁乡一下子沸腾起来：

“咱们的石光银要出国了!”

“真没想到，一个泥腿子竟被国家派往联合国磕开会!”

“尔格全世界都在开展治沙种树、保护生态哩!”

农民自有农民的语言，农民自有农民的乐趣和向往。尔格石光银要出国这件事，蓦然间让他们把不可能作为乐趣和向往的事情变成了现实。这个时候，最忙的是大翠和刘青青：大翠忙着设计石光银的服装和头饰，刘青青则负责落实。譬如，咋说也得来一身像样的西服、一双新皮鞋吧，至于头上要不要继续系着羊肚手巾，全看人家主办方的允许度，只要人家允许，咱就不敢丢掉老农民的本色。刘青青听了婆婆的设计，憋了半天没憋住，最后还是笑了起来：“穿得西装革履，扎羊肚手巾?”

过海关的时候，让石光银闹了个大红脸，人家要求本人在出国证明上签名，他尴尬地告诉人家：“额不会写字。”人家根本不相信：“这时间挺紧的，大叔，您就甭幽默了。看您面相就喜兴，当相声演员保证有人缘。”跟随石光银的工作人员心说：“海关同志，你就甭跟着幽默耽误工夫了。”他急忙抓起石光银的手，两个人一起签下了石光银三个字。他们离开服务台快步走磕的时候，海关人员看着他们的背影，挠着头皮纳罕了半天，这简直是让人难以置信的事。那时候出国的人员还不多，一个老农民能出国，而且是磕参加联合国的会议，真的是让人难以置信。

但是，在联合国召开的治沙代表会议上，石光银依靠他多年来的经验体会，深入浅出，侃侃而谈，不温不火，妙语连珠，时而逗得会议代表抚掌大笑，时而又让会议代表泪水涟涟，时而引得会场上爆发出热烈的掌声。会议后，各国代表对石光银好评如潮。石光银光荣地获得了“世界杰出林农奖”。这次会议全世界获奖者总共五个人，他便是其中之一。新华社发了通稿，全国各大报、各地方报纸都做了报道，央视和地方电视台都做了实况转播。

刘青青非常担心自己的公公会拍回一张穿着西装革履而扎着羊

肚手巾的照片。待老公公回来把新闻单位给的照片一看，石光银果然穿着蓝灰色制式衬衣，头上扎着雪白的羊肚手巾。还好，没有太让人看不过磕。当然，如果把制式衬衣换成对襟衬衣，不就更好了？

石光银真的不是凡人，他一回国就带回一场秋雨。这是夏秋以来的第一场雨。终于下雨了。刘文章等这场雨早已等得心焦了。不下雨，他咋会知道房子修得好不好，石绿洲做事实在不实在。这场雨黏黏抻抻下了好几天，雨停以后，很多住户都在抢修房子。而刘家，安然无恙。刘文章终于放心了，一块高悬的大石头算是落了地。这几天他报纸也看了，电视也看了，对石光银取得的骄人成绩自然是同喜同贺的。不过，偶尔会有一点酸溜溜和不好意思。这酸溜溜不是嫉妒，而是他对石绿洲的歉意和愧疚。不好意思，是说他感觉再见了石绿洲应该主动说句讲和的、道歉的、肯定的、有点为石绿洲翻盘平反的话。而这种话，让老岳父对女婿直截了当地说出来，真的让人不好意思。

但没等刘文章主动上门，石光银和大翠带着石绿洲来找刘文章了。饭桌上，石光银豪情满怀，意气风发，说出的话让刘文章非常佩服。石光银说道："额通过翻译，了解了其他国家治沙的情况，与咱们比，不是夸口，他们真的差得很远！以后额把咱们的沙治完了，就向国家申请，帮那些国家治沙磕，让他们看看，甚叫'唧里个气势'！"

"哈哈哈哈！你呀你呀！"刘文章大笑着指点石光银，"额有诗了。"

石光银不明白刘文章说的甚，"有事"还是"有时"？要么就是"优势"。总之，是不明就里，只听刘文章口占一诗道：

山坡上，沟里头，
有你种上的柳树；
小河边，公路旁，
有我栽上的白杨。

那是绿色的种子，
在黄土地上萌发；
那是绿色的希望，
在黄土地上生长。
荒滩里，沙梁上，
有你插上的红柳；
草滩里，原野上，
有我撒下的柠条。
那是绿色的种子，
在沙漠碱滩生长。
果园里，崖畔上，
林海浩瀚又莽莽。
那是绿色的希望，
在我的心里生长。

“原来是作诗哩！和额的信天游差不多么。”石光银笑着鼓起掌来。

刘青青站在老爸身后，抚摸着老爸的肩膀，看看石光银，又看看石绿洲，心里全是喜悦和幸福。家和万事兴，农民的门楣上最愿意挂这个横匾，她也最喜欢这句话，她真诚地希望石、柳两家摽起膀来，把事业和生活都调理得漂漂亮亮的！

“额不是乱发议论，老伙计，”石光银对刘文章推心置腹道，“未来几年，额打算干的事情还有很多，你家闺女——额儿媳妇青青恐怕要跟着受累，你承受得了吗？”

“咋承受不了？到时候她悄悄磕了，额想拦也拦不住啊！”

“哈哈哈哈！”

“哈哈哈哈！”

笑归笑，石光银还是把目光转向刘青青：“闺女，下一步额的举动很大，真的需要你和绿洲全力以赴加入进来，你真的能承受？”

"额当然没问题，但您如果让额把话说死了，还是由额大来说最合适。中国人最古老的传统的东西，由额这个儿媳妇当着自己的老爸说出来不礼貌，也不恰当。"刘青青使劲捏着老爸的肩膀，意思是让他把话接过来，但刘文章一直呵呵笑着，并不接茬儿。

石光银看看这个，又看看那个，说："还涉及中国的传统了？而且还是最古老的？绿洲，你知道青青说的是甚传统？"

石绿洲也看看这个，再看看那个，但他啥都不说，只是给大家往碗里布菜。

石光银说道："嘿，瞧你们这个劲头，成心让额着急哩！"

刘文章抿了一口酒，说："甭打哑谜了，额说吧，就是说，刘家的闺女嫁到石家，就是石家的人了，有资产有遗产，一方面是传男不传女，另一方面是宁传儿媳妇不传自家闺女。所以，青青没有任何理由不参加石家的艰苦创业，哪怕掉层皮，哪怕伤筋动骨，都不敢犹豫，不敢退却。青青，额说得对不对？"

"是着哩，是着哩。"刘青青红着脸对老爸的准确解读十分赞赏，但也对老爸把一些不便揭开的底牌揭开而多少有些脸上发烧。

大家对刘文章的话一时间都没法接茬儿，因为这个问题差不多等于"双刃剑"，参加艰苦创业，将来就应该和石家的人一起享受成果。石家不是贪财自私的人，不会让儿媳妇吃亏，但万一创了半天业，艰苦了半天，而并没有甚值得骄傲的成果，则石家就对不起刘家了。桌面上一时出现冷场。还是刘文章脑筋快，他亲自给大家斟酒，还明知故问地问石绿洲："你今天无论如何也要喝点酒意思意思，对不对？今天等于额把闺女正式托付给石家了，你还不该喝点酒吗？"

此时，石光银已经想好了措辞，他一边张罗着大家一起举杯，一边婉转地回答刘文章的话题："老刘啊，你就把心放到肚里，任何时候，石家都不会做对不住青青的事。来，干！"

一瓶酒眼看就见底了。刘文章带着三分醉意，问："老石，你说这么热闹，究竟打算有哪些大举动啊？"

“你们要不怕干扰喝酒，额就说说。”

“不怕不怕，额们也想明白明白哩。”

“好，具体包括：在现有林中空地再补植、更新树种 1 万亩，其中樟子松 1000 亩；新建 20 亩固定苗圃，自己培育苗木，满足本公司需要；利用水肥条件较好的地形，采取大苗深栽的方法，新发展速生丰产用材林 10 万株；承包国营长城林场 5 万亩荒沙的治理任务，在‘十里长沙’中建立高效经济林试验基地，尔格合同已签，剩下的就是落实问题，优先加入联户 80 户；承包盐化厂盐湖四周 6 万亩荒沙，优化盐化厂周边环境——”

刘文章打断了石光银的话：“嘿，这工作量还真是不小!”

石光银正讲到兴头上，对刘文章摆了摆手：“你甭打断额。还要大力兴办专业养殖场，先养猪 100 头、肉牛 100 头、羊 2000 只；开发 2000 亩水田，其中 1000 亩种植黄麻，1000 亩种植其他农作物，搞起饲料基地和加工厂；从咱县南部山区选择一些生活极度困难的群众移民到治沙公司属下的新望林牧场安家落户，有可能解决 50 家，尔格已经来了 16 家……”

石光银如数家珍一般，将工作计划与设想一股脑儿倒给自己的亲家，谦虚地征询刘文章的意见。刘文章十分赞佩地连连点头：“没意见，没意见，额听得十分振奋，由衷佩服你的魄力、能力和凝聚力，你真是咱们这一方土地的一条猛龙哩!”

29

石光银听了这话，心里一个激灵，但他马上就让自己平复下来。老爸石发富曾经说过自己出生时天上有一团白云在纠结、舒展，其模样与猛龙毫无二致。但他没有对外人透露一点点关于“猛龙”的意象，只是每当这个意象在心里稍稍地一掠而过的时候，立即就把这个意象压在心底。那时候还没有流行“低调”这个名词，而石光银一直秉持着这个做法，他不愿意给自己惹麻烦。别人爱咋评价，只管让人家磕说，但如果从自己嘴里说出来，就会被人讥讽为“忘乎所以”，尽管你已经成绩斐然。

治沙事业的蒸蒸日上，使社会各界对石光银刮目相看，各行业来参观学习的人络绎不绝。但有一天来了一个“神秘者”让石光银十分纳罕。这个人穿着十分朴素，一件老式的极平常的半旧灰色夹克衫、一条半旧黑裤子，脚上的皮鞋因长久不打油，已经磨得露出灰白色的皮子，而且还没有鞋带。单看这些，这个人很像在建筑工地搬砖、和泥的农民工。但，这个人戴着茶色眼镜和口罩，让人看不清他的真实面目，也猜不到真实年龄。这个季节虽已是深秋，但还不至于在屋里也戴口罩吧？这个人首先掏出一张名片递给石光银，名片上没有名字，只是印着5000万的数字，而且，这张名片刚刚拿到手里，立即就闻到了它散发的香味。因为石光银长年种树，对花草的香味应该是熟悉的，所以，立即就判断出这张名片的香味和樟子松被太阳照耀之后散发出来的味道一样。这就更奇了，商店里所卖的各种香水，难道还有以樟子松的香味为原型的吗？石光银虽然没文化，但他也坚信，那几乎是不可能的。

那么，名片上印着5000万是啥意思？石光银虽然不识字，但对数字还是十分清楚的，便开口问道：“你的名片咋这么神秘？与你这个人倒很相像哩。”

“额是一个企业家，额有5000万元资产。这个数字代表额的名字、生命和分量。”

“恕额直言，你应该属于拜金主义，咱们之间共同语言不多。”

“不可这么说，额的到来如果能对你有利，难道不好吗？”

“你打算作甚？说说看。”

“额打算从你的公司转包200亩沙地，也来种树。”

“这个么，额不反对。额历来主张，治沙种树的人越多越好。”

“额可以和你签个协议吗？需要多少资金，额立即打过来。”

从这件事本身来看，石光银确实不想拒绝；但这个人的外表打扮，让石光银不太放心。公司的隆之冲和关漠长都反对和这个人合作。把自己搞得神神秘秘的，啥意思哩？你是看不起额们，所以才不露真相还是咋的？如果是这样的话，那么，额们理直气壮地告诉你，老石虽然没文化，但他是劳模，是磕联合国参加过国际会议的世界名人。你是甚？你有 5000 万元就藐视老石？你太忘乎所以了吧！额们要告诉你，尔格资产有 5000 万元的人不计其数，哪个像你这样天天把脸遮盖住的？

石光银左思右想，拿不定主意。他一个电话叫来了石绿洲，让儿子帮着弄清这个人的真实情况。儿子来了以后，问清了神秘者的名字，在网上一查，果然是某公司的法人代表。他便又给工商局的朋友打电话，弄清了这家公司确实有一定实力。既然如此，这个协议可以签。鼓励更多的人参与治沙种树，历来是石光银的主张。

但从此以后，石光银每次看到这个人，都见这个人戴着茶色眼镜和口罩，从来没见摘下过。也就是说，石光银从来没见过这个人的长相。不过，这个神秘者真的在 200 亩地上栽起树来。外表看上磕，一切都正常。公司里的人也都纳罕：那个人究竟长啥样？难道鼻、嘴有残疾？有口臭？但是，通过石光银与他的接触，并没有感觉到这些呀。事情真是奇怪。

石光银正在大展拳脚的时候，林业部门对石光银造下的大片林地进行了验收和评估，说出一个情况让治沙公司的同人们喜悦、狂欢了好几天：尔格这郁郁葱葱的绿树就是绿色银行，兑现的话，至少几千万元。这还不值得喜悦和狂欢吗？石、刘两家，加上治沙公司的所有同人，家家做羊肉臊子面庆祝。磕供销社买酒的人碰面皆哈哈大笑，敢情都是自己人哩！

隆之冲还跑到神秘者的林地磕等待他的出现，见了神秘者，便把公司的好消息告诉了他，心里说：你不是有 5000 万元吗？尔格额们资产也并不比你少！但神秘者对隆之冲的话像没听见一样，根本不予理睬，只是径直朝前走。隆之冲紧追着他说话，他就紧走。最后隆之冲感觉这个人不可理喻，遂愤怒地兀自回磕了。

事情的发展总是这样，指望一帆风顺、事事如意，实在不容易。

因为事物是发展的，发展会带来变化，而变化受着方方面面的影响。恰在此时，国家的林业政策有了新的调整，即种活的树不再允许砍伐。偶尔经过林业局批准允许砍伐的树木，将少之又少。打算依靠种树致富的人们，都愣住了，他们一下子愣了好几天。石光银的治沙公司好几天没人来上班，本来每天熙熙攘攘、热热闹闹的治沙公司，蓦然间就门庭冷落车马稀了——石光银治理好的这几大片林地，已经纳入国家的生态林范围，纳入了国家“三北地区防护林带”。如此一来，种树几乎变成了“尽义务”，以前治沙公司为买树苗、更新优化树种加人工费贷的款，将由自身想其他办法偿还、消化。倏忽之间，石光银由“千万富翁”变为了“千万负翁”。

已经经历过“喝酒摔碗”的十二个骨干，没有出现退缩的，他们相信石光银会拿出新的办法。但你们坚定，你们是“铁哥们儿”，你们却没办法保证和强求其他那些联户承包者也和你们唱一个调调，“一条道走到黑”。大多数联户承包者一下子拥到治沙公司，要求退股。脾气急躁的隆之冲发起脾气，大吼：“你们起哄咋的？难道对治沙公司一点感情也没有？”

“隆总，你别乱扣帽子。”村民们七嘴八舌地驳斥隆之冲，“尔格致富的路多得很，你为甚不允许额们尝试一下别的门路？难道非让额们在一棵树上吊死不可？”

甚至还有村民这样劝导隆之冲：“隆总，你跟石总说说，让他也改弦更张吧，不论你们选择甚行当，额们都跟着走。”

石光银在屋里坐着，听着外面的议论，如坐针毡。他把一锅烟抽得吱吱响，太阳穴又出现过去的那种跳动，两个后槽牙也开始疼了。这时，好久没有来往的邵卫国来访，他表情严峻地分开众人，来到石光银的屋里。石光银急忙磕干净烟锅起身迎接。

“哎呀哩，老朋友，哪阵风把你吹来哩，这些年来可好？”石光银紧紧地握住邵卫国的手不撒开。以往邵卫国对石光银既实实在在地支持过，也凉锅贴饼子撤火、蔫溜过。不过，石光银早已忘记了。他所记住的，就是邵卫国曾经和自己同事过，在一个屋里办公，合着抽一个烟袋荷包的烟叶末子。

“额告诉你一件事，你看看咋办。”邵卫国尔格已经六十大几，一头白发，眼角、嘴角的褶子很深，差不多能夹住一支烟，“县里郭天成的儿子出车祸了，咱们是他的老下级，是不是磕看看?”

“哦？真的磕世了?”

“没错。这件事让额想起以前咱们县有个治沙种树的李守林，还是中央委员，他活着的时候，家里的房子总是被流沙追撵埋没，他死后，那些沙梁便再也没有光顾；还有前几年靖边县一个治沙种树的女劳模，干得正欢的时候，丈夫得癌症磕世。尔格郭天成天天喊‘定边要脱贫，决战在林草’，也把儿子搭上了。你说说看，是不是老天爷对你们治沙种树有成见?”

石光银一时愣住，没有回答。李守林的事，因为那时候石光银年轻，所知甚少。而靖边那个女劳模丈夫去世的事，他在省里开会的时候已经知道了，因为那个女劳模也出席了大会。她丈夫纯粹是累死的。尔格郭天成的儿子……是不是要和治沙种树联系起来？他不敢乱说。

“光银啊，额虽然没有加入承包治沙，但额多年来一直关注你们。最近，额得知了一条新规定，只许种树不许砍树。这对你们也是一瓢冷水。更证明，额没有参加承包治沙是对的。否则，额这个年龄，非得气死不可。”

石光银有些纳罕地看着邵卫国。他感觉他尔格已经跟邵卫国没有任何共同语言了，他已经懒得回答邵卫国的话了。

“昨天，额遇到一个出家人，他对额说：‘爱欲之人，犹如执炬，逆风而行，必有烧手之患。’你肯定不明白他说了甚，他的意思就是不要干拂逆天理的事情。”邵卫国还在搜肠刮肚地没话找话说，一点没觉得石光银的脸色已经变得十分严峻。

不能善解人意的人总是这样，在不合适的时间和地点说不合适的话。此刻石光银的心情蓦然间就坏了起来，太阳穴的血管在不停地跳，他想摔东西，想打人。不过，他没这么做，只是使劲咽下一口唾沫，转过身磕，从文件柜里拿出一包朋友从东北给他捎来的关东烟大烟叶，用一张报纸包好，递给邵卫国，说："这是你和额最爱抽的烟叶，你拿着先走，额这边正跟村民们打歪歪，回头额磕找你。"

邵卫国不知道这是石光银的逐客令，还不想走，絮絮叨叨地还在说。石光银一把将他从椅子上拽起来，推出屋子，自己也跟着走出磕。邵卫国此时方知，石光银正面临难过的坎儿。他在腋下夹着烟叶，边走边说："光银啊，额祝愿你们治沙顺利，不希望你也出幺蛾子，但你该留心也要留心啊！"石光银强作笑容道："是着哩，是着哩。你放心吧。"

送走邵卫国，石光银在屋里闷坐了好半天。外面的村民们还在跟隆之冲嚼舌头，而且，来的人越聚越多。他不禁一声长叹。你涉及村民们的实际利益，以甚理由解释，都难以让他们宾服。眼睁睁的是，尔格再盖房子就不敢间伐砍树了。想砍棵树换点钱改善一下生活，也变成不可能。唉，给大家退吧。他找不出不给大家退股的理由。

他把隆之冲叫到屋里，如此这般地做了安排，但隆之冲把脖子一梗，拒不执行。他说："老石啊，关键时刻你要头脑清醒。想想看，给他们退了股，额们几个得背多大的包袱？咱还活吗？不是又得家家哭声连天、婆姨打离婚？"

石光银眉头紧锁，心里承认隆之冲没有瞎说，但做事需要顺势而为，逆事顺办。他不知道该对隆之冲咋个解释。情急之中，他端起洗手盆的半盆水，往地上一泼。隆之冲大叫："老石，你干甚？"石光银不说话，拽着隆之冲的胳膊让他往地上看。只见半盆水顺着地面瓷砖之间的沟沟慢慢流出屋子，顺着门槛的缝隙流到屋外。

"看甚？额甚也没看出！"隆之冲气哼哼地说道。

"哎呀哩，你脑壳不灵哩——瞧，水是不是顺着瓷砖之间的沟沟往外流？"

"是着哩，那又咋了？"

“这叫顺势而为。当年大禹治水就是顺势而为，另辟渠道做疏导，而不是堵塞。村民们的股份该退则退，才不会激化矛盾。你看这地面，如果没有沟沟，水肯定是乱流的；有了沟沟，就顺沟沟而走了。”

“这么说，额还想得通。那就给村民们退吧。”

给村民们退股需要拆借资金，石光银借着看望郭天成，吊唁其子，请郭天成帮忙，贷出一笔款来。郭天成近期心情非常不好，非常苦闷恓惶。幼年丧母，中年丧妻，晚年丧子，是男人三大不幸，而尤以第三个为甚。石光银把郭天成和老伴接到他的治沙公司，住了下来，要让他们夫妻俩天天走走树林子，换换脑子。郭天成在这里真的住了好几天，把精神状态调整得好了一些，才回磕。

临走时，郭天成问石光银：“你会不会因为额儿子出事，你就打退堂鼓，退出治沙？”

“不会，额这辈子治沙治定了，十四马也拉不回。”

郭天成与石光银紧紧拥抱。这是一对“不打不相识”“不打不相交”，在治沙问题上最终走到一起的挚友，虽然他们在职务上一高一低，却志同道合、息息相通、心心相印、惺惺相惜。

石发富老汉这些年随着年龄的增长，越发保守，当他得知郭天成的儿子不幸去世的消息以后，拄着拐杖颤巍巍地来找石光银谈话。他想让儿子见好就收，不要把孙子石绿洲牵连进去。因为石绿洲小两口儿非常孝顺，经常给他们老两口儿买好吃的、做好吃的送去，还经常帮老两口儿洗衣做饭。石发富不愿意孙子有一点点闪失。

“光银啊，你可曾听说过‘人心不足蛇吞象’的故事？”

“咋没听说过！可是，大，额们尔格是箭在弦上，不能不发；尔格又是骑虎难下，没有退路。退回去，会有多大的损失！谁来补这个大窟窿？”

“经济上的事，额不好说；郭天成的儿子出事，这件事邵卫国已经跟额说了，以往李守林的事，他也说了，靖边女劳模的事，他都对额说了。额不能不为孙子石绿洲捏一把汗。这沙魔真的不是好惹的哩。”

“额说您咋会想起来劝额哩，是这个邵卫国到处说长道短。那都是偶然的巧合，咋敢当事例来说哩？额没文化，可额信奉马克思，额是唯物主义者。”

“额不管你唯物不唯物，老人的话你不可不听。树上有个金苹果，看着是吸引人，可是，如果你跳跳脚就能够着，那好，你就够；如果跳了脚够不到，搬来梯子仍然够不到，那么，咋办？撤兵。一条道走到黑，不是咱石家的风格。”

“大，您的好意儿子心领了，可是额这条路必须继续往前走。老话说，苦海无边，回头是岸。问题是额们回头就不是岸，而是巨大的财务窟窿。让谁磕堵这个大窟窿？让人家隆之冲？让人家关漠长？人家都是额的助手，额把这么难办的事推给人家，合适吗？再说了，人家会接吗？就算他们风格高，接了，就会天上掉馅儿饼？还不是仍然要苦熬苦做？”

“尔格你本事大，越来越会和自己老爸嚼舌头了。你嚼你的舌头吧，额走。”

石发富气愤地收起烟锅，掖进腰里，使劲“哼”了一声就往屋外走。正在厨房做饭的大翠，听见这边老公公要走，急忙跑过来，拦住石发富，说：“大，您吃完饭再走，额正给您做荞面饸饹哩。”

“你们还是让额走吧，这顿饭额是没心情吃的。”

没办法，石光银只得跟随老爸出来，送了一程。石发富背着手径直往前走，对跟在身边的儿子不理不睬，就像没这个人一样。石光银不得不站住脚，目送老爸离去，然后有些沮丧地回自己家。但石发富走了一会儿，感觉事情没有结果，便十分不爽。他往一旁的道上拐了过去。那个方向是孙子石绿洲和刘青青下班的必经之路。这个时间刚刚下午三点左右，石绿洲两口子在县城上班还没回来，石发富便坐在路边的一块石头上抽起旱烟静候。

于是，石发富在这块石头上一坐就是三个小时，把一烟袋荷包的烟叶末子都抽光了。他用烟锅剜着空空的烟叶荷包，十分惆怅，亦十分心焦，便捡拾路边地上的干枯树叶，用手指捻碎了装进烟锅，点燃抽起来。但很不是味儿，只抽了两口，就在石头上磕掉了。可是，心焦的时候没有烟抽便受不了。正急得抓耳挠腮之时，石绿洲骑着自行车驮着刘青青回来了。石发富迎着他们走了过去。石绿洲和刘青青赶紧从车上下来，石绿洲说道："爷爷，天就要黑了，您一个人在这圪蹴着作甚？"

石发富不言喘，扳住石绿洲的肩膀细看。看了眉眼看鼻嘴，然后端详面相，足足看了三分钟，让石绿洲十分纳罕，不解地问："爷爷，您看甚哩？额脸上哪点不对劲了？"

石发富还是不言喘，只是推开石绿洲，转身往家走，甩下一句话："这个星期天，你们小两口到额家去一趟。"

"没问题，可是，作甚哩？额们忙着哩。"

"连吃顿饭的工夫都没有？"

"有，有，吃顿饭还不行吗？可是，您总得告诉额们作甚吧。"

"不作甚，你们准时来就行了。"

石发富说着话走远了。长久以来，石发富老两口儿不愿意拖累一直繁忙的石光银，就跟大儿子——石光银的哥哥一起住。石绿洲小两口经常去看望，和大伯一家的关系也处得很好。

星期日，石绿洲两口子按时到了大伯家。一进院子，就见一个陌生人在盯着他打量，上看下看，左看右看，看了头部看全身，最后两眼紧闭，双手合十，默念起什么。石绿洲见此，没法跟他打招呼，只得和刘青青径自走进屋里。一会儿工夫，石发富拿了两张票子，出来送给陌生人，两个人走出院子，说起悄悄话。

"你看额孙子是甚命哩？"

"他是治沙的命，按理说，他应该退出来，因为他的命相不及其父，但他命里注定要一辈子治沙，这是没办法的事。你们只能照顾好他，同时让他好自为之。"

石发富沉默了。两个人一手交钱，一手交物，遂分开各自回家。尔格石发富手里有了一个石刻的小龙，有底座，陌生人称其为"镇沙龙”，需要让石绿洲每天随身携带，工作时摆在办公桌上，回到家摆在床头柜上。总之，须臾不可离开。

石绿洲对这些不太相信，都啥年月了，还讲这些。他将“镇沙龙”摆在自家床头柜上，给“镇沙龙”拍了照片存在手机里，作为手机的开机图。如果按照陌生人的口径，这么做肯定是不行的，等于亵渎他冥冥之中的祈祷、祈愿和祈求。刘青青也曾提醒他：“是不是应该把‘镇沙龙’随身带着，该摆办公室就摆，别只摆在家里？”

石绿洲摆了摆手：“额把它照下来放在手机里，时刻不离身，不是更好？”

但石发富虽然为石绿洲请来了护身符，却从即日起仍然整日里忧心忡忡，于是，时隔不久便溘然而逝。医生到家里为他检查，甚病也没查出来。他的去世可以理解为自然衰老，内脏器官衰竭使然；也可以理解为心事过重，愁肠百转的结果。老年人本来就应该事事看得开，不可过于纠结。孔夫子曰：“六十而耳顺，七十而从心所欲，不逾矩。”这里的意思应该包含两个层面：一个是描述人的自然现象，到了这个年龄会自然生成；另一个则是对人谆谆教导，即你到了这个年龄理应如此，不该再逾矩。

奶奶白毛女自然知道石发富去世的原因，于是，剩下她一个人以后，就搬到了石绿洲家里住了。石绿洲是奶奶唯一的孙子，是奶奶的心尖尖，她要亲眼看着孙子生活，时时督导孙子生活。按说，白毛女尔格已有四个孙女，她都十分疼爱，跟谁过似乎都比跟石绿洲过更随意、更方便，耳鬓厮磨的时间更多。那石绿洲天天急急火火，风里来雨里去，别说吃饭睡觉，就连几时回家都没有准点，白毛女亲临身边督导孙子，能实现理想吗？但白毛女这么做了以后，似乎就放心了很多。孙子虽生活、工作不规律，毕竟还是经常见到，老人家抚摸一下大孙子的脑袋，亲亲额头，攥攥大手，抻抻衣襟，揪揪耳朵，心里便如打翻了蜜罐子。

刘青青性情随和，奶奶来到身边一起住，并没有感觉有甚不适应，相反，她深深体验了“家有老人是个宝”这个中国人的传统观念。或许有人认为，老年人既爱唠叨，让人心烦，又给家庭添了负担和累赘。其实，老年人深厚的生活积累和丰富的人生阅历，对后人来讲是一笔宝贵的精神财富。尤其自家的老人，走近他们，聆听他们，读解他们，是继承中国优秀传统文化的重要方面。而且，老年人基本都清心寡欲，穿衣吃饭要求都不高，对一个家庭的消耗并不多。刘青青和白毛女共同生活了好长时间，心情十分愉悦，从未发生龃龉，直到老人离世。

而石光银像一个长征者，做了短暂的休整和心理调节以后，已经沿着自己确定的路线，扬鞭催马继续前行了。他因为手里的钱还不够，这次下了狠心，托朋友借了高利贷。同时，他发动身边的十二个骨干找自己的亲朋好友拆借。公司的十来项工作都在进行当中，总不能因为政策有变化就放下，就撤火不是？那不是损失更大吗？

刘青青跑回自己娘家借钱磕了。她没让石绿洲跟着，她怕遭到拒绝，让石绿洲没面子。毕竟是自己的妹妹，姐姐们倒是借给刘青青一些钱，让刘青青心里热乎乎的。于是，她信誓旦旦地对姐姐们表态："咱也签个协议吧，等额们翻过身来有了利润，额们会连本带利一起还的。"但姐姐们说了一句话，又让她心里别扭了半天。姐姐们说："咱也甭签协议，也不指望你的高息和其他好处，只要以后你们能过好日子，少给额们添麻烦，额们就知足了。"

以后，随着时间推移，刘青青又找姐姐们借了好几次钱，她一次比一次给的利息高，但毕竟是纸上谈兵，说得再多，眼下也无法兑现。于是，姐姐们就把那句出于真心的揶揄的话一遍又一遍地重复说起，让刘青青的耳根都磨起膙子了。

不过，这些事她都能承受，自己的亲姐姐，不论说甚，她都不急。最让她心里难受，几乎承受不了的，是公公石光银实在被逼无奈，把公司的三十匹马卖掉了。那是三十匹骏马。什么叫骏马？个个体形匀称彪悍，毛色油亮，精神抖擞不说，当护林员骑着它们磕巡检，或石光银、隆之冲、关漠长骑着它们磕办事磕开会，不光是威风凛凛，给主人撑面子，它们还知进知退，不会随地大小便，也不会随便嘶鸣。外人见了，没有不夸的。退一步讲，如果卖给爱马的人，卖给真正使用的人，也就罢了。石光银情急之中把它们卖给了屠宰场。因为，他们找遍了能说上话的单位和个人，都没有人买，病笃乱投医了。

刘青青听说以后，趴在家里的床上哭了半天。很多年过磕，只要她一想起那三十匹马，就心里颤颤的、眼泪汪汪的。

钱紧，难倒英雄汉。石光银不爱这些马吗？他从小就在马背上长大，对马的一切习性、优缺点，心里都明镜似的。他始终把马、骆驼视为无言的朋友，而且是忠实的朋友。这些马都是他亲手从骡马市场挑来的，是好中选优啊！

石光银被挤对得没有办法，便又有了一个不成熟的想法，他想把所种的已经成活的那些林子都卖掉，当然，正在干的那些半残子工作依然继续推进。这个想法如能实现，会兑出大笔资金，公司立马就解套了。他找到县里的郭天成的时候，郭天成在机关食堂请他吃了饭。他急切地问："咋样，县里能否下个指令，让国有林场买走？"郭天成说："额为甚请你吃饭，难道还不明白？"

"你是先礼后兵，拒绝的话在后面？"

"对着哩，老伙计，县里真的没有这笔资金。"

石光银一声长叹。那时候的定边县还是贫困县，资金十分紧缺。即使有好项目，也很难拆兑出资金来，尔格要解决大片林地的赎买，确实不太现实。石光银垂头丧气地回来和领导班子研究，咋办？大家面面相觑，想不出办法。他又说："活人咋敢让尿憋死？要么，咱们把成活的林子无偿交出磕。这样，至少免掉了咱们护林、更新树种的成本和费用。"

30

大家依旧没人说话。沉默了好一会儿，隆之冲终于忍不住了，说道："老石啊，你是咋想的？无偿交出磕，啊？劳模你当着，树额们种着，尔格脑瓜一热就要往外交。那可是额们用血汗浇出来的心尖尖啊！”

隆之冲就是这种脾气，他想到甚就说出甚，不管你敢不敢接受。他的那句“劳模你当着，树额们种着”，让石光银的心里“咯噔”一下子。树是大家一起种的，可自己是冲在前面，并没有当甩手掌柜。不过，劳模确实只有自己才是。但这是上级领导在广泛征求群众意见基础上决定的，是大家投过票的，咋会被当作话柄和口实拿出来说呢？

“那你说该咋办？”

“还是想办法卖出磕，白交，不行。”

“可是县里拿不出这笔钱，咋办？”

“那额也没办法了。”

“可是，护林的费用每天都在发生，马上又该更新树种了，又要掏出一大笔钱，咋办？”

“哎呀哩，啷里个气势！哪这么多咋办？你干脆交出磕算了，你喝肉汤，额们也喝肉汤；你喝西北风，额们也跟着你喝西北风。可行？”

石光银摇摇脑袋，一声叹息，转向关漠长：“老伙计，你看呢？”

关漠长是个老成持重的人，他一直没有发言，其实就是在思考，在没人买的情况下，究竟交出磕合适不合适。他仔细一算账，合适。于是，他立即回答石光银：“额同意交。”

“领导班子三个人有两个人同意交，那好，额马上到县里磕。”

这可是无偿地交啊，但是，郭天成又把石光银拉到机关食堂吃饭了。

“哎呀哩，你是不是又来先礼后兵啊？”

“糟糕哩，额的小九九都让你这个聪明人看穿了。”

“哎呀哩，老郭，尔格不叫你县领导，直呼你老郭！你想过额们养着这些林子负担有多沉重吗？”

“老石，你本来就用不着叫额职务，叫老郭就对了——额也问你，你知道额在这件事上承担了多大责任吗?”

“树额们种着，成绩在你讲话稿里写着，你承担甚责任?”石光银急中出乱，把隆之冲的话语模式端出来了。

“老石啊，你想想看，你把林子交出来，额收了，额转给谁？转给林场吗？额不敢说林场的职工不好，但一来他们人力、物力、财力都不足，二来他们还缺少你们承包人那种孜孜以求的责任心，因为他们是铁饭碗，没有后顾之忧，转给他们以后，树都让牲畜啃了、死了咋办？前不久额到下面转悠，发现你们承包的林地没有牲畜，树木整整齐齐；而旁边就是林场，他们那里就有人放牧，树木也稀稀拉拉。这还不说明问题吗？你们这么好的林地，如果面积减少，即使是一亩两亩，上级领导来追究责任追究谁？难道不是追究额吗?”

石光银无言以对。郭天成似乎是以一种熟人不讲理的方式，连推带搡地回绝了他，但石光银走在回家的路上，心里却并不难受，并不反感。因为，郭天成的话已经充分说明了上级领导对他们治沙公司的肯定和信任。石光银知道自己其实就是这种喜欢被人尊重、被人爱戴、被人喜欢、被人重视的人，是把荣誉看得比生命更重要的人。十年以后，有一本书十分流行，叫作《为荣誉而战》，写的正是他们这些民营公司的艰难历程。石光银愿意为了荣誉牺牲很多个人利益，当然，这种荣誉是有具体内容的，而内容就是治沙种树。

晚上，一家人吃饭的时候，石绿洲说，治沙当然要坚持，但这么硬扛着绝不是上策；靠借高利贷维持公司运转，把债务窟窿越拉越大，说起来是一种笑话，也是一种无能的表现。在这个节骨眼上，刘青青也想插话说说自己的想法，但她又怕自己说不到点上，会扰乱了父子俩的决策。大家都闷头吃饭，大翠开口了：“光银啊，你不是常说，活人咋会让尿憋死吗？你不是给隆之冲往地上泼水，告诉他要顺势而为、逆事顺办吗？这些话、这些事都很体现你的水平啊！这个茬儿咋就忘了?”

石光银蓦然间睁大了眼睛，哈哈大笑。是着哩，公司的事，他是天天晚上要对自己婆姨念叨的。大翠也总是耐心地听着的。她是他的第一个听众，也是最忠实的听众，还是及时向他反馈信息帮他完善思路的听众。石光银在感激自己婆姨的同时，有了新的思路：办实体企业。他回想起过去在大队当书记时曾经干过的事情，办牛场、酒厂、柳编厂、缝纫厂等等，因为种种条件制约，最后都不了了之。眼下国家经济形势早已发生巨大变化，已经越来越有利于兴办各种企业了不是？

“对，办实体企业！对对，办实体企业！”一家人异口同声支持石光银办实体公司。这时，刘青青就敢说话了：“大，额有同学在工商局工作，可以让他帮忙注册公司；检验注册资金，查看经营场地，拿下营业执照，都可以在最短的时间里办完。”

石绿洲说：“大，你办过牛场，肯定有经验。额听说县里奶牛场要倒闭，很多职工开不出工资，调走的调走，买断工龄的买断工龄。咱们应该接过来。如果能实现，也算帮他们一把，他们有了咱给的资金，可以顺利安置职工。”

大翠接过话来：“是着哩，这是两全其美的事。”

事情就这么初步定了。转天，石光银又和隆之冲、关漠长研究，他们也没意见。能想出赚钱的道儿养大家的心尖尖——那些林子，谁不高兴？但是，没有流动资金，咋办？石光银不得不再次找到郭天成，商量这件事应该咋办。郭天成想了想，说：“咱们分头给国家林业部领导写报告，请求支援。尔格国家正在大力推行三北防护林带建设，一定会重视你的事。”

这倒是石光银从来没想过的。回磕以后，他把石绿洲和刘青青以及公司里有文化的人集中在一起，大家先随便议论，把该讲的问题全堆在这儿，然后由执笔人条分缕析，形成文字。于是，一篇言辞恳切的报告寄了出磕。郭天成真的没说错，时隔不久，国家林业部即下来一位领导亲自搞调研，在治沙公司住了下来。人们非常欣喜，这是上级领导的青睐，是治沙公司起死回生的标志哩！

省里一位报社记者闻听国家林业部的领导下来蹲点调研，立即驱车前来采访。于是，两个人就说到石光银的公司为甚不能享受国家贷款和补贴问题。这位领导说，在不久的将来，国家关于栽树、护林的贷款和补贴不仅面向国营林场，石光银这样的个人公司也有机会享受。只是这件事的真正兑现还需要假以时日。记者说道："您的话令我振奋，但我感觉不够解渴。林业要大发展，这样的步子显然太小。沙漠面积很大的澳大利亚，也有很多专业的治沙公司，专业就是栽树和管护。政府通过减税等措施鼓励民间投资者治沙。投资者买到荒沙后，就可以交给治沙公司治理，自己只用负担种苗费和每年的管护费。等到林地可以间伐收益的时候，投资者可以逐年收益。这样一来，投资者和治沙公司得到经济效益的同时，政府不用付钱就得到了生态效益和社会效益。"

也许是石光银公司的实情感动了领导，也许是那位记者的话对领导有触动，抑或两者兼而有之，总之，领导回到林业部以后，就批下一笔贴息贷款，数目是1000万元。其实石光银有所不知，这位领导当时也是顶着巨大压力的。因为领导班子开会研究的时候，都感觉为个体公司提供贴息贷款是没有先例的，搞不好会违反规定，犯错误，所以，都不主张这么做。但这位领导对石光银的公司做过调研，了解石光银治沙种树的前前后后所有的事情，一种强烈的责任感促使他力排众议，果断地在这个文件上签了"同意"。而那位记者得知以后，亦十分感奋，立即在报纸上撰文说："历史是由无数细节组成的，有的细节无足轻重，因而被人们忽略和遗忘；有的细节则如黄钟大吕，因而闪闪发光并被人们所牢记。中国的治沙史，必将为林业部这位领导记上一笔。因为那'同意'二字看似简单，实则一字千钧，对治沙事业起到的是巨大的推动和示范作用，极具象征意义，是闪闪发光的一笔!"

1000万元来了，治沙公司人人称赞林业部的领导，但没有因此敲锣打鼓，没有摆酒庆贺。公司上上下下都沉默着，因为，沉重的债务负担已经压得他们抬不起头，想笑都难以咧开嘴了。这1000万元，无疑可以短时间为公司缓解一下紧张情况，但和"拆东墙补西墙”差不多，并不能真正解决所有的债务。特别是隆之冲还忧心忡忡地提出这么一个问题：“贷款毕竟是贷款，该还的时候一分钱都不能少；而且还有利息，一年可是七八十万元啊！如果额们短时间不能偿还，利滚利，越滚越大，额们有能力负担吗？”石光银脸色绷得铁紧，咬紧的牙帮骨隆起一道棱子：“接下这笔钱，额们就有起死回生的希望；没有这笔钱，额们就没有希望，起码短时间看不到希望。”

挑战和机遇并存，真是这样。敢于挑战，敢于担当，机会就会更多，甚至可以说机会是在挑战和担当中产生的。事情就这么定了，但公司上上下下的人们都知道后面的工作会十分艰巨棘手。搞过经营的人都知道，市场经济，这个名词是中性的，并不偏袒任何人，不论你是劳模还是一般人，除非你依靠非市场手段，否则，它对所有的人都是公平的。即，你只要搞经营，就会面临成功或失败，任何人都不能例外。但是，1000 万元终归为公司下一步的继续启动提供了机遇。石光银对林业部的支持没齿难忘。

那么，咋分配？经过研究决定，600 万元还债；400 万元买下一个刚刚倒闭的国营奶牛场，同时，买进一批优质奶牛。当然，买奶牛场是买一定年限的经营使用权。石光银首先带着石绿洲磕内蒙古联系牛奶供应与收购的问题。你生产出牛奶，卖给谁？他们选择了一家当时实力最强的牛奶生产企业，签订了合作协议。但是，当年石光银养的是肉牛，尔格养的是奶牛，公司里谁都没有经验，他们按照老办法管理、养护，结果一下子死了几十头奶牛，有的奶牛还不产奶，或产奶很少，与预期的目标相去甚远。石光银立即给郭天成打电话求助，郭天成便马上帮他找了奶牛专家，到他的奶牛场指导工作。经过一段时间的摸索，奶牛场终于走上赢利的正轨。

这是一个良好的开端。石绿洲此时已经在下基层包村扶贫中帮老爸种了很多树，石光银新承包的几万亩荒沙都是在石绿洲带领下完成的。火炽的太阳暴晒和狂暴的风沙吹打，已经让石绿洲面色黧黑，身板更加粗壮，站在跟前，已经是超过老爸的威风凛凛的陕北大汉了。而且，石绿洲因为有文化，思路更加开阔，他见眼下矿泉水市场方兴未艾，提出在沙区建立自己的矿泉水厂。

石光银在治沙种树的时候，经常睡在沙窝里不回家，喝的就是在沙窝里掘坑掘出的水。他感觉这沙里的水有一股清冽甘甜的味道，确实适合大众饮用。而且，方圆左近若干里没有工厂，不用担心对人体有影响的污染。于是，事情就定下了。

矿泉水生产出来以后，别人没有时间推销，刘青青就承担了这个任务。她利用每个大礼拜的时间，跑遍县城各企事业单位。她的办法是背着挎包，里面装上小瓶的矿泉水和文字说明，推门进磕以后，无偿地给人家几瓶品尝，顺便送上文字说明，如果你们喝着可口，就来电话，文字说明上面有联系电话。当大桶的矿泉水也生产出来以后，她又开着车挨家送，先不收钱，年底的时候，你们愿意结账就来电话，感觉不满意就别来电话。无所谓，真的无所谓。额们公司这点费用还是担得起的。

也有喝完白喝的。他明明感觉不错，就是不来结账。当然，更多的人和单位还是及时结账了。尤其是大家都知道这是石光银公司出产的矿泉水，更是高看一眼。

接着，石光银和石绿洲便开始策划马铃薯育苗基地和樟子松育苗基地了。因为，这片地区特别适合马铃薯的种植；而做好樟子松的育苗工作，可以使更新树种减少一大块费用。

在这个节骨眼上，一直担任巡检林地的林中虎跑来向石光银报告：神秘者承包的 200 亩速生林一夜间被砍光，树木全部被拉走，尔格林地变为一片空场，沙地上留下了让人触目惊心的一节节树桩！啊！石光银突然晕眩起来，向一旁倒磕。林中虎急忙抱住石光银，大喊："来人啊！"

石光银被大家送到医院，在急诊室一番折腾。他毕竟身体素质好，医生说他是急火攻心，一时昏厥，并无大碍，输了一点液就回来了。

他要到神秘者承包的林地看看磕，儿子石绿洲怕他太伤心、受刺激，坚决不让他磕："这件事县公安局已经接手了，很快会查出线索，你磕能解决甚哩？"石光银问儿子："一亩地如果种得稀的话，也要有100棵树，100亩就是1万棵树。200亩就是2万棵树，他一下子砍伐这么多树木，得多大动静，额们咋就不知道？额们的护林员在干甚？"

儿子石绿洲回答："大，额估计他早把额们的作息时间和行动规律摸透了。他在额们这儿隐忍好几年，是有备而来，这个人城府太深了，额们从来没遇到过，没有经验，所以受骗上当。"

公安局到工商局磕查这个人的底档，发现其注册时使用的身份证是假的。那时候，还是第一代身份证，作假比较容易。似乎一切真相大白，但肇事者逃之夭夭，没有下落，没有线索。中国太大了，不仅地域广阔，人还多，而且各式各样的人都有。很可能"神秘者"早已与窝赃、销赃者策划妥帖，是一条龙联手作案。公安系统内部发了通缉令，不过，人们都不太看好，基本不抱希望。

如果事情到此为止，治沙公司吃个哑巴亏，也就罢了。偏偏有人多事，给新闻媒体写了报道，说是石光银公司承包的林地公然违背新的法律法规，在400亩林地里砍掉170棵树木。这是劳模应该干的吗？就算你是劳模，也应该遵纪守法吧？如果说，你拿没文化当挡箭牌，可你身边的人多数都有文化，至少你儿子、儿媳有文化，对不对？

石绿洲起初看到这篇文章感觉十分纳罕，400亩林地和170棵树，甚意思？转移视线？他急忙带人检查整个林区，发现确实有一些枯树被村民们砍了下来，扔在林地里。想来，神秘者这几年并没有闲着，一直在搜索石光银公司的问题和漏洞，以求一逞。正因为如此，石绿洲便更加气愤，这等于用170棵枯树的问题掩盖他的200亩全部砍光的问题！不是么？他立即和刘青青写了文字答复送到报社，重点阐述有人想用170棵枯树转移偷砍200亩2万棵树问题的视线，陈述说："我们是被坏人骗了，我们手里有与这个公司合作的协议，这个可以说明问题。"

可是，两天后，报纸又登出新的文章，称："谁能证明你们这个协议是真的呢？现在写一个假协议，刻一个假公章扣上，不是轻而易举？你们不该忘记，当年石光银不是还帮别人刻过假公章吗？"而且，文章还话里话外地表示，石光银"监守自盗"的可能性很大，即使有个合作伙伴，那也是同伙。

石绿洲一下子差点儿没气死。他也是个急性子人，遇到这样的情况，几乎乱了阵脚。事情一下子闹到省里，又闹到国家林业部，连中央首长都知道了，并亲自做了批示："认真调查，严肃查处。"凡是知道这件事的人都把心悬了起来：石光银的劳模称号只怕保不住了，说不定还要坐牢。这个人太倒霉了，这辈子吃了多少苦啊，老了，还来这么一出，任你有一百张嘴也没法说清，况且别人也根本不信。

因为，很多人都知道，治沙公司因为林业政策的调整而陷入困境，石光银背着上级领导偷偷砍树弥补损失，几乎是顺理成章的事；而他和儿子策划、创办好几个实体企业，其实不过是烟幕弹，是挡箭牌，是用来搅浑水转移人们视线的。这父子俩，智商够高，做事够绝，性质恶劣，应该重判！首先应该撤掉石光银的全国劳模称号！他那个联合国发的"世界杰出林农奖"应该交回磕！各种议论越来越多，甚嚣尘上。

这段时间，石光银父子俩体会了难以言喘的人间冷暖，他们偷偷地掉了好几次眼泪。他们在亲手栽种的林子里走啊走，漫无目的地走，不停地走，仿佛只有这样，才能稍稍排解极度的郁闷和委屈。这些无言的郁郁葱葱的伙伴们，自从成活以来，就像士兵一样整齐规范地站立着，忠实地为这一大片地区阻挡着不间断的大大小小的风沙。而且，随着年份增加，越来越腰粗腿壮，阻挡风沙的能力越来越强。啊，你们是无言的战友、无言的英雄，为村民们优化生态、改善生活立下了赫赫战功。额们应该变成树木和你们站在一起，不磕思考问题，只做阻挡风沙的事。但是不行，如果有人要砍伐你，你没有思维，咋会知道？咋做防备？

大翠则和儿媳妇刘青青在家里抱头痛哭。神秘者以这种方式偷袭石家，究竟安的甚心啊！你还算人吗？公司里的骨干婆姨们都来到石家，劝慰大翠婆媳，但劝着劝着就跟着哭了起来。婆姨们能有甚高招和办法帮她们排解郁闷和委屈呢？

他们没有更深的文化和背景，面对突如其来的打击不知道该咋办。隆之冲要带公司的人到报社磕打架，被石光银拦住了。这样的架不能打，而且这事也是武力解决不了的。他主张把申诉报告送到市里和省里。石绿洲亲自磕办这件事，但石沉大海，没有回音。可以说，面对这种说不清道不明的案件，市里、省里是很慎重的，不可能轻易表态。

石光银再次找到郭天成。此时郭天成已经调到市里做领导工作。他眉头紧锁，建议石光银直接给国家林业部领导写报告。林业部领导不是亲自来过你公司吗？他一定会重视这件事的。郭天成本人，也将通过各种方式把他们的报告送上磕。

这年的夏秋之际，连续阴天。持续不断的连阴天已经把人们阴烦了。尽管沙区长年干旱，太阳晒得人没法出屋子，阴雨天差不多等于老天爷的恩赐，但此时此刻的人们都希望连阴天赶紧打住。要么你来一场猛雨，要么你还我阳光。人们尔格心烦，烦到极点。

31

中央首长的批示直接下达到国家林业部。这里的很多人都知道石光银其人，知道棘手的事情来了。这是完全让他们出乎意料的事。

林业部机关大院里，有一个身材匀称、五官俊朗、一表人才的精干中年人在楼当子里踱来踱磕。他表情严峻，眉头紧锁，见了熟人就转过身磕，不想打招呼。他对石光银这件事想不明白，真的想不明白，完全想不明白。他就是林业部宣传中心的申主任。

这段时间以来，林业部的宣传部门一直在思考和策划对劳模石光银事迹的宣传推广。其宣传中心制订的新一年宣传计划，就把石光银放在了首位。之所以要这么做，是因为中国的土地沙化十分严重，大有治沙速度赶不上土地沙化速度之势。宣传中心的申主任为此十分着急，天天吃不香睡不实，打算通过大力宣传先进人物的治沙事迹，在全国掀起一个治沙的高潮，形成风气，让人人都知道治沙的重要。当他在这年的9月发出通知，要在全国十三个省区筛选典型的时候，看到了陕北的石光银和另一个女劳模的事迹材料。这两个人比较起来，女劳模治沙早、宣传早，对推广其事迹有一定基础；石光银这个劳模则另有特色，即规模大、成效好。申主任便把目光锁定在石光银身上，他为蓦然发现石光银这么突出的典型，曾经激动了好几天。

就在此时，申主任蓦然接到了中央首长的批件，发生在石光银身上的突如其来的意外事件像一瓢冷水，突然浇到他的头上。这份批件上讲了全国七大毁林案件。中央首长曾经亲自主持制定了退耕还林的政策，对林业和绿化工作有着创新性思维。他对七大毁林案件的批示也非常严厉。尔格正是发现典型、总结典型经验、将典型推出来大力宣传阶段，却蓦然间出现了“石光银毁林”的意外事件，还要不要到陕北磕找石光银做深入调研，继而推广他的治沙事迹？

有人对申主任建议：“石光银那里你就不要去了。中央首长刚做了批示，不能违背领导旨意，在没弄清事实的情况下，不能树他。”

申主任没有说话。他默默地想：石光银这样的典型不树起来，太可惜了。在治沙种树问题上，还有比他贡献更大的吗？别的治沙模范当然都很艰苦，都有骄人的成绩，但相比之下，终归石光银最突出。申主任和另一位年岁稍长的刘主任一起奔了陕北。既然有关领导不主张树石光银，那么，就先磕见女劳模。他们开着车风尘仆仆地一路走来，经西安、延安到榆林，和绿委领导见面后，来到女劳模家。那时，女劳模依靠自身力量，已经成功治理4.4万亩沙地，有全国、省、地、县颁发的各种奖状证书和各种荣誉。她身边坐着自己的精神不太正常的婆婆，娃娃在身边来回跑。丈夫早年因种树劳累过度患癌症去世，女劳模既带娃娃又照顾老人，在家务繁重的情况下，种了那么多树，事迹确实是感人的。看到她那满是皱褶的疲劳的面容，因磨砺变得十分粗糙的两手，便知道她这辈子吃了多少苦。

申主任和刘主任又到她的林子和苗圃磕查看，果然十分壮观，郁郁葱葱，气势不凡。但他们目前还不能当即决定什么，还需要继续往前走。申主任要带刘主任找石光银去，刘主任提醒申主任："你打定主意要了解石光银吗？不会被人说闲话吗？"

"不尝梨子，怎知道梨子的滋味？咱不去石光银那里，怎知道毁林是真是假？"

"这件事是不是再考虑一下？"

"你不用担心，有什么责任我担着！"

金秋十月，石光银的林地不光郁郁葱葱，而且浩大、广袤、气势泱泱。树叶依旧嫩绿的还有，已经发黄的也有，间或还可以看见一片片的红色和紫色。远处有锦鸡、斑鸠和黄鹂鸟在扑棱棱地飞起或落下……五彩缤纷，生机盎然，蔚为壮观。闻惯了北京的空气、见多了雾霾的两个人，甫一走进树林，甚至只是从树林的旁边经过，就闻到了林木的芳香，闻到了负离子空气、氧气的清香，闻到了温馨和微微的甜味。两个主任止住脚做深呼吸，他们沉醉了好一会儿，才向石光银的公司办公室走磕。

握手，寒暄。申主任说："茶先别斟，让我们看看你们的展室。"

哦，这就是展室？小了些，也破旧了些。但三间荣誉室，让两位主任深深震撼了。墙上、桌上摆满奖状、奖章、奖杯……

石光银要带他们磕看林地，申主任笑着摆摆手："不用去了，我们已经看过了。"

"有甚感觉？"

"两个字。"

"甚？"

"震撼。八个字，明白了什么叫'绿洲'。"

"绿洲是额儿子的名字。"

“这些林子，难道不是你的儿子吗?”

“哈哈哈哈!”

“哈哈哈哈!”

申主任和刘主任决定住下来，和石光银细聊。但当他们住下以后，只要提起毁林的事，石光银就沮丧得泣不成声，根本谈不下磕。一个满脸沟壑、面色黧黑的老农民，当他老泪纵横、肩膀一抽一抽的时候，那种情况让两位主任恨不得陪着他掉泪，并且深信，石光银受了极大的冤枉和委屈。

申主任对刘主任说道：“如果把老石的问题搞清，我们功莫大焉。那样的话，这个硬邦邦的典型也可以树起来了。”夜已经很深了，远处传来猫头鹰的鸣叫和狗的吠声，而申主任和刘主任还在灯下讨论毁林问题。既然材料上写的是毁了400亩、170棵树，那么，咱们明天就磕看个究竟。世界上怕就怕认真二字，共产党就最讲认真，对不对?

转天一早，两个人吃过早点，就在隆之冲的带领下奔了林地。他们转啊转，看啊看，间或掏出笔记本做下记录。一天时间不够，两天；还不够，三天。什么时候弄清楚了，什么时候算完。两位主任硬是凭着这种精神，把涉及的400亩林地全部检查完毕，把问题查了个水落石出：这一，确实有将近170棵树被砍，在400亩林地里，每亩不到一棵。这二，是什么树？是多年不生长的“小老头儿树”。这种树因为根本不长，是需要淘汰的。植物实际和动物、人类在很多方面是相通的。动物或人类有可能会生殖下残疾后代，植物也一样。这三，地是谁的？长城林场的，石光银承包后要栽树，就要对原有的零星树木进行更新和采伐，长城林场的地上物还归林场，由林场处理；石光银有这个意识，让长城林场来处理，结果林场方面说，还不够工钱，不要了，交给十里沙村，让村民砍。村民也明白树木不敢随便乱砍，便召开了村委会集体研究，最后统一了思想，即树是林场让砍的，砍了可以盖小学校用，不可用的则做柴火。村委会有讨论记录。这件事与石光银无关。诬陷石光银的神秘者，是为赚钱转租了石光银200亩林地，然后以这块地做抵押，到农行贷款做生意，因为赔了钱而把200亩林地的树木砍光还账，他欺负老石没文化，说不清道不明，估计老石会吃个哑巴亏，而拼命把事情捂住盖住。神秘者以这样的方法进行自我保护，可谓“匠心独运”。为扩大事态，神秘者通过朋友给媒体写了举报信，给中央首长写了内参，成为轰动一时的“七大毁林案件”之一。两位主任亲眼看到了砍下的“小老头儿树”的实物，看到了村民们联名向省政府反映冤假错案的信件底稿，还看到了村委会的讨论记录。

申主任和刘主任两个人相视一笑，紧紧握手。

“我们能够把这个案子翻过来！”刘主任说道。

“我们必须把这个案子翻过来！”申主任说道。

两个人返回西安，在一个星期六，他们打算和省厅领导交涉，但其有关部门负责人则阻拦他们向领导汇报，推说领导不在。其实，当时好几位领导都在，两位主任只能把时间往后推。但事情必须要办，不办是不行的。他们找了旅馆住下，苦熬苦等。等到了星期一，这个负责人又说，这个开会磕了，那个也不在。总之，就是不想让林业部的两位主任接近省厅领导。申主任非常气愤，尽管知道国家林业部对省厅是指导关系而非领导关系，但他还是大为光火：“你究竟什么意思？你存心不让我们见省厅领导？实话告诉你，省厅领导几时回来，我们几时汇报。见不到省厅领导，我们是不会回北京的！”

这个负责人见申主任和刘主任动了真格的，也怕惹麻烦，只得在第二天对两位主任说，今天领导回来了，可以汇报了。于是，一位姓胡的副厅长会见了他们。

刘主任率先开口：“胡厅长，听说你要代表省厅向省政府写石光银毁林的结论报告，你了解石光银毁林的实际情况吗？”

胡厅长挠挠头皮，说道：“报告是我写的，这没错；不过，我没想研究事件的真伪。”

刘主任表情严肃道：“哪有不事先研究事件真伪就向上级领导写

报告的?”

胡厅长一再挠着头皮，无言以对。申主任见此，接过话来：“胡厅长，我们不是无端挑你的理。这里有几个环节，你没有注意：这一，树是十里沙村民砍的，有依据为证；而石光银不是十里沙村民，就这一个环节，你判断一下，与他有关吗？这二，村民们砍树是村委会的集体决定，有讨论记录，这个记录的复印件我带来了，你要不要看看?”

胡厅长突然一拍大腿：“这些环节我真的忽视了，报告是我写的，现在就撤回来!”

本来胡厅长向省政府的汇报材料已经交给办公室，还没来得及送上去，现在立马撤回来重写了。他重新写好后，先电传给申主任，被认可后才报给省里。结论自然是毁林事件与石光银无关。最后，中央首长见到了报告，这个案子算是了结了。

此时，有一件对石光银至关重要的事情，在运行中被卡壳。这件事就是全国绿化委员会、人事部、国家林业部正在评选全国治沙英雄。这是共和国历史上的首次。石光银当选共和国第一位治沙英雄当之无愧，这本来是板上钉钉的事，但因为前一阶段的风波，宣传部门没有对他的先进事迹进行广泛宣传，而这项工作是评选治沙英雄的基础工作，绕不过去。问题是，眼下石光银已经被上级宣传部门排除在外了。如此一来，这位真正的英雄极有可能会李代桃僵，替违法偷盗者买单。堂堂的共和国治沙种树大英雄，为小小蟊贼买单，成为其牺牲品？哈，真是滑天下之大稽！军人出身的申主任不想便罢，一想就恨不得一把揪来蟊贼，一枪崩了他!

而主管这项工作的是上级宣传部门的一位姓成的处长。

当时申主任就意识到，必须接触成处长，当面锣对面鼓把事情摆清楚，否则石光银真的就错过了做中国第一位治沙英雄的机会，这将是全国林业工作的遗憾，是行里人没法向世人交代的事情。他给自己打气，“成”处长嘛，事情一定能成。他把想法告诉妻子的时候，妻子发出揶揄的笑声：“但愿你的愿望能成吧，你这个事业狂!”

申主任原来是部队的宣传干部，在酒泉卫星发射基地工作多年，养成了工作极其认真、极其负责任的优秀品质和良好习惯。回到北京工作已经好几年，但酒泉那边的口音还没有完全消除，在北京打的的时候，免不了还会被的哥小小捉弄一下，多绕几里路，多收几元钱。他因为打的的机会多，这种事就多次遇到。当他被的哥捉弄故意绕远的时候，他就当即指出："该往前门，你怎么奔后海啊?"或者"该奔东城，你怎么走西城啊?"每当这个时候，的哥就很可能尴尬地说："你这个外地人对北京还挺熟啊!"他便回答："什么外地人？我是土生土长的老北京！只不过在外地工作了一段时间而已。"他如果不纠正的哥，肯定要多花钱了。当然，实事求是地说，的哥还是好人多，有的得知他来自酒泉，还要让他讲讲卫星发射，并且拒绝收他的打的钱。

眼下正是隆冬腊月，接近年关，他给成处长打了好几次电话，要求见一面，成处长都说现在太忙，再等等。因为工作关系，他去过成处长家一次，知道其地址。而且，成处长和老娘住在一起。时间一拖再拖，一下子拖到了大年三十这天。申主任估计，三十晚上，你成处长不会再出去了吧？难道你不守着自己的老娘过除夕吗？便和妻子商量，要抓时机一起去成处长家谈石光银的宣传问题。

妻子说："你非得选这个日子不可？再错后一两天难道不行吗?"

"成处长实在太忙了，过两天很可能更不好找他了。"

妻子也是从酒泉回来的女兵，知书达理，忠厚贤惠。她不再多说，提前把饭做好，吃好后，便和申主任穿起厚厚的防寒服，出门了。他们都是从酒泉出来的人，对时间的拿捏是很讲究的——出门的时间，选择在吃年夜饭的前半个小时，力争在吃饭时间赶到，只有这样，才最稳妥。这一年的三十晚上，天阴得很沉，不知不觉就飘起了雪花。而且，一阵西北风刮起，雪便大了起来，鹅毛般的大雪片纷纷扬扬，铺天盖地而来。冷风夹着雪片抽打在脸上，像小刀子割。马路上想打的都打不到了，的哥都回家过除夕去了。申主任两口子裹紧毛围脖，胳膊挎着胳膊，快步走着。

走啊走，走啊走。妻子已经气喘吁吁了："老申，咱喘口气歇歇脚行吗？"

"这有啥不行的，但时间长了不行，万一成处长和老娘吃完年夜饭出去呢？"

"知道我为什么这么支持你宣传老石吗？"

"为什么？"

"因为我们是干卫星发射的，而老石就是一颗治沙种树的卫星，由我们的手放出去，既是我们的光荣，也是我们的责任。"

"你真会说话，真理解我！"申主任在妻子耳畔亲了一口。

刚刚歇了半分钟的脚，妻子就拉起申主任又继续走了。待他们终于走到成处长家的楼下，已经满头大汗，毛围脖里面热气腾腾了。两个人手拉手上了楼，笃笃笃敲起门来。敲完就仄起耳朵听着，但没有一点回音。反复如是三次，仍然没有回音。怎么回事呢？夫妻俩面面相觑。申主任说："等。我们蹲在楼道里等。成处长肯定是因为有急事出去了，一会儿就会回来。"两口子就蹲在成处长家门前。

32

时间一分一秒地过磕，他们看到楼上一帮一伙的家长领着孩子们拎着花花绿绿的鞭炮盒子、箱子下楼，出磕放花放炮。转眼又都回来，嘻嘻哈哈地说笑，身上散发着刺鼻的硝烟气味。还有个孩子对家长说："瞧这两个人蹲在这儿半天了，既然人家家里没人，还等什么！"

妻子捅了申主任一下。申主任暗暗一笑：哎，今天就是今天，豁出磕了。申主任从文件包里掏出一张报纸，铺在地上，自已坐上磕，把文件包放在妻子屁股底下，让她坐在文件包上。这时，林业部领导给申主任打来电话，问："见到成处长了吗？"申主任回答："还没有，尔格家里没人，我们正在楼道里等。"领导说："如果人家不想见你，只怕这事儿就没戏了。"申主任说道："我非要等个结果不可，不见到成处长，我是不会走的。”领导说：“你看你，又把当兵的犟劲拿出来了。”申主任说道：“不是我犟，是这件事让我怀里揣了二十五只耗子，百爪挠心。”领导哈哈大笑：“好吧好吧，你还是别挠心为好。”

妻子把头靠在他的肩上，闭上双眼。她这一天一直在忙碌。单位的工作干完回家，本来已经很疲惫，又赶紧做饭，简单吃了一口，两个人又急匆匆地冒雪往这儿赶。她实在是累了，她把头靠在申主任的肩膀上睡着了。

打盹儿、睡眠是会传染的。妻子轻轻的鼾声，像催眠曲，把这些日子一直为石光银的事而夜不能寐的申主任引得打起瞌睡。时间就在夫妻俩的鼾声中一分一秒地过去。楼道对面的人家隔着门似乎听到了这一轻一重的鼾声，有人悄悄地打开一个门缝往外看，对这对坐在地上打瞌睡的夫妻十分纳罕。但他们也认定，这夫妻俩一定有要事，否则，除夕夜怎么会这样过？

他们实在太累了，因而睡得太沉了。从晚上十点钟一直睡到凌晨两点。如果不是成处长一家人回来，他们还醒不了。原来，成处长一家人到机场去接一位台湾来的亲属，因为大雪导致飞机晚点，一家人包括台湾亲属刚刚从机场赶回来。

“瞧这事儿闹的，竟让你们在楼道里坐了半宿！”

成处长把老娘和亲属安置好以后，急忙把申主任两口子让到自己的书房，关起门研究起石光银的问题。其间，成处长的妻子不断送来水果和浓咖啡，几个人便睡意全消，一下子谈到天亮。最后敲定：把大力宣传石光银列为计划之首，立即写报告请领导批示。一俟通过，马上就通过电视、报纸等多种媒体，以最快的速度，把石光银这个共和国的治沙英雄推到全国人民面前！

连续三天，全国大大小小各新闻媒体，铺天盖地，在黄金时间醒目栏目，映入人们眼帘的，都是石光银。

接下来，进入了树治沙英雄阶段。但是，事情并不是一帆风顺。绿化委、林业部、人社部的领导都提出一个问题：人活着而树为英雄，这种事历史上没有过。不就是治沙么，值得树为英雄吗？如果这么做了，会不会有什么副作用？领导们很费思量。申主任得知这种情况以后，急忙约了刘主任，找有关领导做解释工作，掰开了揉碎了，讲目前中国治沙种树的重大意义。现如今生态恶化这么严重，很多地方“沙进人退”，中央首长说的坚决守住 18 亿亩耕地这条红线，那是中国人民生计安危的临界线，可是，只怕做不到，沙尘暴已经在时时袭击北京——连祖国的首都都面临威胁——我们不能忘了，这年春季北京的一个夜晚就降落 240 吨黄沙，难道还不够触目惊心吗？再不治沙，北京城被黄沙淹没，就是指日可待的事，这绝不是危言耸听，难道我们真的要等到让环境进一步恶化，酿成大灾才行动吗？

绿化委、人社部、林业部终于通过了树石光银为共和国第一位治沙英雄的决定。

申主任怎么会忘得了？转年 6 月，党和政府在人民大会堂隆重召开会议，中央领导亲自把“治沙英雄”的奖章挂在石光银的脖子上。中央领导似乎看出石光银梗着脖子不太得劲儿的样子，还问了一句：“脖子有伤吗？”实诚的石光银笑着回答：“是着哩，不过，没啥。”坐在台下最前边嘉宾席里的申主任，眼睛一直紧紧盯着这颗终于被放飞起来的治沙“卫星”，而站在主席台上的石光银也在用眼睛寻找为他翻案平反的申主任，两个人的目光终于对接了，申主任看到了石光银的嘴唇抿了一下就颤抖起来，他一定是忍住了泪水。中央领导就在身边站着，你如果哭出声来，算怎么回事？可是，想一想石光银经历的一切，怎么会让人不哭？申主任终于禁不住泪流满面了。身边的林业部领导看到了申主任的眼泪，主动递过一方手帕，说：“火车跑得快，全靠车头带；拨亮一盏灯，照亮一大片。我们终于成功了，愿意流泪就流吧，只是不要出声！”

申主任用眼睛的余光看到，部领导也在擦眼泪。是啊，石光银是我们大家的，他种的树，是为大家服务的，而他的精神，更是我们的共同财产。石光银的存在，是共和国的骄傲，是所有治沙人的骄傲。我们可以向全世界喊话：我们中国在治沙种树问题上，有个英雄、功臣和权威，他的名字叫石光银！

散会以后，石光银第一个给郭天成打了电话。郭天成在电话里哈哈大笑，说："老伙计，额在电视里看到你了，真威武，真光荣啊！"

石光银说道："老郭啊，尔格额该叫你一声老领导了，当初没有你'定边要脱贫，决战在林草'的战略构想，咋会有今天定边县的大好形势！"

"额那个构想还不是得益于你的启发吗？"

"甭谦虚了，啥时咱们见一面，喝一杯？"

"好的，额明天到车站接你，咱们直接到你公司小食堂磕。"

石光银也给亲家刘文章打了电话，让他也一起来公司小食堂喝杯酒，但刘文章说不行，因为定边县史志办请他审稿，他已经看了一半，感觉很好。刘文章说："额把稿件的一部分内容给你念念，里面涉及你，你耐心点听——

县属北部滩区处于毛乌素沙漠边沿地带，大沙成暴，埋没禾苗，或冲蚀表土、裸露苗根，或冲散羊群、摔死牛驴，农牧业生产备受损失，有时甚至造成人员伤亡、房屋倒塌。

民国十五年（1926 年）农历二月十四，刮黑风一天，路不能行人，刮死鸦雀不计其数，全年大旱。

民国十七年（1928 年）农历二月十七，沙暴蔽天，昏昏如夜，室内漆黑，人感觉呼吸困难。土墙间有倒塌。此后一百余天无雨，庄稼颗粒无收，死人不少，逃亡更多，出现刮尸食肉现象。是年，又发生青腿牙疳等传染病，死者众多。

1940 年 3 月，大风肆虐一天，吹死羊子一千余只，死人三名；4 月，又因大风死运盐脚夫一人。

1959年4月，连续三天沙暴，能见度仅数米，学校停课，工厂停产。

1980年8月26日，县西南贺圈乡马团庄村出现一次历时10分钟左右的龙卷风，东南至西北向，长约35米，宽约30米，其风从天而降，触地后风力加强，造成49间房屋裂隙，5间揭顶，15棵树折枝，两棵高约10米、生长32年的大树被拔起。卷走1扇门、11根椽、7条毛毡、4套被褥、衣物数件。同时，一个11岁小女孩儿被卷起1米多高后碰墙致伤。1辆行走中的马拉架子车被吹翻。

1983年4月27日下午5时37分，在全县境内发生一次强大的沙暴，如墙如堵，如洪峰黑云，由西向东，滚滚而来，瞬时漆黑如夜。沙暴一直持续到次日5时24分。当晚降雨3.3毫米，气温下降11.9摄氏度。全县夏田农作物23万多亩受灾，死亡大家畜32头、羊8282只，伤29人，死6人，失踪10人。

以上6次大风沙暴发生在最近五十余年中，平均8年一次。其中又以1983年一次最强烈，造成的损失最大。

1956年至1982年气象资料统计，26年中共出现大风642次，平均年出现24.7次，最多的1960年出现59次，最少的1964年出现5次。大风以春季最多，占48%；冬季次之，占26%。夏、秋两季较少，3月、4月最多，占年大风总数的33%。

而农民防治风沙主要采用营造农田防护林带、网框林、种草固沙以及地块的西北边埂栽植临时沙障等办法……

定边县具有光荣的革命历史和传统，是革命老区之一，是革命圣地延安的西北门户和前哨阵地。这里物华天宝，人杰地灵。明末农民起义军领袖张献忠，反清英雄朱龙，知名共产党人刘澜涛、刘志丹、谢子长、毛泽东、彭德怀、左权、聂荣臻、徐海东、程子华、韩先楚、毛泽民、李维汉、高岗、董必武、成仿吾、蔡畅、钱希钧、王震、宋任穷、丁玲、李季及美国友人阳早、寒春等一大批著名人物先后在定边工作和战斗。新中国成立后，又涌现了一系列英雄模范，植树造林模范李守林、石光银……”

当刘文章把手里的稿件念到这里的时候，石光银连连摆手，说：“不行不行，别把额和领袖人物放在一起。你们如果愿意写治沙这部分，可以单独列出来。”

刘文章却笑着说：“老亲家，你甭谦虚，人家这是听从县领导的安排才这么写的。”

坐在石光银旁边的郭天成说道：“老石，写史志的事，你就甭掺乎了，你又没做亏心事，怕甚哩！”

“好吧，好吧，你们随便写吧。”石光银把手机关了。

……

这些日子，石绿洲在完成老爸交给的治沙任务之后，根据公司的经济实力，在县里的帮助下，立即着手公路的修筑。他以治沙公司为原点，向北延伸，直至内蒙古边沿是一条路；向西延伸，直至县城是一条路；向南、向东都做了策划与设计，正在一步步完成。

那个移民村正式建立在十里沙，称为“十里沙村”，共五十户。起初，有的人刚搬来的时候，看到田地里沙土成分太多，就有些恼火，骂石光银骗了他们。石光银并不生气，照例用公司的资金给他们买来砖、檩条盖房，为他们平整土地，为他们建起家畜栏，愿意要猪的给猪，愿意要羊的给羊。石绿洲听说有的移民户对土质有意见，急忙从自己存折里取出二十五万元，到外地给他们拉来好土，掺到沙地里，改善了土质。

将心比心，虽说治沙公司已经小有实力，但并没有富得流油，人家自己掏腰包给你办事，难道你一点不动情，一点感恩之心也没有吗？当记者采访移民户，谈到这一点的时候，移民户几乎是热泪盈眶的，咋会不说治沙公司好哩？

尔格移民户已经今非昔比，家家门前的庄稼全都长得茁壮茂盛，还有好儿家因为搞多种经营已经发了起来：有的干起油坊，开始大把赚钱了；有的盖起十几间屋；有的添置了好几辆机动车。他们对石光银非常满意，不再认为石光银骗他们，而是把石光银称为“石掌舵”，家里的大小事情都愿意找石光银诉说。尔格移民户特别希望来人参观和采访，他们愿意向世人表达自己的一份感激之情。

石光银前前后后已经承包治理了 25 万亩荒沙。他的治沙队伍也在长期的工作中积累了丰富的实践经验，成为远近闻名、拉得动打得赢、过硬的专业治沙队伍。县城里的行道树，是既需要保质保量，还需要美观的，任务自然而然交给了石光银；周边地区油田至定边县要沿着公路修绿化带，道路两旁十几米都要栽树，他们也把任务交给了石光银。石光银已经成为这片地区治沙种树的名片和代名词。凡是他走过的地方，都在身后留下一大片一大片的绿树。有一位叫张长勇的天津知名书法家送他一幅精美的漆书体书法“绿色之魂”，他虽然不识字，但因为经常有人送他字画，一来二去，所以对字画就有了几分了解，于是，对这幅漆书相当喜欢，人们也都说他当之无愧。

他特别爱在儿子主持修筑的公路上溜达、散步，感觉这黑黝黝的柏油路格外亲切，思考问题也特别顺畅。这段时间，儿子又购置了一台机械挖坑机，经过实验，相当于二十个小伙子挖坑种树的速度。这件事让石光银对儿子越来越信服。但儿子说出了另一个情况，又让他心里不悦。

儿子石绿洲说，他在购置机械挖坑机的时候，听到身边有两个小子闲唠。一个说：“坑人得往死里坑，让他不得翻身，否则，缓过劲儿就会报复。”石绿洲听着这个小子的口音有些耳熟，但他不动声色。另一个小子则回话说：“咱们老大这次坑了石光银，但做得不够彻底，让石光银又还阳了。”石绿洲再也忍不住了，一声断喝：“小小蟊贼，啷里个气势！”只两拳就将两个小子打得满地打滚，但他再继续打的时候，那两个人因为个子小，非常机灵，迅速跑掉消失了，他只是在地上捡到一个手机。他把这个手机拿到公安局以后，一查，竟然是县农行分理处一位业务员的。他又立即找到农行分理处，结果那个业务员哭丧着脸说："额的手机丢了好几天了，正着急哩。"

石光银听了这个叙述，眉头紧锁，半天没说话。他尔格感觉自己真的老了，对尔格出现的事情如丈二和尚——摸不着头脑。尔格社会是发展了、前进了，但是，更复杂了，好多事情更加扑朔迷离了。他殷切希望儿子快快成长，把他的班接过来。他已经和沙魔斗了一辈子，一身伤病，真的不想再出其他幺蛾子了。

但公安局追踪神秘者一直没有进展，那两个小混混儿也跑得无影无踪。

治沙公司不敢因为小混混儿的存在就不前进。有一天，儿子石绿洲又对石光银说："咱们公司的人员素质应该不断提高，但走出磕的话太不方便，不如建一个咱自己的技术培训中心。"

"在哪儿建?"

"就在公司西面，盖一座三层教学楼。"

33

石光银虽然没文化，但鉴别力很强，觉得儿子的建议可行，立即斥资将教学楼盖了起来，然后定期请来县里的技术人员讲课。公司员工真的不用远走，就可接受培训了。

又有一天，石绿洲对他说："咱们县没有游乐设施，您可以考虑这个项目，这不光是为了赚钱，最重要的是为老百姓提供服务，让老百姓的生活更加丰富多彩。"

石光银把这话很当真，立即让司机开车带他四处转悠。司机问："石大，您想磕哪儿?"

"说不好磕哪儿，你就随意开吧。"

司机有些为难，心里说：随意，咋个随意法？难道额不讲方向地瞎开？便向有沙丘的地方开磕，突然石光银拍了司机胳膊一下：

“停，停。”便下了车。他朝着高高耸起的沙丘走过磕。原来，凭他良好的眼力，他远远地看见了沙丘上有很多与黄沙不一样的灰白颜色，走近一看，是大雁粪。他非常高兴。大雁栖息过的地方，应该是有风水的地方。他急忙让司机把他拉回磕，让身边的人给有关部门打电话，请求专家帮助。

很快，石绿洲联系上了原兰州军区边防给水团一位退休的老专家、高级水利工程师。这位高工一生从事找水的工作，积累了丰富的找水经验，他能通过仔细观察地形地貌、生物植被，准确地确定地下水的蕴藏量，以及方圆半径和深度。这位专家接到邀请，即风尘仆仆地赶到十里沙，石光银带他到发现大雁粪的现场察看以后，回到公司的会议室，他告诉石光银：“我曾经翻阅过定边境内大量水文和地质、历史资料，十里沙地下是古洛河河道，也很可能是定边历史中记载的石坑寺所在地。”

石光银十分兴奋，虽然他没文化，但非常喜欢听别人说古、讲历史。他表情十分认真地问道：“这里应该有水吧？这正是额们需要的！”

“想知道下文吗？”老专家神秘地看着石光银。

石光银感觉老专家可能想谈点条件，急忙说：“哈哈，当然当然，您如果想喝茶，就请点，红茶还是绿茶，黑茶还是白茶，包括三十年的普洱，额们都有哩；想喝咖啡和可乐，咱马上就到小卖部磕拿，方便得很！”

老专家点上一支烟，说道：“你不要多想，我只是和你逗逗。元朝大德年间，定边周围是游牧民族的牧地，这里当时没有一座城市，只有一个临石壁凿成石佛、供奉菩萨的叫石坑寺的喇嘛寺院。它一度香火鼎盛、僧侣众多、游人云集，声名远播。所以，这样的地方必然有一个能保障水源供给的地方。只是几百年来风沙灾害与战争的袭扰破坏，将它们连同寺庙全都压在黄沙下面了。”

既然如此，那座沙丘下面必然有水。老专家走了以后，石光银立即召集大家研究这件事。

时隔不久，他们就开始行动了。自然，石绿洲是带兵的人。尔格大量的施工、操作的具体事情，石光银都交给他磕干，锻炼他的能力，提高他的水平。大量的人力物力被动员起来，成千上万方沙石堆在湖中心，而中间，挖成月牙形湖泊。当清澈见底的泉水喷涌而出的时候，石光银激动地唱起了信天游："多少年的荒沙，多少年荒芜；现如今咱揭开大地的盖头，有山又有湖……"

他们围绕这个湖泊，延展，扩大，建起一座有山、有水、有旅馆、有跑车道、有激光枪靶场、有蒙古包等设施的综合娱乐场地，取名"月牙湖"，成为定边县的一景，更成为老百姓前来开会、休闲、聚餐、吃烧烤、唱歌的好去处，填补了定边县的空白。

石光银站在月牙湖中心的小山上，四下眺望，感觉正东方的石头梁一处烟雾氤氲，风水不错。因为早年他曾经听老爸石发富讲过，凡烟气氤氲之处便是藏龙卧虎之处，不可小觑，便决定把家修在这里。石绿洲听说以后，十分赞成，亲自为老爸画出了设计图，并主持施工。他特意把老爸的院落修得高一些，相邻的院落是自己的，要矮一些。显出错落之意，更显出小辈儿对老人的尊重、孝顺与爱戴。石光银被儿子这个无声的行动，感动得热泪盈眶。自己培养的儿子，正在优秀传统文化和习惯的熏陶下健康成长。

初春的定边，沙尘暴已经不像往年那样频频光顾了，即使偶尔仍然起风，也要小了很多，似乎沙魔对石光银有了忌惮。石光银一直期待儿子继续提出新的开发项目，来作为公司的经济增长点。3 月 11 日这天，为落实优质沙杉树苗、考察节水管道，以及第二天植树节所需的物资，石绿洲和刘青青开车奔了银川。这时石光银接到通知：明天县消防大队指战员将到十里沙村参加义务植树活动，公司办公室也发出通知，明早八点公司召开植树节布置动员会。本来这是一次很平常的活动，公司已经进行过多次，但石绿洲对每次活动都十分重视，太追求完美，为提前到达，在往回赶的路上出了车祸。石家再次遭到沉重打击！

…… ……

早春的毛乌素，本是风沙强悍之时，而定边县这边，已经被驯服得安详了许多。不过，今早的天空依然灰蒙蒙的，气温也很低。司机把车停在院门口，石绿洲率先走出了屋子。他一边长长地伸出手磕，感受着风沙的强度，一边等着老爸石光银和婆姨刘青青从各自的屋里出来。

“风沙明显小得多了，”刘青青从屋里走出来，也伸手感受着扑面而来的风沙，“往年这个时候，简直要人命哩。”她打开车门坐在司机身边——副驾驶的位置。石光银从屋里出来了，他掩了一下防寒服的衣襟，按照以往的习惯，先抬头看看天空，再看看院子里的一切，然后朝汽车走过磕，但是一只手捂着脖子。一到阴冷天气，他的脖子就不舒服。在他身后，老伴大翠正隔着门玻璃看着他们，目送他们开车离磕。

按照计划，他们一早赶到银川，与客户敲定优质沙杉树苗的购买量，交预付金；同时，采买滴灌浇树用的 PVC 管。车开起来以后，石绿洲说：“额查了资料，沙杉这种树非常适合毛乌素地区的种植。咱们选这个品种应该是对的。”

刘青青说道：“咱们这边还没有种植的，咱们算是拔个头筹吧。”

石光银捂着脖子接过话来：“是着哩。你们知道关于沙杉的故事吗?”尔格他特别想把自己知道的有意义的故事、传说、经验、教训都告诉儿子、儿媳，因为他们马上就要接班的。他的脖子越来越对阴冷天气有反应，使他有了抓紧向儿子交班的打算。他尔格一只手捂着脖子，另一只手就紧紧攥着身边石绿洲的手，好像怕他不愿接班似的。

成林的樟子松

“大，您还卖个关子哩，说说呗。”儿子催促道。

“是这样，内蒙古的大叔讲过这么一个故事，是说很久以前的一天，在太阳要落山的时候，天空中忽然出现金色的霞光，把云朵照耀得五彩缤纷，草原上的各种鸟儿一起唱起歌。到了晚上，天上的星星比以往更加明亮，月光更加皎洁。当地人们不明白这是咋回事，只是兴奋不已，载歌载舞。转过天来，人们出门一看就惊呆了，远处山坡上长满了高大挺拔的沙杉。哎呀哩！唧里个气势！人们无不哈哈大笑，因为大家都知道，这样的森林必将改变当地人们的生存环境。这时，来了一位德高望重的大喇嘛，他在森林内走来走磕，长久观望，最后选了一块空地建造了一座喇嘛庙。于是，各地的人们慕名前来朝圣，香火绵延不断，煞是兴旺。寺院里喇嘛众多，整日里热热闹闹。本来这里春旱秋涝，年年如此，没甚收成，而沙杉森林来了以后，加之这里有寺庙和香火，变得年年风调雨顺，五谷丰登。后来大喇嘛打算离磕，寺院里所有喇嘛都跪拜送行，大喇嘛便蓦然间飘了起来，向西方隐磕，没留一丝痕迹。但转天人们就发现，这片沙杉向大喇嘛离磕的方向移动了很多。人们突然悟出，如果不想办法把这片森林锁住，这些沙杉就要追随大喇嘛而磕。而且都感觉到这片森林里必有一棵树王，就是它在带头移动。于是便做了一条铁链，找到树王，将它锁住。这一招果然灵验，森林不走了。后来，为保护好这片森林不被砍伐和破坏，喇嘛制定了民规乡约，称这片森林都是神树，它能保护一方平安，谁要砍伐必治谁的罪。人们在干旱季节给它们浇水，在洪涝季节给它们排水，也没有人砍伐，于是，人们的生活平安、幸福……”

“大，额明白您讲这个故事的用意。”石绿洲对老爸是从来不隐瞒观点的。

“额也知道。”刘青青说道。

“青青，你先说说看。”石光银说。

“是说沙杉是一种给大家带来好运的神树。”刘青青说。

“嗯。绿洲呢？你也说说看。”石光银说道。

石绿洲咳了一声，说：“额不敢把您比作大喇嘛，也不敢把您比作树王，但没有您，咱们的大片林地就不会存在，而您年龄越来越大，以后干不动了咋办？所以，额打算再过一年半载，就在单位辞职，回家来跟您一心一意种树，把这一摊子接过来。”

“把你锁在林地里，青青会同意吗?”石光银问。

“额没意见。”刘青青立即表态。

石光银暗暗点头，心里觉得踏实了很多。这几年，石绿洲因为表现出色，参加了共青团第十五次全国代表大会，被评为“陕西省青年突击手”“定边县首届十大杰出青年”，入围“全国十大农民杰出青年”，名列第十三。石光银感到儿子接班的时机已经成熟了。选择石绿洲接班，不光是因为这个治沙公司属于个体性质，还因为经过比较，周围综合能力最强、干得最出色的，非石绿洲莫属。石光银是个脑筋开化的领头人，如果身边有更加优秀的年轻人，他是绝不会埋没的。

他们在银川事情办得不太顺利，一天赶不回磕，但转天就是植树节，县消防大队来了电话，转天要到治沙公司义务种树，石光银打算在下午赶回磕做准备。但他觉得应该在中午陪儿子、儿媳吃顿饭，然后再回磕。他们开着车来到一个小饭馆，打算进磕，石光银突然又不打算吃了，因为他猛地想起，下午要做的事太多，如果在这儿吃饭，咋说一吃也得两个小时，便要司机开车回磕。走就走吧，儿子、儿媳断然没有阻拦的必要，尽管他们非常希望和老爸一起吃饭。谁知，小两口儿刚要打车走，已经走出好远的石光银突然停车，反身跑了回来，招呼石绿洲的出租车停车。

石光银把石绿洲小两口儿叫回自己的汽车，说了一个饭店的名字。原来，他打算把一些事情在饭桌上和石绿洲敲定：一方面锻炼儿子；另一方面，多一个人参谋，事情会更圆满。于是，中午这顿饭变成了名副其实的工作餐。饭吃完了，工作路数也确定了，石光银便跟司机开车回磕了。

刘青青提出，让石绿洲也回磕：“这样老爸会更放心，也更省心，你还看不出来么，老爸已经随时想交班，有点着急哩。”但石绿洲坚持要到银川公安局找手机，因为，他们在出饭馆的时候，石绿洲被一个人撞了一膀，他回头一看，是个似曾相识的小混混儿，凭经验赶紧就摸口袋，便发现手机丢了。他拔腿就追小混混儿，但小混混儿已经骑上一辆电动车，嗖的一下子，就钻进小胡同了。石光银的汽车没有电动车灵活，启动也没有电动车快，是没法追电动车的，尤其是在小胡同。但石绿洲凭借刑警的锐利目光，记住了电动车的型号、模样，记住了小混混儿的长相、身高，便拉着刘青青一起奔了公安局。

结果，自然是耽搁得没能跟老爸回磕。他们打了出租车，准备回银川的家，但因为司机故意绕远，让石绿洲本来不爽的心情更加不爽，就批评了几句，结果司机开口便骂。又因为司机是女士，石绿洲没法还嘴，心里说：多花几元就多花吧，谁让咱赶上她哩！但石绿洲的恼火却并没有从内心消除。

石家的人因为过去饥一顿饱一顿、凉一口热一口，没有规律，肠胃都不好。身在其中的石绿洲也不例外。后遗症就是经常拉肚子，有时候情绪不好也会拉肚子。那天下午，石绿洲又感觉肚子来劲儿了，所以，急急忙忙地回了银川的家。

回家以后，石绿洲的恼火无处发泄，突然像犯神经一样，把所有的衣柜都打开，把刘青青的衣服都拿出来，让她一件一件试穿。刘青青十分不解："额说绿洲，你这是作甚？"

"额想看看哪件适合你，不适合的该扔就扔。"

"额穿哪件合适，你还不知道？"

"不，你一定要重新试！"

34

没办法，刘青青拗不过石绿洲，便拿起衣服，一件件地试穿。石绿洲站在一旁，有的点头肯定，有的摇头否定；点头的衣服放在一边，摇头的衣服放在另一边，最后把打算扔的衣服堆在墙角。这些干完了，他又捧住刘青青的脸颊，看她的面容和发型，告诉她以后应该留啥样子的。还说，某个理发店比较细心，应该磕那里。刘青青知道，石绿洲一般都是朋友和同事给理发，轻易不磕理发店，他咋会对哪个理发店心细而门儿清呢？最后，石绿洲交给刘青青1000元钱，让她随意花：“你愿买点甚就买点甚。”给儿子石磊400元钱，也是让儿子随意花（这个时候，他们的儿子已经十二岁，正在银川上小学）。而以前这种情况是从来没有的。刘青青和石绿洲的工资是各自花各自的，石绿洲的应酬多，钱往往不够花，刘青青还会支援他。现在，他咋会想起给刘青青钱呢？

转天一早，他们五点半就起床了，要及早赶回磕参加公司的植树节动员会。早春的这个时间，天还黑着，石绿洲简单洗了把脸就早早下楼了，此时风沙正刮得起劲，站在楼下让人浑身打冷战，石绿洲从车库把自己的车提出来以后，便打手机催刘青青快一点。刘青青暗想：额咋说也得洗把脸化个淡妆吧？不然一会儿见了大家算咋回事？但她还是加快手里的动作，以最快的速度收拾完下楼了。

刘青青要坐在副驾驶的位置，以往她都是这么坐的，但这次石绿洲非让她开车不可。刘青青说道：“额视力不好，夜不辨色。”

“额也不行，这会儿太累，需要打个盹儿。”

刘青青无奈，便坐到司机位置，把安全带系好，说道：“你也把安全带系上。”石绿洲气哼哼地说道：“不系。”刘青青知道，自昨天以来，石绿洲的情绪一直不好，就不便多说了。汽车启动了。他们上了高速路以后，遇到一辆大货车在前面“画龙”（一会儿偏左，一会儿偏右），给人的感觉是夜路走长了，司机在疲劳驾驶。刘青青找机会想超过他，但咋说也找不到机会。刘青青看看车窗外的天空，还是黑洞洞的，有雾，能见度不是太好，气温也非常低，车窗玻璃不断产生哈气。石绿洲有些心烦，便催刘青青：“超过磕！”刘青青借前面的大货车稍稍向左打方向的时候，刚刚加速要往右边超过磕，前面的大货车又向右打过来，于是，刘青青本能地将方向盘向右一打，就感到猛地撞到了右边公路的护栏，然后便啥都不知道了。

冷风吹醒了刘青青，她发现，汽车横在路边，自己还被安全带系着坐在车座上，而右边的车门开着，石绿洲已经被甩了出磕。她急忙下车寻找，找了半天找不到，她就扯开嗓子喊，还是没有结果，她眼泪已经急出来了，终于发现石绿洲趴在路边的沟里。她拉了几把拉不动，石绿洲高大魁梧，体重太沉了。刘青青赶紧跑到路上拦车，想让过路的车把石绿洲拉到医院磕。但这是高速路，不是一般公路，一辆辆汽车嗖嗖地从身边闪过，根本没人停车。有的司机不仅不停车，还打开车窗骂上两句。最后终于拦住一辆车，把石绿洲拉走了。刘青青一时间慌乱得找不到手机，救人的车急等着呢，后来她终于在脚底下找到了，可是已经摔得没有了电池。她急忙找救人的司机借了手机，向公司报信儿。

待石光银赶到医院的时候，石绿洲已经撒手人寰，永远离开了大家。石光银几乎晕倒，他强忍着站住，扶着墙壁，脑袋一下一下地咚咚地往墙上撞。别人拉他也拉不开，还是后来赶到的大翠生生地拉开了他。大家都明白，石光银已经伤心透了！在这个时刻，只要能把石绿洲抢救活了，让他替儿子去死，他绝不推辞，但是，儿子没有给他这个机会。

以往的同事邵卫国曾经提醒过他，说幼年丧母、中年丧妻、晚年丧子，是男人一生的三大不幸，而最严重的是第三种。咋就这么不幸，让他赶上第三种呢？难道他真的中了沙魔，必须步郭天成的后尘吗？

刘青青被摔得浑身疼，大脑也一直混混沌沌，追悼会的筹办也没办法参加。后来参加追悼会还是被两个人搀着，头脑也仍然不清醒。

这是这个县城近年来最轰动的一件事，上上下下的人们都知道了这件事。开追悼会的时候，治沙公司的院子里站满了人，不，还有很多人站在院子外面，因为里面已经站不下了：县里四套班子领导、县属各局负责人、公安干警广大战友及社会各界人士、十里沙全体村民和治沙公司全体员工共三千余人；国家林业部西北设计院、三北林业局、山西省人大、陕西省防沙林业站等一百二十五个单位，省人大、省扶贫办、宁夏国土局等单位的四百余位领导干部送了花圈和挽联、挽幛……追悼会几乎是在一片呜咽之声中开始和结束的。送葬那天，整个定边县不计其数的人参与进来，队伍长得逶逶迤迤看不见尾巴。

从此以后，作为当事人之一的刘青青陷入了长久的内疚、空虚、自责之中，度日如年，感觉今生今世把人丢尽了。随着身体的恢复，头脑越清醒，这样的感觉越强烈。她不知道，冥冥之中的石绿洲会不会怪罪她；而且，冥冥之中的石绿洲会不会也在自身找找原因。

石光银在儿子离世的第三天，即召开会议宣布：“额的接班人在额之前走了，这是没办法的事，这件事对额、对公司都是极大的损失。但是，接下来额们咋办？治沙能够中断吗？不能！额还有孙子，额要培养孙子继续治沙！额们尔格要做的事，就是把绿洲设计好而没有完成的事业，继续下磕。白发人送黑发人，这个苦，这个难，额老石承担了！”

参加会议的人们一片呜咽之声。人们的心已经碎了！

散会以后，隆之冲给大家安排工作，但找不到石光银了。他东瞧西看，哪儿都没有石光银的影子。他一拍脑门儿，蓦然间就明白了，急忙跑到石绿洲的坟前找磕了，果然看见石光银此刻正坐在坟前，一边用手拍着坟头，一边说话：“绿洲啊，你是大唯一的儿子，你是大奋斗一生的治沙事业的接班人啊！你走了，叫大咋办？你说啊，叫大咋办？你为甚不回答？你扔下你大走了，不是要额老命吗？你是不是对治沙事业厌烦了？如果是这样，为甚不告诉额？额的儿啊……”儿子没有回答，也永远不可能回答。石光银一声声的哭诉，一声声的拍打，声声都灌进隆之冲的耳朵里。他禁不住也老泪纵横，仰天长叹：“额的大侄子，你咋走这么坚决啊？咋不给额们留一点抢救的时间啊……”

两个老人，互相倚靠着，坐在石绿洲的坟前一起哭了起来。他们是这个公司的创始人，他们最了解石绿洲，最渴望石绿洲能接这个班。尔格他们的愿望化为泡影了，公司的前景一时间陷入迷茫。

选择一个合适的接班人绝对不是简单事。已经培养成熟却又突然失去，这对前辈人无论如何也是个致命的打击！两个老伙计一直哭到天黑，大翠来找，才算打住。大翠是内向的女人，她没有像石光银那样放开喉咙大哭，却没完没了地偷偷掉眼泪，心口疼得更加严重了。

此后的一年时间里，石光银天天到儿子的坟前转悠，转啊转，说啊说，猜想总有一天儿子会搭腔。但儿子始终没有搭腔。他有时候就想，可能儿子对自己有意见，不愿意搭腔。有时候又想，儿子已经走了，咋会搭腔哩？就像那个大喇嘛，已经远远向西隐磕了，再也不会回来了。他尔格整天胡思乱想，无论如何也控制不住自己。隆之冲站在远处看着他，心也紧紧揪着。他既怀念石绿洲，又担心石光银会出差错。如果石光银再有闪失，让他，让这个公司该咋办？

大翠最直接的反应，是把刘青青的门钥匙收走了。她对刘青青失去了原有的信任。

此前，县公安局感到石绿洲死得蹊跷，便把刘青青拘留了。而且，专门成立了重案组调查这个案子，极有可能根据情节对刘青青判刑。石绿洲生前在公安局内部是个出色的好苗子，是上级领导内定的后备干部。尔格蓦然间撒手而磕，让他们难以理解，也难以接受，于是，要对刘青青按法律办事。

消息传到石光银耳朵里，石光银猛地一个激灵！他的第一反应就是：额已经没有了儿子，不敢再失磕儿媳；额已经没有了儿子，不敢让孙子再没有了妈妈！况且，刘青青自打嫁到额家，一直表现不错，额拿她当亲闺女，她也拿额当亲大。儿子突然离世，额这个父亲难受，她就不难受吗？只怕是最难受的人！因为，天天跟她朝夕相处的人没有了！她的另一半没有了！石光银立即叫司机开车，把他拉到了公安局。而公安局这边，已经整理了厚厚的案卷，打算把刘青青提起公诉……

刘青青被老公公接回来了。一进门，大翠就无声地向她伸出手磕，没有多余的话，只是在鼻孔里“嗯”了一声。婆婆的手心是向上的，当然是要东西。自己有甚东西需要立即交给婆婆？刘青青是聪明的，没有多问，从钥匙串儿上把自家屋门的钥匙退了下来，递给婆婆。她泪眼婆娑，不知道下一步该咋办。是回自己家，还是赖在院子里等天黑了老公公下班回来？她站在院子里流了一会儿眼泪，感觉应该把话告诉老公公。因为，以她有限的人生经历看，石光银是个人世间最通情达理的人。于是，她就在院子里干这干那，没有离开。

晚上，石光银回来以后，发现了这个问题，劝解了大翠，把钥匙还给了刘青青。但转过天来，石光银走了以后，大翠又把刘青青的钥匙收走了。刘青青又哭了一回，就又等石光银。反反复复，一共七次。大翠并不是头脑糊涂，并不是不通情达理，她是对蓦然间失磕活蹦乱跳的儿子实在没法接受，心中这个恼火根本没法排解。她已经要疯了！

那么，刘青青心中就好受了？石绿洲的去世让家里外面蓦然间都没了支柱和帮手，那种空荡荡的无可奈何的感觉简直没法说。她在事发后的前半年，总是感觉石绿洲磕了哪里，总免不了自言自语地问："老公，你磕哪里了？"而越往后，终于知道石绿洲已经远磕，再也不可能回来，心里便越加难受。原先家里、外面应该石绿洲干的事，尔格全由刘青青承担，压力太大，她的心里几乎承受不了了，要崩溃了，也像婆婆大翠一样，要疯掉了！

她忍了一年多以后，再也忍不住自己感情的表露和宣泄，她在自己电脑的QQ空间里写道：

2009年11月27日：把内心真实的感受层层打包，把微笑用万能胶粘在眼角，阳光再刺眼，也要努力看清太阳的黑子，腰杆再痛，也要挺直！就让昨天的云化作今天的雨，明天的天空就让破碎的心去渲染彩虹！破碎的梦不再甜蜜，刺痛的心房工作还在延续！

2009年12月9日：坚持就是胜利！

2009年12月10日：一切归零，一切从零开始！

2009年12月13日：放飞心情！

2009年12月29日：我以心跳书写平行，以生命诠释相交。迷失在无限的旷野，以白发的名义承诺。其实忘掉你很容易——刺穿我的心脏，让我停止呼吸！

2009年12月30日：那么繁华的街市对我而言是空旷的，没有了你的世界，一切都没有意义，回来后的心情也是悲伤的，这个熟悉的城市已没了我的爱人，没了一个等待我的人……失去了你，这个城市如此空空荡荡！失去了你，这个城市如此空空荡荡！

2010年1月23日：如果坦白是一种伤害，我选择谎言；如果谎言也是伤害，我选择沉默！

2010年1月24日：这世上最累的事情，莫过于眼睁睁地看着自己的心碎了，还得自己动手把它粘起来！

2010年2月25日：看的是书，读的却是世界；沏的是茶，尝的却是生活；斟的是酒，品的却是艰辛。人生就像一张有去无回的单程票，没有彩排！

2010年3月2日：日落不是岁月的过，风起不是树林的错；只要爱过、等过、付出过，天堂里的笑声就不是传说！

2010年3月22日：我会做的，就是好好的，比什么都强；空荡的房间、空荡的心，总无法打开冰封的心，在黑暗中飘移，太多的愁怨、太多的伤感，总不知与谁诉。只有自己：沉默的灵魂！淡定一切，原来生活可以很美！

2010年6月25日：想你了……

2010年6月26日：别把哀伤挂在嘴上，每个人都有自己的故事，活着不是为了怀念昨天，而是要等待希望和明天！

2010年9月8日：宁可高傲地发霉，也不低调地凑合！

2010年12月7日：一个人只要不再想要，就什么都可以放下。有时，爱也是一种伤害。残忍的人，选择伤害别人；善良的人，选择伤害自己！

2011年3月28日：请不要对我言爱，我没有兴趣搭理你，别浪费彼此的时间……

2011年5月31日：你永远看不见我眼里的泪水，因为有你不在的时候，我才会哭泣！

2011年6月15日：如果你心里阳光明媚，天就总是蓝的；如果你心里阴云密布，天就总是灰的！

2012年1月7日：关掉手机……希望睡个好觉！

2012年2月28日：没有勇气看过去的相片！

2012年4月28日：想你了……

2012年11月18日：不管多远的路，都要走到尽头；不论多深的痛苦，也会有结束的一天；背负明天的希望，在每一个痛并快乐的日子里，才能走得更加坚强；怀揣未来的梦想，在每一个平凡而不平淡的日子里，才会笑得更加灿烂；只要不放弃，就没有什么能让自己退缩；只要够坚强，就没有什么能把自己打垮！

2012年11月18日：累！

2012年11月23日：想家了！

2012年11月28日：每天都奔跑在路上，头疼得连逛街的机会都没有，鞋子坏了，包也破了！

2012年12月17日：累！

2013年1月6日：一夜未眠！

2013年3月27日：想你了……

2013年5月2日：想你了……我爱的人幸福，爱我的人宠我，我不喜欢的人远离，高兴啊！

2014年5月24日：如果有一天，你能到我心里去，你一定会哭，因为那里装的全是你；如果有一天，我能到你心里去，我也会哭，因为那里面全是你对我的无所谓！

2014 年 6 月 30 日：鹰，无须鼓掌，也在飞翔；草，没人心疼，也在成长；深山的野花，虽没人欣赏，它也在芬芳。创业者，没有人鼓励，也要坚持方向！实现理想！做事不需要人人都理解，只须尽心尽力；做人不需要人人都喜欢，只要你坦坦荡荡。梦想的坚持，注定有孤独彷徨，他人的质疑和嘲笑，也都无妨，就算遍体鳞伤，也要撑起坚强！其实一世并不长，既然来了，就要展现精彩，活得漂亮！

35

在 2014 年的 3 月 12 日之前，刘青青病了一周，天天喝中药，她在 QQ 空间里留言：“病了一周，明天中药就喝完了，最近什么都不想做，就想像猫一样睡睡懒觉！”一个叫“额怀念的”网友问：“嫂子咋了？”她回复道：“想你哥哥了，呵呵！”对方又说：“想是必须的，但自己也要爱惜自己，女强人不要太累了。”刘青青反问网友：“额是女强人？”

是的，在石光银面前，谁都不要说自己是强人；在大翠面前，谁都不要说自己是女强人。因为在治沙公司，还有比他们吃的苦更多、付出的心血更多的人吗？当然，刘青青的反问，更多的是想告诉对方，其实自己内心十分脆弱，时时在想念自己的夫君，梦想着继续在他宽阔温暖的肩膀上靠一靠。但，这一切，只能作为梦想了，只能变成一声声的“想你了……”“想你了……”的不尽的呼唤。是啊，刘青青的另一半已身在人生彼岸。尽管她的心在滴血，她这一生唯一的最爱，她的永远的石绿洲，再也不会回答她的呼唤了！

正像她在 QQ 空间里说的一样，石绿洲离世以后，在好几年的时间里，她的房间里凡是石绿洲的东西，她都没有动过。石绿洲以往喜欢拍照、喜欢字画，曾经为刘青青拍过一沓一沓的照片，尔格她一张都不想翻看；那一摞一摞、一轴一轴的字画，她也没有动过，只是用一块花布蒙起来，免得落上尘土。而那个一直摆在床头柜上的石刻“镇沙龙”，也被她装在一个玻璃罩子里，放进石绿洲过去挂衣服的大衣柜里，也没有再动过。她把过去，封存了。

有一次，她偶尔想起了石绿洲手机里的开机图，突然一个激灵：是不是因为石绿洲把手机丢了，于是里面的“镇沙龙”图片也跟着丢了，所以，石绿洲就出事了？此时她便心脏猛地揪在一起，一阵绞痛，她急忙吃了十几粒速效救心丸，方才感觉舒服一些。从此以后，这个话题再也不敢触碰了。人渐渐消瘦，两颊已经塌陷，脸色由白里透红变成蜡黄。

公司的林中虎等几个稍稍年轻些的同事把刘青青的状况看在眼里，急在心上。他们在一家饭店里请了刘青青。起初刘青青根本不来，她哪有心思出来吃饭喝酒？但林中虎找了石光银，由石光银搬出了刘青青。石光银说道：“儿媳啊，他们都是好意，要跟你谈谈心。”刘青青没法再拒绝，便出席了。

林中虎拿出了家里存了好几年的两瓶茅台，几个人都倒了酒。大家小心谨慎地陪着刘青青喝酒，生怕惹她不高兴。酒过三巡以后，刘青青突然亮开了嗓子，大家一下子全愣住了。以前从未听刘青青唱过歌，更不知道她也会自编自唱信天游：

老爸让额来喝一杯酒，
他可知道额有几多愁？
额天天在想另一半，
他就是咱的石绿洲。
他的能力顶咱十个人，
为甚他说走就要走？
尔格儿子到哪儿找爸爸，
再相见定在啥时候？

歌声唱到这里，刘青青已经泪流满面。林中虎虽然已经有了三分酒意，眼睛里也涌出泪水，而且，听得出刘青青的满腹悲观与恓惶。于是，他接着唱道：

叫一声妹子呀刘青青，
额有句话儿你要听；
生活上困难有众姐妹，
儿子老人的事全能搞定。
工作上确实逆水行舟，
大哥不在有额们众弟兄；
老总的指示额们贯彻，
你的话儿额们也执行！

屋里的几个人一迭声道："是着哩，是着哩，中虎的话说得好！"

刘青青终于明白了，原来大家请她来，就是为了安抚她，向她表态，让她放宽心。于是，她的嘴唇颤抖，眼泪簌簌而下。她很想在这个场合痛哭一场，但她忍住了。她不想让公司同事看到她内心最柔弱、最不堪一击的这一面。她举杯与大家相碰，样子悲壮而豪爽。

时光荏苒，儿子在慢慢长大，她在县城的房价还不是太高的时候，买了房子。尔格她已经拥有了些许经济实力，房子是上下两层的复式结构，墙角有一座楼梯通上下。每层楼有两个卧室、一个厨房和卫生间、一个客厅和阳台，上下总共二百多平方米。室内装修也全是自己设计的，很简洁，又有现代味道。她在心里念叨："老公，你看这房子设计装修得还可以吧？"当一切都收拾停当，把家具也搬了进来的时候，她站在自家镜子面前观看自己的面容，本想说一句："老公，你看额是不是见老？"却猛地发现，自己的两颊已经生出两道泪痕！她用毛巾使劲擦那两道泪痕，根本擦不掉。打了香皂洗，也洗不掉。啊，她不知道该咋解释这个问题。她感觉这是最心爱的人留给自己的纪念，这个纪念将跟随自己走完后半生！

石绿洲的蓦然离磕，让石、刘两家同时经受了沉重的打击。刘家丝毫不比石家更舒心。刘青青的母亲那天正站在凳子上收拾吊柜里的衣服，刘文章突然告诉她，女婿石绿洲出车祸了。她便一下子从凳子上摔了下来，摔成了脑溢血，此后再也没医好，两年后溘然而逝，临死还喊着石绿洲的名字。而刘文章也从此一病不起，再也没有好起来，身体一年比一年差。

在这个时候，有热心的朋友借着看望刘文章的病情前来悄悄提亲，说石绿洲已经去世好几年了，刘青青应该向前走一步了。病恹恹的刘文章见是自己贴心的朋友提这个问题，没有发作，否则，他会把对方骂跑。不过，他还是有气无力地告诉对方："额家的事额们自己解决，你们就不要掺和了，谢谢你们想着额们。"

但时隔不久，这个朋友又来提亲，不厌其烦地给刘文章做思想工作。说时代早就变了，刘青青还很年轻，应该有属于自己的生活，不能埋没在以往的阴影里。刘文章一听这话，一把抄起了身边的炕笤帚，厉声说道："你给额出磕！走！"可是，对方因是知心的老朋友，便不走，还在喋喋不休地说，刘文章的炕笤帚便"啪啪"地打了过磕，这个朋友见他真的动了气，便赶紧跑了。

事情过后，刘文章给刘青青打了电话，说了这件事，叮嘱她："如果这个人找你，你也要像额一样回绝他。记住了。"

待刘青青答应以后，刘文章又开口道："碎女儿，你记住，你永远是石家的人；别人都可以改嫁，而你不能。明白额的意思吗？"

刘青青似懂非懂，摇了摇头，但满口答应。刘文章一声长叹："你啊你，自己在家好好想想吧！额懒得开导你了！"

刘青青回到自己的家，真的开始想这个问题。她为此想了半宿，最后猛地恍然大悟：你是"肇事者"，谁离开石家，你也不能离开。可是，老爸，你冤枉碎女儿了，额从来没想过离开石家的问题。不论别人咋看自己，自己不曾有过一时一刻一分一秒把心思从石绿洲身上移开，因为额们心心相印，已经不可能离得开！额走到哪里，别人都把额看成是两个人，感觉额身后就站着石绿洲。一些需要石绿洲回答的问题，都来问额。为甚？就因为额们原本是完整的一体。额何时想离开？又咋离得开？

石绿洲生前为公司买的白色小汽车，尔格天天由司机开着拉石光银到处走，已经跑了三十多万公里，从来没出过一点差错，没发生过一点剐蹭。每到年底的时候，石光银免不了会问：“这辆车的费用这么少，是不是你们偷着往里垫钱了？”司机笑着说：“么，么，咋会哩！这里面的道理您应该懂啊！”

“哈哈，额还真不懂这是咋回事。”

“尔格小白车是石绿洲留下的白龙马，要保着唐僧取经哩，咋会出问题！”

石光银哈哈大笑，他知道这是开玩笑，但他宁可相信这是真的。

有一件事让刘青青感觉纳罕，一度经常出现的那些小混混儿蓦然间销声匿迹了。是被抓起来了，还是转移到别处作案去了？不得而知。

……谁都没有注意，离治沙公司不太远的斜对面马路边，经常有一辆黑色奔驰 560 停着，车窗裂开一个缝，里面有人坐着抽烟，走近了，可以看见淡淡的缕缕白烟从车窗缝飘出来。谁都没注意这辆车。这辆车已经断断续续地来过若干次，从时间上算，沥沥拉拉的也有小半年了。一天晚上八点多，天已经完全黑了。刘青青因为加班，在小食堂刚刚吃完饭，甫一出来，就看见了那辆车的车窗完全打开了，一首信天游悠悠荡荡地飘了出来，刘青青感觉歌声很好听，就站住了脚。

三十里那个明沙二十里的水，
五十里那个路呀看你一回；
五十里路上毛青青一回你，
半个月毛青青十呀十五回，
因为毛青青额跑成罗圈腿。

回水水那个弯弯千呀千层饼，
额十回看你呀九呀九回空；
星星那个闪呀么闪呀闪亮光，
哪有那个月亮把额照得通明；
…… ……

刘青青似乎听明白是咋回事了。她脸上热了一下，转身就走了。她从公司旁边的小路回展览馆了。她在展览馆的办公室里屋有床，今夜她就不回家了。她不想招惹麻烦。她不知道对方是谁，她也根本不想知道对方是谁。

一个不到四十岁的中青年，在内蒙古的一个城市旅馆里看报纸，报纸上说的是石光银的故事。石光银带着儿子、儿媳磕银川商量买沙杉树苗，结果儿子在回来的路上出了车祸。这个中年人叫霍瑞学，是河北省承德人，他在围场租了几百亩地种树苗，种的就是沙杉。所以，当他从报纸上读到“沙杉”这个名词的时候，脑子里轰的一下子。这不是正对路吗？既然石光银的儿子出了车祸，一家人料理后事肯定需要一定的时间和精力，只怕他们顾不上买什么沙杉不沙杉了。与其这样，不如我亲自往陕北跑一趟，主动向石光银推荐我种的沙杉树苗哩！

但是，石光银是不是好说话、会不会让自己白跑，这是霍瑞学必须考虑的。他种树苗、卖树苗已经好几年了，但手里并没有积攒多少钱。因为，很多买树苗的人手里都没钱，还不了账，都是一拖再拖，让他这个种树人始终在起始点原地踏步。他曾经想过这个问题，为什么种树的人都没钱，而且即使没钱还愿意种树？这真是个难以理解的现象。

他不愿意与石光银也发生这种情况——拖欠树苗费。于是，他遍访内蒙古与陕北交界地区的种树人，这些人大部分都知道石光银其人。总起来讲，他们对石光银的评价就一句话：石光银是条够意思的汉子。但也有一个人向霍瑞学说了这么个情况：石光银不是一般人，是个龙种，他脖子后面有梗子，那是龙鬃。

哇，世界上还有这种事？霍瑞学更想接近石光银了，而且，他想越快越好，恨不能马上就见到石光银。

石光银自从儿子去世，一直心情不好。霍瑞学来找他，首先要摸摸他的脖子，说是验证一下他是不是龙种。石光银非常生气。如果是以往，这种事不值得他生气，他会一笑了之，会说其他问题或笑话打岔打过磕。但尔格不行，他的情绪还沉浸在儿子去世的悲痛里，便把霍瑞学的请求当作无理取闹，当作对他的不尊重了。于是，断然拒绝了霍瑞学的请求，还对他请求合作的愿望给予了“闭门羹”——徐庶进曹营，一言不发。霍瑞学感觉非常没味儿，便回旅馆住下，打算明后天就打道回府，不想再跟石光银纠缠了。

但霍瑞学是个多才多艺的人，他不光会种树，书法也不错，是承德市书法协会的会员，曾经在承德市举办过好几次书法展。于是，他就想给石光银一个好印象，为石光银献上几张书法作品。但是，此次出门他没有写书法的准备，所以，毛笔、图章一类的东西全没带着。怎么办？他想起报纸上讲的石光银常说的话：活人还能让尿憋死？他当即走出旅馆，到街上刻戳子磕了。然后准备买两支笔——一支大抓笔，一支大楷笔；大抓笔是写书法用的，而大楷笔则用于签落款。

当他走进图章店，向小老板说明来意以后，小老板问：“你是不是要参加额们定边的书法大赛？额们这儿正在举办大赛哩。”

霍瑞学赶紧纠正道：“不不不，我是打算给治沙公司写几张书法作品。”

“哦？”小老板眼珠转了一下，“那好，这刻戳子的钱，我一分钱不收。”

“为什么？我不能无功受禄啊！”

“嗨，你甭问为什么，白给你刻戳子，你还不乐意？”

“我这人一般不随便占别人便宜。尔格商品社会，谁赚钱都不容易，你说是不是？”

“你这人倒是挺仁义，但我说不收钱就真的不收。”

“你跟我说明白为什么，我就答应。否则，需要多少钱，我给你扔在地上，然后掉头就走。”

“也罢。跟你说吧，石光银的儿子前些日子磕世了，你知道吗?”

“知道。”

“太可惜了。我们两口子知道以后，哭了半宿，就好像我儿子死了似的。其实我跟石光银不沾亲不带故。”

“你为什么要哭?”

“石绿洲那个小伙子太好了。实话跟你说，我原来不是这儿的人，是县南边山区的，那边太穷，搬到石光银的十里沙村来了。过去额连蔬菜都吃不起、买不到，可以说一年四季不吃菜，只吃咸菜，腌的白菜和蔓菁，腌半坛子吃一年。我刚来的时候，见门前的田地里面有一半沙土，就骂石光银不是东西，为了捞取个人名利，欺骗我们穷困地区的人。谁知，石光银花钱给我们盖房子，平整土地，帮我们买了家畜。石绿洲更不简单，自己花钱从远处买来好土给我们换上。这件事让我们没齿难忘。几年时间，我单靠种庄稼就挣了一笔钱，于是，就到县城开戳子店来了。尔格额可以大大方方吃米、吃面、吃蔬菜了。额发现水萝卜好吃，一买一大麻袋，这么好的蔬菜以前哪见过？额买一大麻袋背不动，就雇人帮忙，这个钱额也出得起。前些日子，我突然听说石绿洲死了，好家伙，送葬的人那叫一个多！我们一家三口立即加入进磕了。我边跟着队伍走，边问身边的人：‘你们认识石绿洲吗?’他们都说：‘我们只是知道这个人，并不认识。’你瞧瞧，你瞧瞧，石绿洲有多好的人缘！说实在的，你平时没做到那地步，能有那么好的人缘吗?”

霍瑞学听了这话十分感动。唉，说到底，石绿洲不应该死这么早，多闪人啊！他又问：“我听说石光银是龙种，脖颈上有龙鬃，有这事儿吗?”

“净瞎传。你想，可能吗？我听别人说过，石光银的脖子是比别人鼓起一块来，但那也不是龙鬃，是打了四块钢板的结果。”

“啊，石光银脖颈上打着钢板?”

“没错，是前些年扛树苗扛得太多了，把颈椎压错位了。”

“哎哟喂！我真浑！我还一个劲要摸石光银的脖子，怪不得他一下子就不理我了呢，他肯定会很疼，不愿意让人摸啊。”

“不是疼不疼的问题，是对人家人格的不尊重。人家是治沙英雄，你是什么？怎么能一点忌讳也没有呢?”

“对对对，老弟，我会听你的。”

说着话，小老板已经把戳子刻出来了。尔格刻戳子都是机械化，电脑操纵，选好字样，只是一转眼的工夫。霍瑞学悄悄地把五十元钱塞在小老板的椅子垫儿下面，转身就走了。过了一会儿，他还没拐弯，突然小老板从后面追出来了，一边追一边喊：“嗨，老霍，你等等!”很快便追到了跟前，他气喘吁吁地把五十元钱塞进霍瑞学的口袋，说：“你这人真是，说好不要钱，你非这么干不可，有意思么?”

霍瑞学急忙连连点头：“是是是，是，没意思，要么这样，回头我送你一幅书法吧。”

“这个我欢迎，早说啊，我不就给你预备纸和笔了吗?”

两个人约好下次见面的时间就分手了。霍瑞学打了车直奔治沙公司。

36

石光银非常喜欢霍瑞学的书法作品，蓦然间对霍瑞学刮目相看。按照石光银的理解，能把书法练得这么好，一定是有恒心的人。虽然他没文化，从来不练书法，但给他送书法的人很多，耳濡目染，也对书法作品的评判略知一二。治沙种树最需要的是有恒心，霍瑞学无疑以这种方式取得了石光银的信任。霍瑞学也不动声色地留意过石光银的脖子，确实发现了动过手术的痕迹，心里便一阵一阵地发紧。他由衷地敬佩这个老人。他提出，带石光银到他种树苗的围场去看看。

“围场是不是过磕皇帝围猎的地方?”

“没错，石总好脑筋哩。”

“老了，尔格也偶尔看看电视剧了。”

“您可不老，看您满面红光，身板硬朗，再干二十年也没问题。”

“净说额爱听的话，你就为了做业务。”

“瞧您说的，我是真心的!”

车过塞罕坝上的时候，经过了国家森林公园。哇！太壮观了！道路两旁和山坡上那么多高耸入云的巍巍青松，简直让石光银叹为观止！这是松柏的海洋，是绿色的围屏，既要改善周边的生态环境，又要阻挡来自北边风沙的侵袭。石光银感觉，这里的情况和自己的沙洲说一样，也一样；说不一样，也不一样。这里是河北与内蒙古交界的风口，遭遇的风沙只怕比毛乌素还多。不一样的地方在于这里是山区，而毛乌素属于平原与丘陵相间，这必然对植树造林又有不同的规律和要求。石光银就是爱动脑子的人，他看着车窗外的浩大森林，一下子联想了很多。汽车已经走了好半天，还没有走出这片森林，石光银不觉竖起了大拇指。造这么大的森林，需要多少人，花费多少精力，没造过林的人是想象不出来的，一般也是不会去联想的，但石光银有数。

他们终于走出了这片绿化带，又走了一程，远远的一个红色大牌子映入石光银的眼帘，他不觉问道：“霍瑞学，那个牌子写的甚?”

霍瑞学说道：“为北京挡沙，为天津蓄水，为京津冀一体化铸造绿色围屏。”

石光银频频点头：“说得好着哩，说得好着哩！肯定是你的创意啦。”

霍瑞学脸上红了一下，他为得到石光银的肯定而暗暗高兴。他告诉石光银，他打算打起石光银的大旗，建起绿色长带，以陕西为中心，东到京津冀、渤海，西到我国新疆、哈萨克斯坦边境，建起比长城还长的绿色长廊。石光银对他的话听得很仔细，并频频点头。

他们把车开到霍瑞学苗圃的边沿，两个人步行进磕，查看树苗生长情况，石光银十分满意，他们初步拟定了合作意向。

…… ……

自从石绿洲去世，公司上上下下笼罩着一种说不清道不明的哀伤之气，人人脸上都严肃有余而乐观不足。其实，尔格公司的经济已经进入了良性循环。石光银回到家就跟大翠念叨这件事，不知道有甚办法排解。大翠气哼哼地说道：“你早就说让额过上城里人的生活，可是，额连省城都没磕过，更别说到北京天安门照个相了。”

石光银一拍脑门，嘿，还是自己的婆姨，虽然带着情绪，可是，又为自己提了个醒。自己早就向大翠许愿，尔格有条件了，咋就忘了呢？于是急忙说：“磕磕磕，咱马上就办！”

石光银安排十二位老伙计极其婆姨去西安和北京客串客串。陕北话的“客串”，不是要演甚节目，而是游览。石光银让刘青青操办这件事，跟着公司辛苦了多年的那十二位骨干，加上婆姨，浩浩荡荡的一个队伍，奔机场了。他们要坐飞机磕北京了，要到天安门前留个影了。住在北京的人，或者周边地区的人，再或者经常跑北京的人，对这种事真的不当回事；但尔格十二个骨干和他们的婆姨，就真的拿这件事当回事，而且，太当回事了。他们男人都是西装革履，原来没有的赶紧购置，还要弄一顶棒球帽戴上；婆姨们则都穿得花红柳绿，咋漂亮咋穿。有人对着刘青青撇嘴：“瞧你带这个队伍，简直一个侉捯饬。”

刘青青忍住笑，解释说：“人生难得真诚，大家尔格的穿着，最能表现真诚。”她心里清楚，北京是国家的首都，又是国家的心脏，磕北京，就是磕国家的心脏游览，而且还要照相。对于这些过去基本大门不出二门不迈的婆姨们，这难道不是人生又一件大事吗？既然要留影，难道不应该穿得花红柳绿吗？别人认为花红柳绿是侉，可她们认为那就是好。这样穿，心情就好，就彰显了自己对国家对首都的尊敬和真诚，有何不可哩？

一路上，刘青青对婆婆大翠关爱有加，啥东西都不让大翠拿，全背在自己背上的挎包里，还搀着大翠的胳膊。起初大翠感觉心理上有距离，总是躲躲闪闪，但架不住刘青青的不厌其烦，任你拿着甚东西，她都抢过磕装在挎包里背起来，让大翠空着手走路。别人的婆姨都有丈夫照顾，石光银虽然也跟着了，刘青青却不敢让自己的老公公拿沉重的东西。因为石光银和别人不一样，他的脖子不该再承担任何重物。

该吃饭的时候，刘青青也一个劲地给婆婆夹菜。大翠因为年纪大了，偶尔会把一点菜屑掉在胸前，刘青青赶紧拿了餐巾纸给婆婆捏走，擦干净。大翠刚刚喝完汤，刘青青就把餐巾纸递过磕，见大翠把嘴角擦得不彻底，她还再给婆婆擦一遍。

这一切，石光银看在眼里，心里十分熨帖。这是一个本分的儿媳妇应该做的事情，但尔格有多少年轻媳妇不仅不愿意做这些，甚至还会远远地躲开，对自家老人也嫌弃。石光银已经越来越喜欢刘青青了。他相信，他真诚地把刘青青当作亲闺女看待，没有错。

刘青青所做的一切，其他婆姨们全看在眼里，当她们到天安门前照相的时候，都抢着跟刘青青合影，让刘青青十分感动。

尔格她所想的，却与石光银等人可能都不一样。她之所以做这些事，是觉得自己在为石绿洲而做。如果石绿洲活着，是很愿意做这种事的。石绿洲是个大孝子，这一点人尽皆知。自己尔格干的星星点点的事，连石绿洲的一个小指头也赶不上。但自己会继续做下磕，而且会越做越多，越做越到位。只有这样，才能对石绿洲有个良好交代。而且，她还感到，石绿洲其实时时和自己在一起，他的魂魄已经进入自己的身体。外人对自己十分尊重，凭的是甚，难道不是石绿洲吗？自己何德何能会让公司上上下下的人都敬着、让着？自己吃过狼窝沙的苦吗？自己被狂暴的黑风沙袭击过吗？自己喝过沙窝里浑浊的水吗？自己在沙漠里追赶过被风沙刮得满地滚的玉米面饼子吗……

知道自己嫩得很，知道自己几斤几两，是刘青青谦虚做人、谨慎做人的理由。从北京回来以后，因为她对大家照顾得好，所以大家都对她刮目相看，赞扬她确实知书达理，不愧为书香门第的好闺女、石光银的好儿媳。这个时候，一个过去的女同学邀请她参加一个聚会，她本不想磕，但考虑到这是第一次，应该和过去的同学们见一面，互相留个电话，有必要的话可以联系，下次聚会就可以省了。因为她确实很忙，闲暇时间有限，尔格她已经从医院调到石光银事迹展览馆工作——前不久，国家林业部在石光银公司的后面，辟出一块地，修建了“石光银事迹展览馆”，刘青青被调来当馆长，同时兼任公司的一些工作。展览馆几乎天天都要迎来送往，要接待来自四面八方参观学习的人。随着石光银英雄事迹的广泛传播，来参观学习的人也越来越多。甚至有的小两口儿在办婚礼前一天，也要到这个展览馆来沾沾喜气。因为，按照他们的理解，这片沙漠出了一个石光银，是大吉大利的喜事……但在和老同学聚会的饭桌上，一个女同学对刘青青说了这样一番话：

“青青，你尔格工资也太少了，只是额工资的十分之一。到额那儿磕吧，额给你个中层，月薪至少两万元，让你干着还不费劲。咋样？”

“你只是集团董事，又没有决定权。”

“说甚哩？董事长是额父亲。”

“哇！”刘青青感叹一声。如果到她那里磕的话，收入能一下子提升一大块。但她立即恢复了常态：“感谢你，老妹，尔格额哪儿都不磕。几时想磕，额再找你。”

“机会不是总有，万一那时候集团不要人了呢？”

“别蒙额，堂堂的大集团，啥时想安插一个人，还叫问题？额明白，你是想让额立马就磕。”

“额感觉，你在那个环境里会永远走不出石绿洲的影子。”

“额们俩就是一个人，他就是额，额就是他，无所谓影子不影子。”

老同学无言以对。沉默了一会儿，老同学坐到别人身边磕了。刘青青暗暗笑了一下。老同学有可能完全出于好意，不过，也不能排除老同学在嫉妒刘青青与石绿洲的深厚感情，甚或为刘青青这么年轻、漂亮，却死扎在一个治沙公司浪费青春而感到遗憾。

治沙公司的同人们，之所以把治沙事业看得无上荣光，能够几十年如一日地坚持下来，是因为他们都怀抱一个梦想：改变家乡的穷苦面貌，而不仅仅是提高自己的收入。老同学自有老同学的道理，也不能说老同学不是出于善意，但刘青青目前真的不想离开治沙事业。

那天，大家分手的时候，一个身着灰色半旧夹克衫的男同学走到了她的身边，问："你开车了吗？"

"么，额打车来的。"

"那好，额送你一程。"

刘青青没说甚就上了车。因为她看到了，老同学的车是一辆价值不菲的漂亮的黑色奔驰560。以她对老同学的理解，不见得是炫富，而是炫成功。不论干甚职业，能买得起奔驰560的，必然是成功者。想起这一点，刘青青想笑，尔格人们把赚了大钱作为成功的标志，有些拜金主义，但社会潮流就如此，能让老同学免俗吗？人人都生活在商品社会里，谁又能完全免得了俗？奔驰560确实不错，刘青青还甚都没感觉，车已经启动走出很远了。

"额最近刚刚死了婆姨，肺癌。"老同学说道。

刘青青一个激灵，她马上想到一个成语"项庄舞剑，意在沛公"，便不动声色，没有言喘。老同学又说："都是额一手造成的。额天天抽烟不断，白天、晚上不停，她给额当会计，守着额，就吸二手烟不停。额真悔呀。"

"你尔格戒烟了吗？"

"烟酒都戒了。"

"酒还是可以适当喝点。"

"戒了，全戒了。额尔格资产5000万元，咱们周边的装饰材料基本上都让额垄断了。"

5000万元，这个数字对于治沙公司或者说对于石光银来讲，应该是个敏感数字。刘青青听了，应该一个激灵才对，但她正沉浸在自己的思路里，对这个数字无动于衷：“哦，不简单，额向你祝贺，真诚的。”

“但额找不到理想的内当家——管家人。”

“你儿子或女儿呢?”

“太小啊，才上中学，额还惦着把儿子培养上大学哩，这么早参与经营，不好。”

“额回头帮你打听打听，看有没有合适的管家人。”

“额看你……”

“打住打住，你不要说下磕，不然额就下车了。”

“好好好，额不说，但额会一直等着。”

“你若能这么做，说明你的公司并不是真的需要管家人。”

“你逼着额马上找婆姨，你以为找婆姨这么简单?”

“你难道愿意看着公司因为缺少管家人也出现混乱吗?”

“哎呀哩，你呀你，左右都是你的理!”

老同学不再说话了，直到把刘青青送回治沙公司，也没再说一句话。刘青青下车的时候，感谢了他一句，他也没搭理。晚上，刘青青洗漱完毕，睡觉前打算看一眼电脑。她有这个习惯，总是在晚上或夜里十点以后打开电脑，因为白天实在太忙，根本顾不上。她甫一打开电脑，就看到了送他的老同学在QQ里给她留了言，他说：“听说你们公司尔格正在更新树种，种了很多樟子松。你知道樟子松的故事吗?传说成吉思汗率领大军南征北战，所向披靡，最后打到中国东北的时候，把马鞭丢失了，他找了好久也找不到。让他想不到的是，他走后，那个被掉落的马鞭在当地化为一条青龙，守护着那里的青山绿草，那里还有一对相亲相爱的夫妻，过着无比甜蜜的生活。有一天突然来了一条黄龙，要霸占这片美丽的地方，青龙便与黄龙展开了激战，青龙败逃。黄龙又对夫妻俩展开攻击，可两个人紧紧地抱在一起，最后黄龙用沙子埋住了他们的双脚。一年又一年过磕了，他们的身子变成了树干，伸开的臂膀变成了树杈，展开的手指变成了松针，可是身子再也分不开了。这种树就是樟子松，而樟子松至今还是雌雄同株。”

刘青青想笑，是不是老同学在讥讽自己和石绿洲化为一体是“雌雄同株”？即便真的如此，又有何不可？她在 QQ 里给老同学回话：“正因为樟子松雌雄同株，所以，它耐寒性强，耐旱性强，抗病、抗风沙能力也强，而且，扎根深，寿命长，对于强力固沙，形成防护林带，几乎非它莫属……”

老同学回话道：“额还会找你的，希望你不要厌烦。因为，有可能额会帮到你。”然后就下线了。唉，她一声长叹。一夜无梦。转过天来，老同学果然打来电话，问：“见一面可以吗？”见不见？刘青青犹豫。片刻，她回答：“不见。额尔格很忙，一时半会儿根本闲不下来。”

“难道额的事，你一定要闲下来才能干吗？”老同学问道，似乎对刘青青的回答非常不满。刘青青没有说话，于是老同学便关了手机。但只一会儿工夫，老同学又发来一条短信，说是短信，是因为发在短信栏里，其实就内容看，已经不短了。只见内容写道：

“我知道你会拒绝我，所以，今天我已驱车到了山西，到五台山皈依佛门。我现在已经成为‘居士’。我已经开始对以往经营中存在的‘为富不仁’‘坑人往死里坑’，包括把自己婆姨也葬送了的因素进行忏悔。”

37

刘青青突然感觉老同学话里有话，而且，有些话十分耳熟，但是在哪儿听到或看到的，她又一时想不起来。

难道自己的老同学做过甚亏心事吗？从老同学的穿衣打扮看，只是一个很一般的“富”起来的形象，并没有“黑”“恶”的影子。甚至，除了那辆车，他还显得有些经济拮据。她早已注意到，老同学身上穿着的那件灰色夹克，从样式到质地都十分老旧，真让她费解。不过，尔格她也很想忏悔了。她为自己的另一半，真的要忏悔一下。为此，她有些感谢这个老同学了。

这时，公司的年轻人向她反映，说尔格有几件事让大家十分恼火。

既然她正儿八经地介入了公司的工作，有些事，公司的同事就不能不对她说，而又以年轻人说的多些，也因此让她不可能不着急。一件事是某专事太阳能产品的企业租了治沙公司的3000亩土地（治沙公司在自身的承包期内，有权利合理处置界内土地，但应该是与生态环境优化有关），把太阳能设备支起来运转以后，给了治沙公司1000万元。几个有关部门知道这件事后，便都伸手要钱。于是，四下里一分，治沙公司则没落下钱。这是一个对治沙公司非常不利的兆头。尔格治沙公司在自己租用的界内还建有马铃薯育苗基地、樟子松育苗基地、矿泉水厂、奶牛场等，如果各有关部门也来伸手，“五马分肥”，则治沙公司必死无疑。可能有关部门对此有不同理解和解释，但这是需要研讨和谈判的事情，不应该以主观武断的方式解决。像治沙公司这样的带有利国利民公益性质，而且又历经千辛万苦、艰难起飞的中小企业，理应得到更多的关爱和扶持。

还有一件事，也让刘青青夜不能寐。某企业往他们租用的界内林地里排放污水，已经淹没了5000亩，乌黑的污水汪在林地里，臭气熏天。治沙公司找到县有关部门，这些部门也帮助协调了很多次，但依然没有结果。如果这些污水继续汪在这里而得不到疏解，这大片林地里的树木将会慢慢死掉。这里的树木都是珍贵的樟子松，是治沙人的心尖尖。每当刘青青带着公司同事从周边经过，闻着这冲天的臭气，都义愤填膺，但是，他们无能为力。他们希望有关部门加大管理力度，杜绝这种情况。

再有，让人愤怒的“三聚氰胺”事件，使很多消费者对国产牛奶和奶粉质量产生疑问乃至动摇，导致很多牛奶和奶粉生产厂家销售量直线下降，治沙公司的奶牛场身在其中，难以一枝独秀，经济效益煞是堪忧。呜呼哀哉，呜呼哀哉。

治沙公司已经成活的大片森林，经有关部门核定，价值过亿，但因为纳入了国家三北防护林带，一棵树也不许砍，因此，这过亿的资产都无法兑现。治沙公司是没有钱的富翁，这样的富翁和“穷光蛋”区别不大。年轻人非常真诚地希望，各有关部门把治沙种树职业当作公益事业看待，不要单纯地认为他们只是一个以赚钱为目的的经营单位，更不要把治沙公司当作“唐僧肉”，不吃白不吃。治沙公司尔格实在没法说多么光鲜，多么耀眼。不能这样看问题的话，就不是实事求是的态度。

前不久公司召开了董事会，石光银为董事会成员做了第一次股份分配，孙子石磊所得最多，这是情有可原的，他是要接班的，沉重的负担等着他。石光银这么做自有自己的设想：虽然石磊年岁不大，但尔格没有儿子继承，只能退而求其次，由孙子继承。继承甚？自然首先继承这项治沙的事业。如果没有事业，仅仅给你一笔资金以及对资金的支配权，你会咋样？十有八九会挥霍浪费，把资金打了水漂。给你这笔股份，就把责任同时交给你了。当时石磊在听爷爷这么诉说的时候，表情十分严肃，他虽刚刚十八岁，但已经预感到责任的沉重。爷爷一生的精力全放在这里，爸爸的一条命也放在这里，他的心情轻松得了吗？即使让他轻松，鼓动他去娱乐、游玩，他有心思吗？但凡精神正常，即使是年轻人，也绝对轻松不起来。

石光银给儿媳妇刘青青的股份排第二。虽然远不如石磊的多，但比其他董事会成员还是多出很多。这里面的意味同样十分明了：你刘青青担负着辅佐老总石光银事业、照顾老两口的晚年、陪伴他们走完人生之旅的责任。在没有丈夫的情况下，要把这件事做完做好，绝不是简单事。真正好的儿媳在孝敬公婆上有可能超过亲闺女，但那要付出比亲闺女多得多的耐心和精力。另外，刘青青还担负着辅佐石磊的责任，而这种责任是其他任何人都无法替代的。既无可替代，又无可复制，因为刘青青是石磊的亲妈。哪种关系能超越亲妈与儿子的关系？世界上没有。石光银分给刘青青的股份铁定了是奔着培养、照顾、辅佐石磊而来的，即使你撺掇刘青青把钱花到别人身上，刘青青也不会去做，她的智商没有那么低。如同刘青青刚刚进入石家，谈到权利与义务问题时的情况一样，这同样是一柄“双刃剑”，给你股份的同时，就把辅佐石磊，继而把公司业务坚持下去的责任给了你。你如果做不到，那么，你将声名扫地，为人唾弃，中国的治沙史也会为你记一笔，只不过这一笔不是赞赏，而是抨击。

其他董事会成员每人也分到一笔股份，数目不大，但与非董事会成员相比，那就很大了。这些人和刘青青一样，担负着维持和振兴公司业务的责任。当然，对这些股份的分配，目前看来，在政策没有调整和变化的情况下，似乎更具象征意义。假如石光银上亿的资产允许兑现，那么，这些人一下子就身价千万、百万了。但这种可能微乎其微！公司里的其他人，毋庸置疑，收入都不算高，与他们的辛勤付出，基本不成比例。一些退休的七十岁以上的老员工，差不多人人累出一身病，有退休金的巴望着公司能给他们再涨点；没有退休金的，巴望着公司能够给点，医药费能够报销点……

公司的工作正任重道远。刘青青听着年轻人们的祈愿，心里产生了强烈的共鸣，没错，额们尔格只是万里长征走完了第一步，后面真的任重道远……

过去有句老话，叫“与天奋斗，与地奋斗，与人奋斗，其乐无穷”，治沙公司的人们感觉与天奋斗和与地奋斗是没办法的事，“与人奋斗”还是要依法规办事，或者制定护林法律，依法办事。但眼下咋制止得了呢？人的变数大大超过了天地的变数。天有不测风云，是有些过时的老话，尔格气象预报已经非常准确。而“人有旦夕祸福”真是难以左右的。在治沙公司，这句话时刻都在起作用。一天中午，有人给隆之冲打手机，说最北边林地边缘有人放牧啃树苗。那边是新栽的樟子松。此时，隆之冲正在一个农户家里喝酒。他已经转了一个上午，查看了很大一片林地，累得不行，找到老朋友家，喝两盅解解乏。刚刚三杯酒下肚，两个人打开话匣子说起这些年治沙公司的桩桩件件、林林总总，感慨万千、万千感慨。手机突然响了。一接，是到北边巡检的护林员打来的，说在那边遇到不讲理的放牧者，两个人正闹得不可开交。

“那边可尽是刚更新的樟子松树苗，啃了吗?”

“啃了，还不少哩，你快来吧!”

“哎呀哩，唧里个气势!”隆之冲把酒盅往桌子上使劲一放，一抹嘴，抬起屁股就出门了。他把摩托车发动起来，一下子就冲了出磕。他心里着急，车速极快，耳边可以听到嗡嗡的风声。他恨不得一步跨过磕，但是，就因为太快，拐弯的时候，后车轮突然往外一撇，摩托车往右摔倒，隆之冲被扔出好远，脑袋正撞在一块石头上，顿时，失磕知觉。

隆之冲跟随石绿洲而磕。治沙公司的第二员大将，以这种方式向治沙英雄和治沙同人们告了别，治沙公司上上下下又是一片呜咽唏嘘之声。

这些年，隆之冲虽然加入了治沙公司，但一直兼着村里的书记。因为，村里选不出合适的书记，他们有事仍然找隆之冲。隆之冲曾经说过：“额太忙，分不出精力管村里的事，你们另选书记吧。”

村里的人说：“不行，额们就相信你。劳你大驾辛苦一点，分出十分之一、二十分之一、三十分之一的精力，管管额们的事，可行?”

话说到这个份儿上，还让隆之冲说甚哩？兼着吧，因此，可以说，隆之冲这些年是非常忙的。几乎天天不着家，有时天黑了回家，算是好的。婆姨抱怨守了活寡，他听了也是呵呵一笑，给婆姨买点好吃的，算是应付过磕。

现如今，婆姨对曾经骂过隆之冲非常后悔：“他一心为了大家，全是为了大家。这么多年了，给大家做了这么多事，有过多吃多占吗？么！家里盖新房了吗？么！赚了大钱吗？么！可是额不理解他，骂他，卷他，跟他干仗。唉，呜……”

隆之冲的婆姨想起这些便泣不成声。一晃五年过磕，这个村仍然没有书记。乡里催他们抓紧选一个，他们说：“没有合适的。”

乡领导问：“啥样算合适的？”

他们回答：“隆之冲那样的。”

唉，这话一说就是五年，一晃就是五年，都五年了啊，这个村仍然没有书记！

隆之冲去世以后，石光银非常悲痛，当时他是在第一时间赶到隆之冲家里，亲自安排部署，出人出钱帮助料理后事的。在向隆之冲遗体告别的时候，石光银面对众人，说了一番这样的话：“要奋斗就会有牺牲，死人的事是会经常发生的。但是，额们想到治沙事业于国于民功德无量，为治沙事业而死，就是死得其所。”沉了一下，又说，“人固有一死，或重于泰山，或轻于鸿毛；额们生在毛乌素沙漠地区的治沙人，为治沙事业而死，就比泰山还重。”

众人于潸然泪下之际觉得十分感奋。联想到前不久去世的石绿洲，心情无不沉重，然而更觉得石光银的话掷地有声，感觉到这个陕北汉子的铁骨铮铮。年纪稍轻的林中虎暗想：沙魔啊沙魔，民不畏死，奈何以死惧之？额们跟随石总治沙，这辈子铁定了！

石光银因为怀念隆之冲，因为爱父及子，把隆之冲的儿子隆翔北招进治沙公司。

这是个和父亲一样脾气的人。他曾经在部队待过几年，在部队的几年里遇到过这样的事：一个新兵在投弹的时候脱手了。那是实弹，只要爆炸，隆翔北、新兵和一群老兵就都会受伤，能不能活得了都不好说，因为距离太近了。只见隆翔北大喊一声：“都卧倒！”便一个箭步，飞一般扑了过磕，将新兵扑倒在地，用身子掩护住了他。手榴弹爆炸了，没有人受伤。部队给隆翔北记了嘉奖。后来隆翔北因为脾气怪，复员回家。他在县里租了一个小门脸卖水果。有一天傍晚，他把卷帘门放了一半，人在里面算账盘点，外面悄悄进来三个小混混儿。他们见甚拿甚。隆翔北被惊动了，他一转身就蹿了出来。三个小混混儿掉头便跑。隆翔北哪里肯放？拔腿猛追，一个小混混儿终于被抓。谁知这个小混混儿十分老到，手很黑，回手就给了隆翔北下三路一刀子，隆翔北一闪，刀子便扎在他屁股上。

小混混儿以为隆翔北会被刺倒，谁知隆翔北顺势一把将小混混儿揪住，直到扭送进派出所。三个小混混儿全部落网。

事后母亲劝他：“娃儿，以后再遇到这种事，可不敢硬来，他是把刀子捅在你屁股上了，如果捅在你肚子上呢？”

隆翔北气哼哼地说道：“就算他有本事敢往额肚子上捅，额照样抓他！”

“你简直跟你大一屁股坐个影！”

没办法，遗传基因问题，任谁都左右不了。隆翔北进了治沙公司以后，担任办公室副主任，兼管车辆，工作十分认真。但年轻人毕竟是年轻人，治沙公司单调枯燥的工作性质，让他们时时渴望交流和聚会。一个周六的晚上，隆翔北和老同学在县城里聚会，被一辆车撞了，伤得很重，思维受到影响，一时清醒，一时糊涂。在县医院住了些日子，没有进展。石光银把他送到银川医院，那边医院规模大，技术条件要好一些。

治沙公司在摇摇晃晃之中砥砺前行，未来咋样，尚不可知。此时，县人大一位领导在外县开会，意外地在街边购得一块扁圆的青田石。他本来对这类东西并不在行，也没有兴趣，那么，为甚买下这块青田石呢？原来，这块蓝灰色的石面上有着原始的深青色的图案，那图案是一位老人端坐的剪影，这个剪影与某个人酷似——这个人便是石光银。这位领导顿时一拍脑门儿：“乖乖，这块青田石额买了！”当时他口袋里并没有这么多钱，又找身边的同事借了钱，买下了这块青田石。他看着这块石头，搜索枯肠，起了个名字叫“镇沙龙”，然后给石光银送去。自然，这块石头大受欢迎。

此时，省城一位知名书画家来治沙公司参观学习，他走向石光银事迹展览馆的时候，猛地看见头顶上一团白云酷似蛟龙，在翻卷，在腾跃，倏忽间烟消云散，一切回到原点。他也一拍脑门，灵感来了，到了展览馆的题词室，取出皮箱里的纸、墨、笔和颜料，迅即泼墨画了一张蛟龙图：天空中，一条蛟龙将大地的黄沙镇压得服服帖帖。收笔时取名“镇沙龙”。这位书画家并不知道县人大的领导给石光银送了“镇沙龙”的青田石，更不知道有这个名字，他完全是灵光闪现的结果。

石光银把青田石和书画家的画作都收藏了，装裱以后摆放和张挂在办公室里。说来奇怪，此后仿佛事事顺遂，再没有太让他们过不去的沟坎。这或许又是巧合。

石光银的老伙计们一个个见老，有的一直在跟他干，有的就退休了。但退休的人都得到了比较好的安置，石光银根据公司的能力，为他们解决住房和生活。一般都有三间以上的大瓦房，收入最少的也有两千元钱。有的还盖起了楼房，十几间屋子，对外出租。第二代治沙人林中虎也有四五间房，尔格仍然很忙，经常加班加点，夜里十二点还在用喷灌机浇树，回不了家，十分辛苦。他家在公司对面开了个烟酒店，收入够一年的生活费，两口子工资只用于娃娃上学，基本不动。他这个烟酒店非常热闹，大家闲暇时都愿意来此坐坐、聊聊。这里是治沙人小憩的港湾，也是信息中心。公司和街上的大小事情，都会在这里得到关注，或被人议论。林中虎的大娃娃是个后生，也加入了治沙公司，有人问他：“为什么选择治沙公司？干别的不行吗？”他回答：“额要继承额大、额爷爷的事业，继续跟着石总干下磕。”

有人问他：“治沙公司有什么好？”

他说：“红火。”

时隔不久，石光银派他和另一个年轻人到山东蓝翔机械学校学机械操作和维修磕了，回来后，他们要承担治沙公司一切机械的使用、管理和维修。林中虎的碎女儿学习非常好，经常有人劝他们要好好培养娃娃，将来要上大学。

石光银的孙子石磊，已经悄然长到一米九的身高，超过了石光银，也超过了石绿洲，眼看又是一条陕北大汉步履铿锵地向大家走来。3 月 12 日，既是国家的植树节，也是石绿洲的祭日，还是刘青青的生日。事情很巧，巧得让人眩目，让人震惊，让人纳罕，让人恓惶。刘青青不敢把这个日子是自己的生日告诉儿子石磊，她害怕儿子年龄小，又是容易叛逆的年龄段，说不定会出甚幺蛾子。石绿洲活着的时候，非常爱这个儿子，每天下班回家总要抱住儿子，使劲亲儿子的脸颊，亲热地叫："儿子，儿子，喊爸爸!"小石磊会乖乖地喊："爸爸。"小的时候，喊爸爸带着奶腔，慢慢大了，再喊爸爸就瓮声瓮气的了。但只要石绿洲亲他，他便一定喊爸爸。刘青青明白，小石磊是个与石绿洲、石光银都不一样的娃娃，那两个人性格外向，小石磊却十分内向，轻易不咋说话，更不高声喧哗。他很懂事，面对父亲的突然去世，表现得十分坚忍。知道妈妈刘青青心里很苦，就悄无声息地关心、照顾妈妈，他看到妈妈磕一次石绿洲的墓地，回来后便躺半个月也缓不过来，脸上没有血色，就悄悄劝妈妈："下次你不要磕了，额和爷爷磕，代表你就可以了。"刘青青在十分感激儿子懂事的同时，听从了儿子的安排。

其实，刘青青有所不知，石磊背着她，背着爷爷奶奶往父亲石绿洲的坟上已经跑过不知多少次，硬是在一片草丛里踩出一条路来。

刘青青的生日就是植树节这天——3 月 12 日，而石绿洲也死在植树节这天，她似乎感到这是老天对治沙人的一个无情嘲讽，让人太痛苦了。她便从不告诉儿子自己的真实生日，只说以前说的生日是假的，4 月 25 日才是真的生日。儿子石磊曾经和爸爸石绿洲一起花了 1200 元在花店预交了费用，请花店每年给刘青青在生日送一束花，但只送了两年，花店就不送了。当初那爷儿俩是想每年给刘青青一个惊喜，是背着刘青青干的这件事，但很快石绿洲就去世了，而石绿洲的去世是惊动全县的事，花店不可能不知道，于是，花店便再也不送花了。花店是出于一种甚心理，刘青青始终不明白，石磊更不明白。石磊想找花店磕论理，刘青青拦住了他："算了，儿子，尔格就是把花送来，我见了，心情也不会好。"

儿子看着刘青青的脸色行事，不愿意给刘青青增加烦恼，这件事便作罢了。石磊的孝顺、听话，和当年石绿洲没有区别。暑假里，三伏天，毛乌素中午气温高达近 40 度，刘青青和林中虎等人要磕检查林地，石磊便主动为他们开车，相送相陪。刘青青有时担心儿子过于内向，对将来接班做管理有影响，于是，当石磊提出要在晚饭后用月牙湖那边的212吉普和小伙伴们磕玩冲沙时，刘青青立即满口答应。冲沙是开车在沙梁、沙丘、沙窝、沙沟间上下突奔，需要勇敢、技巧和耐心，可以锻炼大脑的判断能力和反应能力，锻炼手脚的协调能力和控制能力，最重要的是可以培养娃娃的阳刚之气。刘青青高兴石磊这么做。跟随石磊走的小伙伴们，都是治沙公司的第三代。冲沙也有在沙里打滑的时候，每到这时，林中虎和护林员梁卫军便带上绳索开车磕"解救"。人们也总要为此哈哈大笑，打趣一番。石光银把这一切看在眼里，心情也是愉快的。他想好了，要先让孙子上好高中，然后上大学，就学农林专业，将来用知识种树、管护和开辟新的路径。治沙公司看上磕又出现蒸蒸日上、人丁兴旺的新格局。

看到这一切，最高兴的人自然是刘青青。她尔格位置重要，既要辅佐石光银的工作，还要照料儿子石磊的生活，老两口儿那边也要经常磕关照，所以，她一直很忙。一年一度的植树节又来临了，她又到县里参加植树动员会，便又想起石绿洲，于是，禁不住又泪水涟涟。她很想问问有关部门，为什么非把3月12日定为植树节不可。她知道问这样的问题过于幼稚，但似乎不把话说出来心里就不痛快。这次，她在县里遇到了林业局的人，便坐在一起说起这件事。"给植树节换个日子？亏你想得出，那咋可能？"林业局的人笑着说。

"唉……"刘青青连连点头，她明白这根本不可能。对方继续说："每年的3月12日是我国的植树节，其实这天是孙中山先生逝世的纪念日。确定这一天为植树节，一是从植树的季节考虑，二是为了纪念孙中山先生一生提倡植树造林的功绩。孙中山先生从小就喜爱植树，在他的故居至今仍生长着一棵已满百岁的檀香山酸豆树。这是他在1883年，年仅十八岁的时候，千里迢迢从美国檀香山带回的幼苗亲手栽种的，在他的精心培育下终于成材。孙中山不仅是中国革命的先驱者，也是我国近代最早大力提倡植树造林的人。他亲自起草的政治文献《上李鸿章书》中就提出，中国欲强，必须'急兴农学，讲究树艺’。辛亥革命以后，孙中山先生提出了在中国北部和中部大规模植树造林的计划。1924 年，他在广州一次演讲中强调：‘我们防止水灾和旱灾的根本方法就是要不断植树造林，而且要造大规模的森林。’此外，他还在许多著作和演讲中，反复指出毁林的危害性和植树造林的重要性，并且身体力行，亲自植树。在孙中山先生的倡议下，我国曾于 1915 年 7 月 30 日首次规定，每年清明为植树节。但孙中山先生于 1925 年 3 月 12 日逝世，国家遂将这个日子——3 月 12 日定为植树节，以纪念孙中山先生提倡植树造林的伟大功绩。”

“哦，是这样！”刘青青无比感慨。孙中山先生是有真知灼见的有识之士，是额们治沙人的同盟军！把 3 月 12 日作为植树节，意义深远！石绿洲能和孙中山先生在同一天去世，既是巧合，也算一种幸运吧！

这天，她突然接到了公司办公室秘书给她发来的短信，说明天县电视台记者韦玲来访。但明天是公司半年一次的林地大检查，这不是要冲突吗？咋做安排？她立即给老公公打了电话。结果，石光银说，那就让韦玲跟额们一起跋涉沙洲和林地吧。刘青青感觉这件事如果是自己安排的，韦玲就有可能挑理，因为好像对她不够重视，没有单独接待；而由老公公做出安排，那韦玲便甚都不会说。

眼下，把石光银所承包、管辖的大片林地，可以叫沙洲，也可以叫林地。因为，脚下的这一大片地界虽然种满了树，却全是沙子，叫沙洲不是很正常吗？但这里又到处郁郁葱葱，绿树成荫，叫林地不是更正常吗？刘青青感觉，叫沙洲会更让人提高警惕：如果哪一天治沙和护林停止，那么，脚下的沙子就会重新翻起沙浪，漫天飞舞，为害人间。所以，应该叫沙洲更好。林地会因为管护不好而衰减和自然消亡，沙子却永远不会，谁因为治沙成功而忘记这一点，就将断送以往的治沙成果。

转天，韦玲果真跟着大家磕了。韦玲刚刚三十出头，中等身材，身材窈窕，容貌俊俏。刘青青曾经在县文联的刊物上见到过韦玲的文章，写的是叙事散文，文笔十分精到。猜想她来公司采访，应该是写脚本。谁知，她这次来却扛着摄像机，这就让刘青青十分惊叹了。韦玲柔弱的身体，扛着机子走那么远，承受得了吗？她要帮韦玲扛着机子，竟被韦玲拒绝。在沙洲里走啊走，走啊走，石光银似乎想一口气走到目的地，始终不说停下来喘口气的话。而韦玲一点怨言也没有，肩扛摄像机，紧紧跟随石光银的脚步，爬沙梁，下沙窝，深一脚浅一脚，一步一陷地徒步长途行走。而且，一会儿趴，一会儿卧，一会儿侧躺。总之，为了找好最佳角度拍摄，她甚都不在乎。哇！刘青青见识了一个同样是女人的记者，为了工作，为了职业，敢于牺牲自己姿势样貌的无私精神，她由衷佩服。刘青青悄悄地在韦玲耳边说出了这个意思。韦玲微微一笑：“石光银的精神像太阳一样，把额们都照亮了，一个电视台记者，还在乎自己的拍摄姿势吗?”

后来，刘青青在县里开会，碰上了韦玲，原来，韦玲还是县“三八”红旗手，已经编播制作了很多脍炙人口的好作品，其中有好几部自拍、自编、自撰脚本的电视片获得过省市级大奖。刘青青感叹，像韦玲这么敬业的记者，一方面，必然会取得很多成绩；另一方面，这么年轻就成绩斐然，只怕并不多见。

38

盛夏，正是毛乌素气温很高、阳光火炽的时候，新华社的一位领导来访，治沙公司的人把这位领导称为“中国第一记者”。石光银照例开车带这位新闻界老领导奔了沙洲和林地。他们走了以后，公司的小食堂便开始准备饭菜。老领导来访，咋说也得加几个菜，稍稍丰盛一点，是吧？办公室的人也来小食堂帮忙。这时，远远开来两辆汽车，带大车厢那种，吱的一声，停在公司小食堂门前的空地上。周围的人十分纳罕地围过来看，在小食堂忙活的人也赶紧跑出来，因为他们不知道来人何许人也，要干甚。只见两辆汽车上都下来好几个人，从车上往下搬东西，箱子、柜子啥的。办公室主任急忙问：“你们是哪个单位的？来作甚？”

“我们是有关主管部门的，现在上级领导来了，我们要化验，要消毒。”

“额们天天吃这些东西，从来没化甚验、消甚毒，不是都好好的？”

但来人并不理会公司办公室主任的话。他们三下五除二，就把箱子、柜子搬进了公司小食堂，然后动手检测，接下来就消毒。对于是不是检测出了有毒物，也根本不做解释。办公室主任觉得他们有些不尊重人——额们的食堂用具、饭菜，是真的需要检测吗？检测的结果有问题吗？咋说也该有个结论不是？但一切都让他们蒙在鼓里。来者忙忙碌碌一番以后，开车就走了。动作倒是挺快，好像慢了会受责备。

而那边，石光银陪着老领导来到当年的狼窝沙，站在高高的沙梁上，身后就是郁郁葱葱的茂密的绿树，头顶则是湛蓝湛蓝的天空和火炽的太阳。老领导问：“老石啊，你治这么多年沙，你感觉哪种树最像你？”

石光银满脸自信，呵呵笑着回答：“樟子松。”

“我也觉得樟子松最像你，永远保持不老，最顽强。我再问你第二个问题，你最大的梦想是什么？”

“活到老，治沙到老。能把沙治住，是额最大的梦想。群众富了，不受沙的害了，是额最大的梦想。”

老领导旁边的年轻记者问道：“您现在还是‘负翁’吗？”

石光银爽朗地哈哈大笑，然后回答：“额们公司总共治理了25万亩荒沙，有人算了一笔账，按照最保守的估计，1亩地栽活100棵树（实际肯定要多于这个数），25万亩地就是2500万棵树；再按照间隔1米1棵树来摆布的话，这些树可以绕地球赤道一圈半还要多。资金情况哩，欠农行的钱基本都还了，原来是1200万元，已还1000万元，额向国家贷款1000万元，贷款时人家很怕，怕额还不了，怕额骗国家的钱。事实是，额被农行系统评上了四星级用户：一是到期利息都还，二是每年还钱不欠账。没有这个信誉没人相信你。一个人活在世上全讲一个信字，这也是一个人的人品。如果以种树骗国家的钱，你的人品就不对了。”

年轻记者又问：“在治沙的过程中，人的力量是正能量，但更需要政府的主导力量，您觉得在个人治沙过程中，政府应该扮演什么样的角色?”

“改革开放后政策好，以前没有这么好的政策。如果没有政府的支持，自己再有多大的精神头儿也不行。还有一个，就是要把群众联合起来干这个事。大家共同致富，也共同治理沙漠。把群众致富的事情干了，又把政府对咱们的支持转化为物质了。”

记者说：“最后一个问题，这么多年一直坚持这个治沙种树，是什么力量让您坚持下来?”

“首先是政府坚定不移。就说额们榆林市、定边县、额们省上和国家林业部，三北防护林关系到五省区，各级领导非常重视，给予政策上的支持。没有这个支持，谁都干不了。比如，周边的群众有个别人侵害林地，跟你闹。还有，额们治理狼窝沙时睡在沙窝里，有人就说，他妈的老石疯了，叫额‘石灰锤’。还有人毁林。当时要投入，要把体制机制搞对，要搞成公司治沙。你把沙治住，树栽好，群众才能服你。再一个，领导来看的时候，见你是实干家，才会相信你，继续支持你。”

采访告一段落，石光银领着大家来到四大壕村老宅。这是一个不太规范的四合院，正房三大间，西厢房三间。大家就坐的东屋，墙上挂满各时期的领袖画像，和以往石光银到省市、中央开会与上级领导合影的照片。这些照片记录了石光银的成长过程，展示了他的内心深处与思想积淀的源远流长。一个人的一生，有可能是光辉灿烂的一生，也可能是暗淡无光的一生，有可能是平淡无奇的一生，更可能是历尽坎坷的一生，但很难看到哪个人既光辉灿烂、成绩斐然却又是一帆风顺的一生。石光银每当自己一个人面对这些照片的时候，心里便明镜似的。他会把自己经历的一切，告知后人，包括自己的后人和社会上所有的年轻人。他要把一种叫作“自强不息”的精神传扬下磕。国家和人民要安宁，就要治沙；要治沙，就需要自强不息的精神。这种精神既是中华民族的优秀文化传统，又是石光银的精神内核。

石光银能够牢牢记住“自强不息”这四个字，源自前不久来的一位省城的记者。这位记者在采访石光银的时候，说了两句很神秘的话。石光银懵懵懂懂，要求他解释一下，他却并不解释，而是把这两句话写在一张纸上，对石光银说：“下次你再遇到采访你的人，就拿出来让他读这两句话，可以省去你很多口舌。”其实那是很普通、很常见、中学生人人皆知的两句话：“天行健，君子以自强不息；地势坤，君子以厚德载物。”果然，时隔不久，真的又来了一位北京的作家采访石光银。石光银对作家不甚了解，只知道作家是专门写书的，不敢多说，便要“考察”这位作家。他带着孙子石磊、秘书小玉和作家一起磕了四大壕村查勘他的狼窝沙磕了。石光银觉得，如果这个作家受不了这种辛劳，便是靠不住的人，任凭你是什么作家，额也不会把你当回事。中午吃过便饭，他们便在老宅里歇息。石光银刚躺在床上，突然又坐起来了，说耳朵进东西了。

于是，大家手忙脚乱地一起帮他掏。但用棉签拨、用挖耳勺挖、用水淹，能使的办法都使了，还是无济于事。石光银说：“耳朵里像有小飞机，嗡嗡的。”可是，一番折腾已经耗去半个多小时，他便让大家先休息。作家说：“应该立即去医院，医生戴上耳镜一照，用小镊子就夹出来了，简单得很。”石光银似乎对作家的话不太相信，抑或大大咧咧惯了，不把这种无关紧要的小事放在眼里，便说：“算了，一会儿可能就出来了。”下午，一行人又驱车查勘了很多故地和沙梁，现如今这些地方都绿树葱茏，今非昔比，便又来到内蒙古边界对比两边的植被。这边早已改善，那边却还是原始状态。石光银说道：“如果不是额年龄大了，真要向内蒙古进军哩。”看得出来，只要当他面对荒沙的时候，就立即想实施治理，这似乎已经成为他的思维定势和职业习惯。他真的已成长为荒沙的克星，国家把中国第一个“治沙英雄”的称号授予他是恰如其分的，他是当得起的。

下午，因为耳朵里闹个不停，石光银感觉心乱，终于同意磕医院了。司机梁卫军把车开进县城，到了县医院已过五点，医生们都在准备下班。秘书小玉快速挂了号，跑在前面磕找门诊医生，而看门诊的女医生正在换衣服准备锁门，一见石光银来了，立即笑容满面：“嘿，老英雄来了，额不下班也要为您诊治！”急忙又把白大褂穿上了。她果如作家所言，在头上戴了耳镜，打开小灯往石光银耳朵里一看，说耳中有个小虫，便用镊子夹出来了。大家都看到了，白色的，有一双翅膀。石光银把小虫捏在手里，哈哈大笑，说：“早听作家的话就对了，这半天让它折腾得不得安宁!”大家也哄堂大笑。晚上吃饭的时候，石光银从口袋里掏出一张纸片，递给作家。此时作家感觉石光银已经开始相信他了，似乎“考察”已经过关。

作家一看这张纸片，便说：“石总，省城那位记者很厉害，两句话就把您概括了。这些年来，您就是这么做的哩。”

石光银眨眨眼睛问道：“具体咋讲呢?”

作家说：“总体是讲，作为君子，既要懂得顺应天道，又要懂得承载包容。这两句话来自《周易·乾》：‘天行健，君子以自强不息；地势坤，君子以厚德载物。’意思是说：天（指大自然）的运动刚强劲健，相应于此，君子处世，应像天一样，自我力求进步，刚毅坚卓，发愤图强，永不停息；大地的气势厚实和顺，君子应增厚美德，容载万物。所谓‘君子’，在《大象传》中，六十四卦有五十三卦在说君子应该如何。另外十一卦则说‘先王、后、大人、上’，显然代表了领袖人物。当然，君子也有的具有领袖身份，不过在儒家看来，君子主要是指德行卓越之人。换言之，不是人人都可以成为领袖人物，但人人都可以成为有德的君子。因此，我们读到‘君子’一词时，应该悟到那主要是《周易》作者在对我们一般人讲话。我们如果有成为君子的愿望，就该思考如何去做的问题了。《周易》是咱们中国传统文化的一个重要组成部分，里面有很多精华需要继承。”

石光银说道：“大概意思额懂，但具体字句还是没完全明白。”

作家说道：“石总啊，您不要纠结于具体字句，您想想您这些年来是怎么做的，这两句话就是概括您的意思。这么讲，您能明白吗？”

石光银迟疑起来，他是个很有主见、个性极强的人，怎么会把没明白的事情当作明白哩？那不是糊弄自己吗？老辈人讲：“知之为知之，不知为不知，是知也。”他不会写这些字，但明白这些话的意思。他连连摇头。

不过，他没有继续追问。他感觉，再问下磕，作家也不一定讲得明白。但他认准了一点：没有文化真的不行，自己的孙子一定要培养成大学生，彻底摘掉自己这一代文盲的帽子。否则，连对方讲的是什么都搞不清，那又如何对话哩？世界那么大，各种各样的事情那么多，即使大学毕业，也不过仅仅在某一方面有所了解；若没有文化，面对当今庞杂的世界茫然无知，那是多么可怕的事情啊！

作家回北京以后，据说开始着手叙写石光银的故事，一晃一年多了，不知道写得咋样了，是不是他会把那个因“考察”而意外出现的有翅膀的小白虫也写进书里？

…… ……

新华社的老领导与石光银交谈已经足足一个时辰。此时日上三竿，该吃午饭了。西厢房作为临时厨房，为大家蒸了洋芋、南瓜。临时做饭的是石光银的外甥孙女，她把一碟碟的农家饭端上了桌。这里没有人检测，也没有人消毒。大家围坐在桌前，桌子上摆着蒸洋芋、蒸南瓜、蒸玉米、拌苦菜、拌西红柿等极简易的饭菜。石光银伸手拿起一个洋芋：“额来给老领导剥皮。”

老领导说道：“我自己来。”便拿起一个热气腾腾的洋芋，慢慢剥皮，然后吃了起来。

石光银也剥了洋芋吃起来：“这是额们农民的家乡饭，尔格种土豆已经向现代化发展了。”

老领导吃得很香，说道："吃这个就当饭了，减肥哩。"

石光银咽下一口，说道："这是土粮。"

一位县领导远远站在一旁不过来，石光银向他招手，叫他，才过来。县领导好像正有很多话要说，急忙开口道："额们的马铃薯正处在品种改良阶段。全国马铃薯种植面积上百万亩，上6000亩的，额们定边就是一个。"

老领导意味深长地说道："现在的野菜比过去好吃了。"

石光银若有所思："十里明沙，所以叫十里沙，离县城近，十里宽、长，从县城到榆林市。唉，还有何家套、榆树套、薛家套，不是沙就是套，套还是沙，不是套就是沙……"

石光银的语言没有逻辑。大家都知道，此时此刻的石光银已经重新陷入对以往治沙生活的回忆中。经历太多的人，往往会不由自主地陷入回忆。吃完饭，记者和老领导跟随石光银到外面拍照。石光银坐在沙梁上，拉着两匹马的缰绳，马匹静静地站立着。记者问："您平时在林子里转，转累了就躺一会儿，是吗？"

石光银没有立即回答，而是顽皮地躺在沙梁上，说："如果下网，可以逮住兔子。"

这时，西北工业大学的同志给办公室打来电话，说他们明天要来种树，体验生活。石光银得知后哈哈大笑："好啊，尔格知识分子们很自觉地向咱农民靠拢，值得高兴！"

一位大学副校长带了两名博士六名硕士，前来种树。他们咋会想起来到石光银这里种树呢？是当年石光银兴办的"黄沙小学"有四人考上正式本科生，其中一人就在西北工业大学上学。他曾经写过一篇文章发表在学报上，探讨治沙种树的树种更新问题，一下子引起这位副校长的注意——既然你是石光银身边的人，我们何不去石光银身边种种树，体验一下生活，受受教育呢？

这位副校长立即带领几个正在做课题的学生，坐长途汽车来到十里沙治沙公司，公司同人七八个陪同。林中虎遵照石光银的指示，用大拖车把师生们拉进离月牙湖不远的一片沙地，把事先预备好的樟子松树苗和铁锹拉来，供师生们使用。副校长带头挖坑、栽树苗，干得很在行，想必经常带着同学们体验生活。人人都干得非常认真。眉目清秀、皮肤白净的女生们也不示弱，一锹锹地挖土，一棵棵地栽树，都像模像样。忽然，一阵凉风袭来，天空出现乌云，先是蒙蒙细雨，继而豆大的雨点劈头盖脸打了下来。石光银急忙招呼大家躲进车里避雨。但此处停放的车辆有限，这么多人哪里容得下……最后雨停了，大家离开的时候，只见副校长身上精湿，而同学们身上都没湿。这事好怪。石光银问一个学生，这个同学笑了笑，说："您猜。"

石光银根本不猜，而是哈哈大笑。他是个聪明人，应该能够想出答案。

这时，石光银接到省里一个电话，是省政府秘书长打来的。石光银立即精神抖擞起来，把刚才浇湿的头发抹了一把，一甩，说道："你讲你讲！"对方十分欣喜地告诉他，省领导已经亲自过问他的护林补贴问题了。省领导说："要给老石公司适当的补贴，初步决定，每年一百万元，专门用于护林，专款专用，不得拆、挪。我们的英雄流血流汗，不能再流泪了！"可是，石光银听完这话还是流出了眼泪，只不过这次流的是欣喜的眼泪。

石光银身边的人们，不论是公司同人，还是其他人，都希望省领导的话能够尽快兑现。

一直想为石光银写自传的老伙计、乡党委原副书记胡雪林，积累了很多资料，耗费了大量心血，退休后写了一本好几万字的书稿，标题就是"镇沙龙"。胡雪林退休后，一直圪蹴在家里，并不知道治沙公司有一尊"镇沙龙"的青田石，更不知道一位书画家画过《镇沙龙》的画作。他不是依靠灵光闪现来写作，完全是在写亲眼所见。如果是职业作家，写几万字可能只是几天的工夫，而作为胡雪林这样的不是干文字出身的基层干部，那就是十几年乃至几十年的心血积累。谁知书稿写出后，被另一位热爱石光银的写手拿走阅读。时隔不久，这本书稿就被发表在某本刊物上，但没署胡雪林的名字，署的是那个人的名字。胡雪林听说后，借来认真看了，感觉里面只有些许改动，基本就是他的原文。娃娃们让他告对方剽窃，胡雪林笑了笑：“算了。大家都热爱石光银，能发表就好，署谁的名都一样。”他还对娃娃们说了一句话，几乎和电视台女记者韦玲的话异曲同工：“我们都被石光银的精神照亮了，所以才会热爱他，写他。既然如此，还计较署谁的名字吗？”

石光银英雄谱

1989 年 2 月 26 日，被中共定边县委、县政府授予“农村致富标兵”荣誉称号；

1989 年 4 月 29 日，荣获榆林地区绿化委员会“绿化先进个人奖”；

1989 年 5 月，被定边县政协评为“优秀政协委员”；

1989 年 9 月 27 日，被中共榆林地委、榆林行署授予“榆林地区劳动模范”荣誉称号；

1990 年 3 月 5 日，被全国绿化委员会评为“全国绿化先进个人”；

1991 年 3 月，被陕西省政协评为“优秀政协委员”；

1992 年 1 月，被中共榆林地委、行署评为“发扬延安精神，开发建设榆林先进个人”；

1992 年 9 月 5 日，被陕西省政府授予“治沙模范”荣誉称号；

1994 年 7 月 1 日，被中共定边县委评为“优秀共产党员”；

1994 年 7 月 1 日，被中共陕西省委评为“优秀共产党员”；

1996 年，被陕西省政协评为“优秀政协委员”；

1996 年 1 月 8 日，被国家林业部评为在三北防护林体系二期工程建设中“成绩显著的林业先进工作者”；

1996 年 3 月，被全国绿化委员会、林业部、人事部评为“全国绿化先进工作者”；

1996 年 7 月 1 日，被中共陕西省委授予“优秀共产党员”荣誉称号；

1997 年，荣获中国扶贫基金会“全国扶贫贡献奖”；

1997 年 7 月 1 日，被中共定边县委授予“共产党员标兵”荣誉称号；

1998 年，其治沙公司被榆林地委、行署评为“治沙先进私营企业”；

1998 年，被中共陕西省委、省政府授予“省劳动模范”荣誉称号；

1998 年 7 月 1 日，被中共定边县委评为“优秀共产党员”；

1999 年，被定边县政协评为“政协工作中做出显著成绩工作者”；

1999 年 1 月，被中共定边县委、县政府授予“劳动模范”称号；

1999 年 8 月，荣获全国绿化委员会“全国绿化标兵奖”；

1999 年 10 月，被陕西省扶贫办公室、陕西省扶贫基金会授予“陕西扶贫之星”荣誉称号；

2000 年 1 月 26 日，被陕西省政府评为“陕西省治沙绿化先进工作者”；

2000 年 4 月，被国际名人协会评为“国际跨世纪人才”；

2000 年 4 月，被国务院授予“全国劳动模范”荣誉称号；

2000 年 8 月，被国家水利部评为“全国水土保持生态环境建设开发‘四荒’示范户”；

2000 年 10 月 10 日，被国家人事部、农业部评为“全国农村优秀人才”；

2001 年 7 月，被国家林业部评为“三北防护林体系（1978—2000 年）建设中成绩显著工作者”；

2002 年 6 月 17 日，被全国绿化委员会、人事部、国家林业部授予“全国治沙英雄”荣誉称号；

2002 年 10 月 14 日，荣获联合国粮农组织“世界优秀林农奖”；

2005 年 12 月，荣获“光彩事业国土绿化贡献奖”；

2006 年，荣获“全国城乡一体化暨新农村建设功勋人物”荣誉称号；

2012 年，陕西省第十二次党代会上被选举为中共十八大代表；

2018 年 1 月，被选举为陕西省出席第十三届全国人民代表大会代表；

2018 年 1 月 31 日，被任命为陕西省人民代表大会常务委员会环境与资源保护工作委员会委员；

2021 年 6 月 29 日，被中共中央授予“七一勋章”。

后　记

我和摄影家高蕴辉在毛乌素沙漠地区前前后后生活了两个月，在定边县委宣传部安排下，我们来到了治沙英雄石光银的公司。起初我们住在沙区农户家中，给农户添了不少麻烦，他们有时一天只吃一顿饭，往往是带着水和干粮下地干活儿一天才回来。为了我们，就要从地里跑回来做饭。为减少和避免这种情况，更为了和石光银零距离接触，我们搬到了石光银治沙公司的办公室住宿，一日三餐就在公司的简易小食堂里。一个多月来，我们多次采访各年龄层次的治沙人员，多次跟随石光银进入沙区和林区踏勘和检查工作，并顶着烈日甚至冒雨参加了植树活动。

住到公司以后，因石光银经常住在公司，我就有了和他朝夕相处的机会，我们常常坐在公司大院里，乘着月色聊到深夜。石光银治沙已经五十余年。他是因为八岁时被沙尘暴卷到三十里外的内蒙古，幸亏被牧民所救，而他的小伙伴被刮得永远失去了踪影和下落，所以他立志治沙。他的事迹广见报端和网络。治沙生活无疑是艰苦、枯燥和乏味的，没有超乎常人的远大目标和毅力，不可能坚持多年。而他的治沙是自发的，与一般林场、农场不一样，没有人给他定指标、定任务。正因为如此，更显得可贵。他是中国治沙种树最成功、治沙面积最大的一个人，是以承包方式治沙的第一人，还是成立公司以企业化方式治沙的第一人。在补贴政策多年未能到位的情况下，他一心想着国家，办起很多小企业，以副养主，为国家承担了本不该由他承担的责任。他还把儿子石战军培养成新一代治沙精英，石战军是定边县首届十大杰出青年之一，是共青团中央十五大的陕西省代表。就在石光银年老多病，打算交班给儿子的时候，石战军却在参加植树节活动的路上出车祸去世。石光银仰天长叹，老泪纵横。痛失爱子的石光银在掩埋了儿子的第二天，即在公司召开会议安排治沙工作，并将儿子没有完成的事业重新接了过来。他说：“额还有孙子，额要培养孙子继续治沙！”石光银曾经获得“全国劳动模范”、中国第一个“治沙英雄”等荣誉称号，多次受到党和国家领导人接见，作为中共十八大代表出席会议，两次作为中国治沙代表出席联合国粮农组织召开的世界级会议，获得“世界优秀林农奖”。

我在他身边体验生活，时时感到被他的精神所照亮，即使一身大汗，也不觉得辛苦。我与公司林农们打成一片，彼此无话不谈，共同语言越来越多，思想感情越来越近，他们的喜怒哀乐就是我的喜怒哀乐。我也终于知道，石光银的异禀之处就是他的脖子，但那不是天生的一道梗子（龙鬃），而是因为扛树苗过多出现的劳损、颈椎错位，导致做手术用四块钢板固定和矫正脖颈。石光银是个性情中人，一生中，为治沙种树，血、汗、泪都没少流，让人感到，这样的劳模是真的劳模，这样的英雄是真的英雄，足以令我辈仰慕。

保护生态，优化人类生存环境，是个世界性的命题，是众多有识之士不计名利投身其间的伟大事业，他们为之奋斗，乃至披肝沥胆、呕心沥血、献出生命。他们活得最实在，最值得抒写。我们写作者会因为不能完满描述和表达他们而汗颜。

在写作中，我也经常自我发问，石光银无疑已经取得了很大的成功：事业与人格都臻于圆满——权且叫作成功和圆满，他需要完善的后续工作还多得很——为他助力的营养是什么？孩童时埋在心底的怨愤是火种，自不必说；那口号年代里看似空泛的口号，仍然让他似得神力；传统文化中的优秀部分，能够继承的，都继承了；其中民俗一类，不一定为人们所广泛提倡的譬如“结拜”之举，也仍然为他提供了看得见摸得着的力量。那么，制约和阻碍他发展，使他事倍功半的因素又是什么？我想除了他的“没文化”之外，诸多人为的属于本民族的短板和局限性，包括当时体制机制上的滞后和不完善，都对他的治沙事业产生了一定影响。没有这些影响，他的治沙事业会更辉煌，国家和老百姓受益会更多。大而化之，笼而统之，囫囵吞枣地叙说石光银，并不一定对读者有更深的启迪和反思。“错误和挫折教训了我们，使我们比较地聪明起来了，我们的事情就能办得好一些。”问题是，我们应该有勇气承认自己的错误与局限。

我之所以写这部作品，还希望更多的人能认识到沙害的严重性和治沙的艰难性，希望更多的人能投入到这个功在当代、利在千秋的事业中，更希望得到国家政策上的扶植和各级领导的大力支持。

现书名定为《风雨毛乌素》，并已经杀青。但工作还在继续，采访还在进行，学习和受教育将成为我们的永远。

岩　波

2015 年 1 月

又　记

2014 年夏季我到毛乌素沙区深入生活和调研，那时治沙英雄石光银的公司还没盖楼房，公司办公是在一排平房，有房脊和天花板的红砖房。石光银安排我住在原总经理、他儿子石战军的办公室，里外间，外间有办公桌椅、文件柜、会客的沙发，文件柜顶上有一幅大幅的石战军遗像——石战军在 2008 年植树节因公殉职。

起初我没有害怕的感觉，因为我是当兵的出身，一般不太相信鬼啊神的。此前摄影家老高建议我，《风雨毛乌素》（那时还没定书名）这本书不要写石战军了，因为石光银的事迹足够多了。我也基本采纳了老高的建议。在采访当中，这本书的框架就基本形成了。这时，老高家里有事回天津了，剩下我一个人继续采访。

那天，公司里晚上只剩下我一个人。一般情况下石光银会睡在公司里，其他人，譬如办公室主任、会计偶尔会值夜，但都是轮流、花插着，公司夜里不会空无一人。而那天因为我睡在公司，石光银很放心地回家了。夜里，下起淅淅沥沥的小雨，万籁俱寂，只有小风吹得旗杆上的铁环“哔棱哔棱”地有节奏地响。沙区的阴雨之夜一片漆黑，四处都没有一丝一毫的光亮，是伸手不见五指的那种黑。多日的脑力劳动，让我有些神经衰弱，迟迟睡不着。看着电视熬到十二点才慢慢睡去。但刚睡了两三个小时，突然头顶天花板上响起有节奏的声音：“咚咚咚！”“咚咚咚！”“咚咚咚！”我支棱一下子就坐了起来，大睁着眼睛，毛骨悚然，一身的鸡皮疙瘩。因为，那个天花板很薄，经不住人，上面不可能有人，深更半夜谁会爬到那上面去，而且敲出这样的节奏？如果说是猫、鼠之类的动物，更不可能弄出这样的只有人才有的节奏。我急忙打开了电视机，让屋子里有了光亮和动静，头顶上再也没有出现任何声音。

而沙区电视机的信号不太好，夜里只有央视一个台，偏偏这个台当时正在讲述一桩血腥的凶杀案，我看得十分膈应，就马上关掉了电视机，拉了灯绳，让屋里亮起来，慢慢回味刚刚发生的一切。是我做梦吗？绝对不是。是精神恍惚吗？绝对不是。一切分明清清楚楚。那种节奏是令人刻骨铭心的。

我一直干坐着，熬到早晨七点，天完全亮起来，我才穿衣下床，写日记，把这一切记录了下来。在写日记过程中，我突然开悟：是石战军对我和老高提意见了——那本书不能不写他，他在石家的位置虽已虚空，但曾经的辉煌不可忽视！没错，石战军因为随同老爸治沙有功，是定边县首届十大杰出青年之一，参加过全国第十五届团代会，与很多中央领导都有合影。央视著名女主持董倩来沙区采访他时，两个人光着脚板坐在沙漠上的照片，也让人过目难忘。一个为治沙献出生命的年轻人，怎么能不被记述，怎么能不进入这本书？开悟以后，我下定决心要写好石战军，于是，采访了三十多位不同类型的人，专门请他们讲石战军（后来，石战军在《风雨毛乌素》一书中占据了差不多三分之一的篇幅）。

石光银是个“迷信”的人，他年轻时曾经为别人“手持桃木剑驱鬼”，而且远近闻名。起初，他对我不太信任，悄悄找了会相面的人来偷着看我。那个人走了以后，石光银老伴对我说，刚才来那个人是给你相面，来相一下吉凶。我问是吉是凶，石光银老伴说，是吉。还骂了一句：他这个老东西，就这样！石光银老伴对我是坚信不疑的，对我声泪俱下地讲了很多苦难的过去，和失子的悲伤。那个阶段，我差不多融入了石光银的日常工作和生活，有来访者，我便是解说员，比石光银讲得还清楚；周日我到他们家和他们一起做饭，他们不会包饺子，而我从和面、做馅、做剂子、擀皮直到包出来，煮出来，是全活的，让石光银全家体会了一个天津人的“厨艺”。

两个月即将过去，我要离开毛乌素的时候，我的战友来电话，说他将要退休，让我到他那儿去一趟，他要好好招待我。这个战友叫李志平，是山西省长治军分区司令员。我去了以后的第一个中午，在招待所睡午觉，方才感到什么叫“惊魂未定”——我刚睡着，就梦见了石战军出车祸的场景，那种惨烈真真切切就在眼前，我再一次支棱一下子坐了起来，又是一身鸡皮疙瘩。我马上给天津的老高打电话诉说——老例儿讲及时把梦说破，就没有负面影响了。老高在电话里数落我一通，说你就是这些日子精神太紧张，没什么，好好睡午觉。

我在战友李志平的招待所住了一个星期，其间走遍太行山当年朱德、彭德怀等八路军领导人带领部队打游击和住宿之地，环境之险恶，之艰苦，远超我的想象。老一辈革命家不怕牺牲，为拯救民族危亡殚精竭虑身经百战，不谈个人利益和安危的事迹，让我深受教育，之前出现的惊恐随之烟消云散。回到招待所后，我利用晚上的时间，借用战友李志平的笔记本电脑，写完了一万字的报告文学《走进毛乌素》，回津后给了《今晚报》，他们连载了一个星期。后来我把七份报纸打包寄给了石光银。而二十万字的《风雨毛乌素》一书，石光银买了一些，县里在他那儿开现场会的时候，人手一册。

林业部原副部长李育才和新华社前社长李从军都对这本书给予了充分肯定。2018 年，出版社推荐这本书参评鲁奖，虽然名落孙山，但我感觉自己作为一名职业写作者，没有愧对石光银和石战军，也没有愧对中国的环保事业，这就足矣。

岩 波

2021 年 7 月

图书在版编目(CIP)数据

风雨毛乌素："七一勋章"获得者石光银的人生故事/岩波著. --北京：中国文史出版社，2021.9

ISBN 978-7-5205-3086-6

Ⅰ. ①风… Ⅱ. ①岩… Ⅲ. ①石光银-先进事迹 Ⅳ. ①D263

中国版本图书馆 CIP 数据核字(2021)第 142368 号

责任编辑：薛媛媛

出版发行：**中国文史出版社**
社　　址：北京市海淀区西八里庄路 69 号院　邮编：100142
电　　话：010-81136606　81136602　81136603（发行部）
传　　真：010-81136655
印　　装：北京新华印刷有限公司
经　　销：全国新华书店
开　　本：720×1020　1/16
印　　张：18.75　　插页：4
字　　数：248 千字
版　　次：2021 年 9 月第 1 版
印　　次：2021 年 9 月第 1 次印刷
定　　价：59.80 元

文史版图书，版权所有，侵权必究。

文史版图书，印装错误可与发行部联系退换。